古代歷史文化^{研究}輯刊

二八編

王明蓀 主編

第**18**冊

黃河與山東區域環境變遷研究

古帥 著

國家圖書館出版品預行編目資料

黃河與山東區域環境變遷研究／古帥 著 -- 初版 -- 新北市：
花木蘭文化事業有限公司，2022〔民 111〕
序 6+ 目 4+206 面；19×26 公分
（古代歷史文化研究輯刊 二八編；第 18 冊）
ISBN 978-626-344-092-0（精裝）
1.CST：區域研究 2.CST：水災 3.CST：水利工程
4.CST：山東省 5.CST：黃河
618   111010295

ISBN-978-626-344-092-0

古代歷史文化研究輯刊
二八編　第十八冊　　　　　　　ISBN：978-626-344-092-0

黃河與山東區域環境變遷研究

作　　者　古帥
主　　編　王明蓀
總 編 輯　杜潔祥
副總編輯　楊嘉樂
編輯主任　許郁翎
編　　輯　張雅淋、潘玟靜、劉子瑄　美術編輯　陳逸婷
出　　版　花木蘭文化事業有限公司
發 行 人　高小娟
聯絡地址　235 新北市中和區中安街七二號十三樓
　　　　　電話：02-2923-1455／傳真：02-2923-1452
網　　址　http://www.huamulan.tw 信箱 service@huamulans.com
印　　刷　普羅文化出版廣告事業
初　　版　2022 年 9 月
定　　價　二八編 27 冊（精裝）新台幣 80,000 元　　版權所有·請勿翻印

黃河與山東區域環境變遷研究

古帥 著

作者簡介

古帥，男，山東魚臺人，歷史地理學博士，現任山東財經大學文學與新聞傳播學院講師，主要從事區域歷史地理與環境變遷、黃河史、環境史等方面的研究，在《歷史地理研究》、《中國歷史地理論叢》、《乾旱區資源與環境》、《城市史研究》等期刊發表論文多篇。

提　　要

　　本書分別從密州史地、城市水患、黃河與區域環境變遷三個方面對山東區域環境演變展開初步探索。在密州史地研究部分，作者對密州城市空間結構演變、城市水環境變遷和宋代密州的災荒與救災進行了詳細考察；在城市水患研究部分，作者分別以山東東平、魚臺等縣城為例，在系統梳理城市水患的基礎上對水患的應對措施進行了詳細考察，深化並推進了城址遷移與城市環境變遷研究；在黃河與區域環境部分，重點對 1855 年黃河銅瓦廂決口北徙後給其沿岸區域自然與人文地理環境帶來的影響進行了詳細考察，深化了黃河史地研究。

獻給我的母親朱明月女士

序　一

安介生

　　古帥博士在畢業兩年後，在原博士論文的基礎上，又加入以往個人的一些研究成果，整理成專著，名為《黃河與山東區域環境變遷研究》，即將交付出版。因師生之誼，他謙以《序言》為請，筆者在由衷高興之餘，也不便推辭。

　　古帥於 2016 年進入復旦大學歷史地理研究中心攻讀博士學位，到 2019 年順利拿到學位。此前，他在碩士畢業後，回到山東工作了幾年，最後，還是因為對於學術的渴求而毅然重返學校深造。說實話，筆者本人出於自己的實際經歷，對於具有實際工作經歷的學生還是比較看重的。因為相比那些不出校門、連續攻讀的學生而言，有工作經驗的學生不僅有著比較豐富的社會經驗，心理更為成熟，而且對於學術研究的追求往往更為執著，更加珍惜來之不易的學習機會。要在學術研究上取得成功，社會經驗與學術情懷都是不可缺少的。古帥進入史地中心後，在學業上積極努力，同學關係處理融洽。因為那時他已成家，有孩子，能堅持脫產學習數年，並取得令人滿意的成績，確實很不容易。

　　古帥不僅有著較高的學術追求，也有著很深的家鄉情結。我們師生商定其博士論文以「黃河與山東區域社會研究」為題，跟他本人對於家鄉歷史的興趣與努力是分不開的。沒有強烈興趣與情懷，人文學科研究工作就會味同嚼蠟。歷史地理學這門學科注重區域研究，而研究者本人家鄉往往又是其最為熟悉的區域，本著鄉土感應與純樸情愫，研究起來自然會比他人更有優勢，更會有深層次的認識。正如筆者故鄉在山西，而本人的論述一半以上都是關於山西的。因此，我們都鼓勵同學們進行家鄉研究。

　　通過多年的鑽研，古帥在地理學方面有著較為扎實的基礎，對於歷史城市地理學研究更是情有獨鍾。我們在本書的篇目中可以感覺到他對於歷史城市地理研究的執著與成績。對於歷史城市地理學如何進行研究的問題，筆者並沒有過多涉及，而在與古帥的交談中，筆者多次強調城市的本體研究是相當重要的，即考訂不同時期所謂「城市」與「鄉村」的具體地域範圍。如果沒有本體的研究，這個所謂「城市（或行政治所）地理」的研究就無法成立。古帥這部書中關於城市地理的研究主要涉及了密州、諸城、魚台、濮州、齊東、利津等地。古帥在研究中利用地理學方面的知識，對於各個城市或治所所在地的歷史沿革情況進行了系統的考察，對於城市的自然地理基礎也進行了較為深入而系統的探討，特別對於城址等問題的研究，可以說抓住了研究工作的核心部分，形成了自己的特色與重點。也許結論並非盡善盡美，然而，這種全面、細緻而系統的考訂工作，似乎是以往城市地理研究中所少見的。

　　水環境的研究，也是古帥特別關注的研究課題。環境史問題，是當今學術界十分熱門的題目。而黃河的研究，當然不能局限於其幹流問題的研究，而是要與流域內環境問題相聯繫，更要擴展於其營造的區域水環境。而區域內的水環境是古帥研究工作的焦點之一。當然，如何研究水環境問題，還是一個新鮮課題。古帥在研究中既注意到城市周邊的水系與相互影響問題，也注意到城市內部的用水與排水問題，這就全面突出了城市中水環境問題的特殊性與重要性。

　　筆者對於災害史研究具有很濃厚的興趣，似乎對於學生們的研究取向也產生了一定影響。普通讀者會以為中國歷史發展平淡而古板，是一個無限重複的簡單過程。甚至有些所謂「專家」會發出「中國無歷史」的謬論。然而，筆者以為，歷史時期的災害或災患，正是中國歷史一直存在的「變量」，不僅是歷代中原王朝所面臨的重要治理問題，也是威脅中國古人生存與發展的巨大挑戰。如果沒有對於歷代災害問題進行全面系統的研究與分析，那麼，中國歷史著作就是不完整的，或者存在嚴重的缺陷。對於災害問題關係的另一個出發點，是對於歷史時期普通民眾生存問題的關注。如果說「二十四史」表面上看是歷代王朝帝王將相們的傳記與活動史，那麼，其內部所蘊含的災害歷史就是中國普通百姓的生存史與抗爭史。顯然，後者更應該是具有良知的學者所應該關注的關鍵問題。

　　黃河對於沿黃地區而言，既有水利之益，更有水患之害，而談論黃河歷

史，離不開談水患問題。從《史記・河渠書》、《漢書・溝洫志》開始，歷史時期關於黃河災患問題的記載連篇累牘，汗牛充棟，無不昭示著沿黃地區的苦難時期與百姓們的抗爭情況。這樣看來，古帥所研究的黃河水患問題，就不僅僅是區域性治理問題，也是涉及全國性的河（水）患問題的一部分。其中，古帥也特別關注的黃河北徙所產生的區域社會問題，有著較高的學術價值與現實意義。

　　黃河是中華民族的「母親河」，黃河文化博大精深，黃河與地方社會關係紛繁複雜。古帥本著桑梓之情與學術情懷，經過多年的努力，完成這部著作，值得祝賀。筆者也希望這部書的出版，能成為古帥繼續研究黃河問題的一個新的「起點」，希望他能在未來的時間裡，對於山東歷史城市地理與區域社會的研究取得更多、更有價值的研究成果。

　　是為序。

安介生（復旦大學教授、博士生導師）

2022 年 3 月於上海寓所

序二：大河與環境

王尚義

　　行政區域大多都有河流，或大或小、或主流或支流，或上游或下游，該河流健康要素的好與壞直接影響該區域的環境優良程度，因此，河流是所在區域環境的主導者。古帥博士撰寫的《黃河與山東區域環境變遷研究》文稿抓住了歷史時期山東區域環境的幾個主要方面，首先是密州史地的幾個學術問題。就山東東南部環境來說，密州是該區域的中心城市，介於泰沂山脈與膠淮平原交界處。諸城被譽為「舜帝之都」，其自然環境與人文環境的幾經變遷，有關資料累累、內容繁雜，境內大汶口文化遺址和龍山文化遺址十餘處，西周時屬莒子國封地、設婁、防等邑，春秋時屬齊魯之地，秦置琅琊郡，西漢諸城置縣，唐武德五年（公元 622 年）改高密郡為密州，宋代諸城為密州治所，明清屬青州府。古帥博士從密州簡要的變遷，梳理出從西漢時期東武城的起源，到魏晉時期的南城、北城擴建以及唐宋時期密州城的空間結構，並論及蘇軾知任密州時的水利政績，北宋時密州的災害應對，對密州史地問題在區域角度給出全面的研究結果。

　　明清以來諸城空間結構的格局是一個頗具研究價值的課題，作者就其規模形態、擴建改建、街巷與坊隅的分佈做了詳盡的考證，把近 30 處牌坊位置做了訂正，對城坊格局及水城關係的研究比較到位，其內容一直延展到解放以來，對現代諸城的建設發展具有重大意義。

　　第二部分「城市水患研究」，圍繞東平城、魚台城、濮州、齊東、利津等城市變遷的主要問題展開研究。作者首先選取宋以來東平城為重點研究對象，是因為東平城位於東平湖以東，緊依黃河支流大汶河，其城市的變化與水患密切相關，從埠子城到州城考證了宋代鄆州城州治的遷移，與水患形勢密不可分。到元明清時期東平城城池的建設問題，是在宋建炎二年（公元 1128）

人為決口導致黃河下游河道南流入海的背景下展開的，雖然元明清黃河基本穩定於此，但水患仍接連不斷。作者把東平城從宋代到清代的水患疏列其中，尤其乾隆三十四年（1769 年）東平汶河水災，通過戴村壩的治水，看出朝廷對河水關係的重視程度，到 20 世紀 80 年代東平城又經歷了一次遷移，並通過其變化過程透視東平城與河水相互交融的重要關係及其治河避患之舉。

山東水環境的表達還有魯西南地區。魚台雖屬淮河流域，緊鄰南陽湖、昭陽湖之西，但在黃河之南，歷史上多受河水決溢影響。康熙三年（1662 年）之後，河水多次決流，魚台縣治不得不搬遷至董家店，1964 年魚台縣城重新選址穀亭鎮。作者從魚台縣城的變遷說明了周邊水環境的演化過程，選取了一個典型且極有價值的研究案例。

第三部分：明清黃河與區域環境的研究，作者準確抓住清咸豐五年（1855年）黃河銅瓦箱決口後對山東區域河湖環境的一系列影響。黃河北遷後散漫亂流，古帥博士查閱了大量資料，研究查明清光緒三十三年（1907 年）黃河下游的「河套地帶」，汶河、泗河及魯西南平原，由於地勢低窪，黃河決溢無常，考訂了黃河北徙侵奪大清河的過程，分三個自然區即汶泗二河東平湖區、魯中丘陵西側地區、徒馬平原地區，同時對魯西地區的水文環境做了闡釋。水患關係的研究還涉及到社會學領域的相關問題，如邊界糾紛、水利糾紛、荒地開發、民俗嬗變、商貿交通、市鎮興衰等問題。

最後一部分是 1855 年黃河北徙對山東運河漕運的影響與社會應對問題，就黃運交會處及北運河段的相關問題進行了研究，尤其漕運路線和運口的淤積及北段的水源問題。

對於明清黃河北徙影響下治所誠實水患問題，作者以濮陽、齊東、利津城「遷河」到「遷城」的過程進行了研究。

古帥是我指導的碩士（2009～2012），畢業後回到山東老家工作，四年之後，又考入復旦大學歷史地理研究所師從安介生先生攻讀博士學位。他原籍是山東魚台縣，自幼生活的環境使他對黃河河患充滿了畏懼和責任，上碩士和博士期間先後撰寫發表關於大河與環境方面的文章十餘篇，從他的學術視角和成果來看應該說他在前人基礎上又推進了一程，為此，我負責任地向社會舉薦他的這本著作。

王尚義

2022.3.25 於太原

目次

表　錄

第一章　密州史地研究

第一節　密州城市歷史地理的初步研究〔註1〕

　　城市歷史地理是歷史地理學研究的一個重要且相對成熟的分支學科。自侯仁之先生開創現代城市歷史地理研究以來，一大批歷史地理學者加入到城市歷史地理的研究隊伍中來，代表性的有馬正林〔註2〕、李孝聰〔註3〕等。對於山東城市歷史地理的研究，侯仁之對淄博城市形成與演變進行了較為細緻的歷史地理考察〔註4〕。顧朝林對山東煙臺地區城鎮變遷的歷史過程進行了研究〔註5〕。李嘎在其博士論文《山東半島城市地理研究——以西漢至元城市群體與中心城市的演變為中心》中對山東半島的城市從歷史地理的角度展開了較為系統的研究，並在此基礎上發表了一系列文章。〔註6〕劉偉國對濰坊地

〔註1〕說明：本文原刊於《城市史研究》第 32 輯，此處有改動。
〔註2〕馬正林：《中國城市歷史地理》，山東教育出版社，1998 年版。
〔註3〕李孝聰：《歷史城市地理》，山東教育出版社，2007 年版。
〔註4〕侯仁之：《淄博市主要城鎮的起源與發展》，《歷史地理學的理論與實踐》，上海人民出版社，1979 年版。
〔註5〕顧朝林：《山東煙臺地區城鎮歷史發展研究》，《歷史地理》1990 年第 7 輯。
〔註6〕李嘎：《山東半島城市地理研究——以西漢至元城市群體與中心城市的演變為中心》，博士畢業論文，復旦大學，2008 年；《青州城歷史城市地理的初步研究——以廣縣城與廣固城為研究重心》，《管子學刊》2007 年第 3 期；《青州城市歷史地理初步研究》，《歷史地理》2010 年第 24 輯、李嘎：《從青州到濟南：宋至明初山東半島中心城市轉移研究——一項城市比較視角的考察》，《中國歷史地理論叢》2011 年第 4 期；《南北朝時期濟南城市變遷考論——基於城市行政等級與職能作用的考察》，《史林》2011 年第 2 期；《濰縣城：晚清民

區城鎮體系的發展演變進行了歷史地理的考察。〔註 7〕具體到諸城或者密州的研究，卜正民在《為權力祈禱：佛教與晚明中國士紳社會的形成》一書中有一章節專以諸城為研究對象，對晚明諸城士紳捐贈寺廟的活動進行了社會史方面的研究，〔註 8〕其他還有不少研究集中在宋代密州區域經濟、文化、交通等方面。〔註 9〕總的來看，當前還沒有文章專對密州城市的歷史地理進行系統的考察，筆者擬在前人研究的基礎上對密州城市的起源和演變進行初步的探索。

據《太平寰宇記》記載：「（北魏）永安二年，分青州立膠州，以膠水為名也。隋開皇三年罷郡，縣屬膠州；五年，改膠州為密州，取境中密水為名。」〔註 10〕據此可知，密州因密水而得名，上承膠州，雖在隋唐金元之際密州之名屢有反覆，轄境也有所變更，但終於延續了下來，至明初密州才被撤去，諸城縣改屬青州府管轄。乾隆《諸城縣志》記載：「戊申明太祖洪武元年夏四月置山東行中書省……乙酉二年……夏六月戊戌省密州，以諸城縣隸青州府，以州治為縣治。」〔註 11〕也就是說，密州前後延續了近 800 年的歷史，在諸城發展史上寫下了重要的一筆。

密州的前身是膠州，而膠州州治是在東武縣的基礎上擴建而成的，要弄清密州城市歷史的起源和發展演變，必須對東武縣城的歷史地理演變過程進行梳理，並探討以下相關問題：東武縣的起源在哪裏？為什麼會起源於這裡？北魏的政區變革對東武城的空間格局帶來哪些影響？唐宋時期的密州城又是什麼樣子的？正是這些問題牽引著筆者不斷地思考與研究下去。

國時期一個區域性大都會的城市地域結構（1904～1937 年）》，《中國歷史地理論叢》2012 年第 4 期。

〔註 7〕 劉偉國：《山東濰坊地區區域城鎮體系發展研究》，碩士學位論文，陝西師範大學，2006 年。

〔註 8〕 〔加〕卜正民著，張華譯：《為權力祈禱：佛教與晚明中國士紳社會的形成》，江蘇人民出版社，2008 年版。

〔註 9〕 賈茜：《北宋密州區域經濟研究》，碩士學位論文，遼寧大學，2011 年；盧厚傑：《北宋密州地區人才崛起探因》，《濰坊教育學院學報》2011 年第 6 期；張蕾蕾：《密州板橋鎮港口研究》，碩士學位論文，中國海洋大學，2009 年。

〔註 10〕 （宋）樂史撰，王文楚等點校：《太平寰宇記》卷二十四《河南道·密州》，中華書局，2007 年版，第 492 頁。

〔註 11〕 乾隆《諸城縣志·總紀（上）》，吳金忠主編，張清吉校點：《諸城歷代方志》（上冊），中華書局，2013 年版，第 430 頁。如無具體說明，本書下文所引諸城地方志中的史料均參自《諸城歷代方志》（上冊）。

一、東武城的起源及其地理基礎

　　今天的諸城市「諸城」之名始於隋開皇十八年（598）改東武縣為諸城縣，《太平寰宇記》記載，諸城之名「取縣西三十里漢故諸縣城為名」。對於諸城名稱的歷史溯源筆者已有文章進行了分析〔註12〕，這裡需要注意的是，今天的諸城置縣已經有 2000 多年的歷史，它的前身就是東武縣。東武縣大約初置於秦末漢初〔註13〕，據《水經注》卷二十六「濰水」記載：「……（濰水）東北過東武縣西，縣因岡〔註14〕為城，城周三十里。」〔註15〕據此，我們大致可以復原東武縣的一些情況：東武縣最早是「因岡為城」的，或可將之稱作「東武崗」。東武崗位於今天的諸城市區南部的古城子一帶。對於古城子，明萬曆《諸城縣志》有記載：

> 古城，在今縣治城東南門外里許高崗之上，址周約五六里，東北、東南、西南三面城角猶隆然圮而不夷，獨西北角一面盡為雨水沖成溝壑，無復遺址，土人從來稱為「古城」，莫知何城也。……竊意此城三代時所築，其全枕高崗，未知何以，或時遭洪水，民畏下而就高歟，未可知也。《吳越春秋》句踐時已稱琅邪東武，則東武之名其來已久，非始於漢初，而此城或為上古東武邑歟，殆秦漢置郡縣，此城或敝隘難居，因於西側崗下復築今城，仍襲名東武。〔註16〕

　　根據上面的史料記載，我們基本上能夠確定東武城的起源了。最早的東武城就是建在東武崗上，當地人稱之為古城（或古城子），城周長約五六里，至明萬曆時仍能看到古東武城傾圮的遺跡，我們可以暫且稱之為東武古城。至於酈道元《水經注》所記載的「城周三十里」恐不止是指後世所說的南城，很可能還包括東武古城在內。先人們為什麼放棄高崗之上的古城而移至崗下另築新城呢？上面的記載基本上給出了答案：其一在於雨（洪）水的衝擊，

〔註12〕古帥，牛俊傑等：《諸城地名的歷史溯源》，《中國地名》2014 年第 4 期。

〔註13〕（北魏）酈道元著，陳橋驛校證：《水經注校證》，中華書局，2008 年版，第 630 頁。

〔註14〕這裡的「岡」準確地說應為「崗」，下文統一稱崗。

〔註15〕對於東武置縣的問題，筆者在曾有考證認為東武置縣的時間最晚大致在漢高帝六年（前 201）至呂后七年（前 181），較為確定的時間是在秦滅齊置琅邪郡（前 221）至郭蒙被封東武貞侯（前 201）之間。參見古帥，王尚義，王杰瑜：《山東諸城沿革地理研究》，《三門峽職業技術學院學報》2015 年第 1 期，第 104～105 頁。

〔註16〕萬曆《諸城縣志》卷八《古蹟》，第 72 頁。

其二是「敝隘難居」。一方面需要躲避洪水的威脅，另一方面又不能遠離水源，古時大部分城市最初選址在水邊的高地，古東武城亦不例外〔註17〕。隨著人口的增加，東武古城就顯得「敝隘難居」，不得不在東武古城西側的崗下另築新城。但是，在這裡我們還是需要謹慎下定論，東武崗可以說是今天的諸城市區海拔最高的地點，在這裡建城受到洪水威脅的可能性是很小的，所以筆者認為，人口隨著社會的穩定而增多，導致取水困難和「敝隘難居」，這是古東武城址遷變的主要原因。〔註18〕

如果繼續追問東武古城的源頭，正如明代士人所推測，或許可以認為它源自於明人所說「上古東武邑」，又宋樂史《太平寰宇記》引《齊道里記》云：「東武縣本有東武山……今猶有東武里。」〔註19〕據此，我們可以推測，東武縣源自東武邑、東武里，而「東武」之名還要追溯自東武山，這恐怕是戰國時期的事情了。

確定了東武古城的起源，我們再進一步探討其所處的地理環境。諸城市位於山東半島的南部，泰沂山脈與膠萊平原的交界處，處膠萊平原南部的濰河平原，地勢南高北低，東南部為起伏較大的低山丘陵，縣境中部向北係一片波狀平原，在南高北低的地形控制之下，境內河流多由南向北流，濰河為境內的最大河流，自西南而東北貫穿全境。濰河在境內支流眾多，組成葉脈狀水系〔註20〕。《水經注》記載：

> ……（濰水）又北，左合扶淇之水，水出西南常山，東北流注濰。……
>
> 濰水又北，右合盧水，即久臺水也。水出琅邪橫縣故山，王莽之令
>
> 丘也。山在東武縣故城東南，世謂之盧山也。〔註21〕

這裡提到的扶淇水即今天的扶淇河，久臺水、盧水就是今天的盧河，它們都發源於東南部的山區，流向西北注入濰河。東武古城就位於盧河和扶淇

〔註17〕 李嘎在其博士學位論文《山東半島城市地理研究——以西漢至元城市群體與中心城市的演變為中心》（復旦大學，2008 年）中考察了濰河流域的城市選址，認為大多是選址於於濰河支流附近的高地上。

〔註18〕 據筆者對諸城市博物館韓崗先生的訪問，東武古城在考古發掘的過程中，發現了不少深井（大致是這個意思），在一定程度上反映了當時古城人們的飲水困難的問題，筆者對此也表示贊同。

〔註19〕 《太平寰宇記》卷二十四《河南道·密州》，第497頁。

〔註20〕 諸城縣地方史志編纂委員會：《諸城縣概況》（內部資料），1984年印，第3～4頁。

〔註21〕 《水經注校證》，第630頁。

河之間的東武岡上，或者說東武岡就是一個分水嶺，當然，選址在這裡建城防止洪災的效用是非常明顯的。但是諸城地處季風氣候區，降水多集中在夏季，每遇大雨水，眾多支流匯入濰河，難免會有洪災發生。再加上境內濰河水系河床比降大，水流湍急，侵蝕力強，河道彎曲，寬窄不一，行洪能力差，洪災也就更易發生。當然，如前所述，東武古城因處在至高的地理位置上，受到洪災的威脅幾乎沒有，但是後來的東武城就難逃此劫了。

圖 1　諸城及其附近的地形與河流略圖

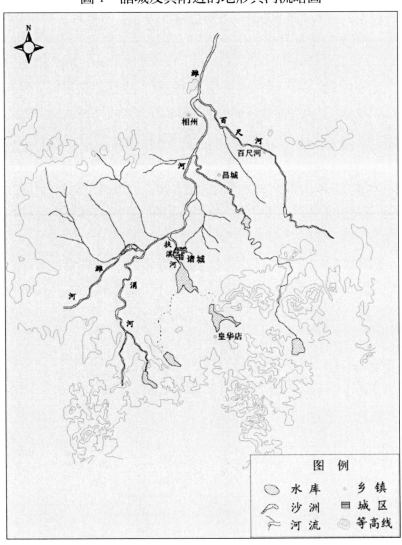

說明：底圖採自山東省人民委員會地圖編製辦公室編繪《中華人民共和國山東省地圖集》（1963 年印，秘密）第 120～121 頁圖。

清乾隆《諸城縣志》記載：「（明正德）八年（1513），秋大雨，濰水逆流，壅扶淇水入城門，壞廬舍無算，修城。」〔註22〕這樣的水災在諸城的歷史上不止發生過一次，所謂的「濰水逆流」也就是由於河道的行洪能力差導致濰河及其支流合流之水倒灌而沖壞縣城，雖然這是發生在明代的事情，但洪災對城池的毀壞可見一斑。

二、秦漢時期的東武城

清乾隆《諸城縣志》記載：「古城在縣東南門外岡上……《齊乘》以今南城為漢縣，或漢復遷築者邪。」〔註23〕其中所引《齊乘》的這種看法還是比較嚴謹的，也是較為準確的。又蘇軾在《山堂銘》序言中提到：「熙寧九年夏六月，大雨，野人來告，故東武城中溝瀆圮壞，出亂石無數。」〔註24〕，乾隆《諸城縣志》對此進行了進一步的分析：「（故東武城）若為今南城，不當云『野人來告』也。」〔註25〕顯然，這種解釋是正確的，正如前文所述，在明代仍能看到東武古城傾圮的遺跡，更何況是在宋代呢，蘇軾亦曾於此「日與通守劉君廷式循古城廢圃，求杞菊食之」〔註26〕。清乾隆《諸城縣志》對東武古城進一步描述說：「城址存者，高闊不減今城。城東南有將臺，臺南多土堆如營壘狀，大者一，小者六，古城演武所也，曰大小營。」〔註27〕根據以上史料記載，我們又能進一步加深對東武古城的認識，但是，至於她是什麼時候建成的，又是什麼時候遷移至東武岡下的，到目前為止還很難弄清楚，不過從秦漢時期的東武政區歷史沿革，再結合現代的考古發掘，或許能揭開東武古城的奧秘。

先看秦漢之際東武的情形。明萬曆《諸城縣志》記載：「東武國：即漢東武縣，今縣南城。以封建王侯，謂之國；以統屬縣邑，謂之郡。東武先為縣，次為國，次為郡。」〔註28〕清乾隆《諸城縣志》記載：「高祖六年封郭蒙為東武

〔註22〕乾隆《諸城縣志》總紀二第一《總紀上》，第434頁。
〔註23〕乾隆《諸城縣志》考十二第五《古蹟考》，第473頁。
〔註24〕（宋）蘇軾：《山堂銘》並敘，蘇軾著，孔凡禮點校：《蘇軾文集》（第二冊），中華書局，1986年版，第572頁。
〔註25〕乾隆《諸城縣志》考十二第五《古蹟考》，第473頁。
〔註26〕（宋）蘇軾：《後杞菊賦》，《蘇軾文集》（第一冊），第4頁。
〔註27〕乾隆《諸城縣志》考十二第五《古蹟考》，第473頁。
〔註28〕萬曆《諸城縣志》卷八《古蹟》，第69頁。

侯，傳子它，至景帝六年方除國」〔註29〕。又記載道：「琅邪，齊邑。……漢置琅邪縣，……句踐徙都琅邪。秦始皇二十六年滅齊以為郡。……漢高帝呂后七年以為王國，文帝三年更名為郡，王莽改曰填夷。據是，則琅邪王澤實國於此，同時東武侯郭它固國於東武也，而《漢書‧地理志》琅邪郡五十一縣首東武，琅邪縣下亦不著王國，豈澤徙燕之後國廢，郡治遂遷東武也。」〔註30〕

秦漢之際，社會動盪，漢代汲取秦朝興郡縣制之教訓，實行郡縣和郡國並行制。又遇呂后執政和新莽改制，政區變遷較為繁複。如果按照明萬曆《諸城縣志》所說的「東武國，即漢東武縣，今縣南城」的話，那麼東武古城的築城肯定要在漢代之前，雖然我們未能找到直接影響東武古城城址遷移的相關史料記載，但是從政區繁複演變背景下的戰亂，加之自然災害的影響（見表1），或可從側面看出那個時代在東武古城身上的烙印。

表1　漢代琅邪地區的戰亂和災害事件

時　　間（年）	事　　件
漢高帝四年（前 203）	冬十有一月，韓信敗楚將龍且於濰水，斬之，追至城陽，虜齊王廣，縣歸於漢。
漢高后八年（前 180）	琅邪王澤發其國兵，隨齊王誅諸呂。
漢宣帝本始四年（前 70）	夏四月壬寅，琅邪地震，壞祖宗廟。詔勿收租賦。
更始元年（23）	淮陽王，秋九月，漢兵誅莽，郡縣復舊名。
更始二年（24）	盜，張步起琅邪。
東漢光武帝建武十六年（40）	琅邪盜賊復起遏者，張宗討平之。
東漢桓帝永興二年（154）	冬十有二月，琅邪盜賊群起。
東漢靈帝中平五年（188）	大水。

資料來源：乾隆《諸城縣志‧總紀上》。

再者，從現代的考古發掘來看，東武古城城址夯土層次分明，遍地殘瓦遺留，並多次出土篆文瓦當「千秋萬歲」、殘存柱礎、石佛、菩薩等神像，五銖銅錢、銅鏃、龜紐銅印、鐵鼎、鐵钁、鐮刀等多有發現，城西側出土的殘石佛、菩薩石像，雕刻精緻，形象逼真，有些還塗有彩鐵金，鮮豔如新〔註31〕。

〔註29〕乾隆《諸城縣志》表第一《歷代沿革表》，第 521 頁。
〔註30〕乾隆《諸城縣志》考十二第五《古蹟考》，第 473 頁。
〔註31〕任日新：《東武故城》，李增坡主編：《蘇軾在密州》，中州古籍出版社，2014年版，第 580 頁。

如此豐富的遺存不僅反映了當時較為先進的生產力狀況，還能看出佛教在琅邪地區的興起。東武古城歷經戰國至兩漢，先後為琅邪國國都、東武侯國都，以及琅邪郡治所在地，成為東部海疆的政治、經濟和文化重鎮，同時也在諸城發展史上寫下厚重的一筆。

三、魏晉時期的南城和北城

清乾隆《諸城縣志》記載：「……東武在漢為琅邪郡治時，兼設者數縣，諸其一耳。後漢章帝時琅邪孝王徙國開陽而郡隨之是地，兼設之縣遂有屬北海國者，曹魏郡縣無可考，晉宋間諸、東武或屬城陽，或屬東莞，或屬平昌，不復屬琅邪矣。」〔註32〕這裡所說的東武在漢為琅邪郡治，當是漢武帝元封五年（前106年）置刺史部十三州而琅邪郡屬徐州之時的事情，而「兼設者數縣」則要追溯至漢初呂后執政的時候了。很明顯，到了曹魏以後的兩晉南北朝時期，琅邪地區的政區變遷更為複雜，而東武的琅邪郡治的地位也不復存在，東武古城至此時也早已由東武岡上遷至崗下了。

在諸城城市發展史上，北魏永安二年（529）無疑是一個重要的轉折點，《太平寰宇記》記載：「（密）州理中城，後魏莊帝永安二年築，以置膠州。隋開皇五年改置密州，大業三年改置高密郡，並理其中。外城即漢東武縣也。」〔註33〕此處的「外城」即為漢代遷建於東武崗下的東武縣城，因其位置相對偏南，我們亦可稱之為南城。而北魏永安二年在東武縣置膠州時，在南城基礎上向北拓建而形成的「中城」，即為北城。這也就為唐宋以至明清民國時期諸城縣城南北二城格局的形成奠定了基礎，前後延續了1400多年。

對於中、外二城的情況，元人于欽所著《齊乘》中亦有記載：「州理有中外二城。外城，漢東武城也。其中城，後魏築以置膠州。」〔註34〕《讀史方輿紀要》中亦有記載到：「今縣有南北二城，南城漢所築東武縣城是也，……北城後魏永安二年分東武為膠州所築。」〔註35〕可見，北魏永安二年在東武縣城（南城）的基礎上向北拓建北城這一史實亦被後世所接受。但一直令筆

〔註32〕乾隆《諸城縣志》表第一《歷代沿革表》，第516頁。

〔註33〕《太平寰宇記》卷之二十四《河南道·密州》，第497頁。

〔註34〕（元）于欽：《齊乘》卷三《郡邑·密州》，《宋元方志叢刊》（第一冊），中華書局，1990年版，第551頁。

〔註35〕（清）顧祖禹撰，賀次君、施和金點校：《讀史方輿紀要》卷三十五《山東六》，中華書局，2006年版，第1648頁。

者迷惑的是其周長問題。

　　《水經注》中記載的東武縣城為「城周三十里」〔註36〕，很明顯，酈道元所指的是拓建北城之前南城的周長，於此，不同學者形成了不同的看法。顧祖禹認為「東武因岡為城，周三十里」〔註37〕，這應是對《水經注》的轉摘與承認。葉圭綬對此解釋到：

> 東武縣城在濰水南、扶淇水東、盧水西，今治正其故地。特古城甚大，後魏於其內築中城，今城周七里，居古城四分之一，即中城也。縣東南有古城一段，即外城也。或謂古城在東南，今治乃西北移者。今扶淇水在西七里，視去古城偏東五里，非西北徙明矣。今城作凸字形，《齊乘》曰：密州理有中外二城，外城、漢東武城，中城、後魏築。按：宋元時外城久圮。蘇軾《山堂銘序》有云「野人來告故東武城中出亂石無數」可證。于氏於密州不云有古城，則所謂外城，指今治南半耳。〔註38〕

　　可見，若要弄清東武縣城的周長，必須要明白中城與外城的所指。前面我們已經指出，樂史、于欽、顧祖禹均認為南城即漢代東武縣城，即外城；北城即為北魏置膠州時由南城向北拓建之城，即中城。而在上引文獻中，葉圭綬則認為置膠州治之前的東武縣城很大，是為外城，而清代城周七里的諸城縣城為中城。筆者認為，葉圭綬的此種看法顯然是在向酈道元所說的「城周三十里」靠攏。但是葉氏的這一的看法忽略了一個事實，即在漢代東武縣城已從東武岡上遷移至岡下，與《太平寰宇記》的相關記載一樣，《齊乘》所說的作為外城的東武城，應為漢代遷建至岡下的東武縣城，故而蘇軾才會在《山堂銘序》中稱位於東武岡上的舊縣城為「故東武城」，稱其附近的居民為「野人」。那麼這樣一來又有了疑問，《水經注》中所說的東武縣城「城周三十里」到底是怎麼回事？很明顯，對漢代遷建至東武岡之下的東武縣城來說，其城周達不到三十里〔註39〕。難道遷建至東武岡下之前的東武縣城城周真的有三

〔註36〕《水經注校證》，第630頁。

〔註37〕（清）顧祖禹撰，賀次君、施和金點校：《讀史方輿紀要》卷三十五《山東六》，中華書局，2006年版，第1648頁。

〔註38〕（清）葉圭綬撰，王汝濤、唐敏、丁余善點注：《續山東考古錄》，山東文藝出版社，1997年版，第464～465頁。

〔註39〕南北朝時期南朝的一尺合今25.8cm；北魏的一尺合今30.9cm。周以八尺為步，秦以六尺為步，舊時營造尺則以五尺為步。後世一般丈量田地以營造尺

十里長？對此，馬正林先生指出：「（西漢）郡級城市規模較大，琅邪郡治東武城，『因岡為城，周三十里』，代表了西漢郡城的規模。」〔註40〕筆者認為，無論是位於東武岡之上的東武故城，還是遷建於岡下的東武縣城，受周邊地形與河流的限制，其城周均達不到三十里，故而《水經注》中所說的「城周三十里」很可能有誤記之處。當然，筆者的這種推測也並不是沒有根據的，在康熙《諸城縣志》中有記述：「《水經》：『濰水過東武城縣西』。《注》云：『縣因岡為城，城周三十里』，舊志謂今南城是也。南城周僅五六里，所云因岡者安在歟？縣治東南古城地勢迥出，誠所謂因岡者矣。第周不滿三十里，俟博物君子詳考焉。」〔註41〕可以說，康熙《諸城縣志》的這段敘述就是對東武城「因岡為城，城周三十里」一說的考證，其所依之岡已不容置疑，但「城周三十里」的說法在後世各言各說，沒有形成統一的認識，筆者在此給出的也只是對這一問題的一己之見。

四、唐宋時期的密州城

（一）密州城的空間結構

隋朝建立了統一的國家後，隨著經濟的發展和社會的穩定，對全國的政區也作出一番調整，東武的政區變化就是在這樣的歷史背景下進行的。

宋樂史《太平寰宇記》記載：「諸城縣……後漢屬琅邪國，晉屬東莞郡，後魏屬高密郡。隋開皇三年罷郡，屬膠州；五年改膠州為密州，縣仍屬焉；十八年改東武為諸城縣，取縣西三十里漢故諸縣城為名。」〔註42〕自此，諸城迎來了她發展史上的「密州時代」，以後歷經唐宋金元，雖然密州名稱屢有反覆，歸屬上隨朝代的更替也多次易手，但是諸城縣城同時作為密州的州治，

為準。假設南北朝以五尺為一步時，一里等於300步等於1500尺。南朝一里等於今387米，北朝一里等於463.5米。假設南北朝時以六尺為一步時，一里等於300步等於1800尺。南朝一里等於今464.4米，北朝一里等於556.2米。從上面的度量換算可以看出，酈道元所處的北魏時期的1里與今天的1里大致相當。經實地考測，如果僅就南城看，其周長約為3.5公里；如果就南、北二城看，其周長約為5公里；除南、北二城外，如果再包括古城子在內的話，其周長約為6.5公里。當然，上圖中所示城周還未將南北二城的「凸」字形狀考慮進來。如果再將其考慮進來的話，其周長將再隨之縮小一些。

〔註40〕馬正林：《中國城市歷史地理》，山東教育出版社，1999年版，第66頁。
〔註41〕康熙《諸城縣志》卷一《城池》部分，第195頁。
〔註42〕《太平寰宇記》卷二十四《河南道·密州》，第494頁。

基本上保持穩定，還是保持在州這一較高的層級上。

密州城的空間格局是在北魏南北城基礎上的繼續和發展，依然保持著南北二城「凸」字形的輪廓，自州治正門向南至永安門中貫的府前大街仍然是整個城市的中軸線。清乾隆《諸城縣志》記載：「……隋開皇十八年始改東武為諸城，立縣治為密州倚郭……明初，省密州，即州治為諸城縣治，而南城之縣治遂廢。」〔註43〕唐宋以至明初的密州城在繼承北魏南北城的基礎上，北城是作為密州州治，而南城作為諸城縣治。我們可以再轉換一下思維，既然唐宋密州城是在北魏南北二城的基礎上承繼過來的，那麼魏晉時期的南北二城大致也應是這樣，北城為膠州州治，而南城為東武縣治所在。

圖2　蘇軾知密州時期的密州城想像略圖

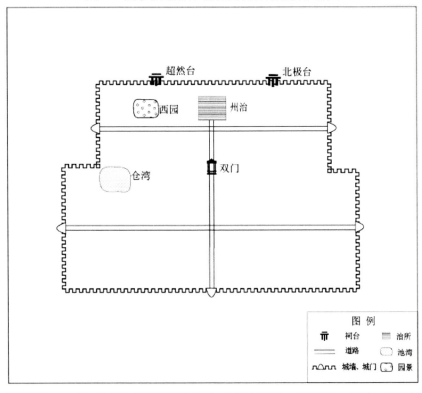

至宋代，自州治至永安門的南北中軸線就更為凸顯了，乾隆《諸城縣志》記載：「自縣治南抵永安門（南門）曰大街，蘇軾所謂『盡城之南北相望如引繩也』」〔註44〕。查蘇軾《蓋公堂記》：「治新寢於黃堂之北，易其弊漏，達其

〔註43〕乾隆《諸城縣志》考十二第四《建置考》，第464頁。
〔註44〕乾隆《諸城縣志》考十二第四《建置考》，第465頁。

甕蔽，重門洞開，盡城之南北，相望如引繩，名之曰蓋公堂，時從賓客僚吏遊息其間。」〔註45〕此處所說黃堂，即為知州辦公之處，蓋公堂建成之後，「重門洞開」，南北相望才如引繩，中軸線至此才能說是實現了完全意義上的南北貫通。

接下來，再看城內的交通狀況。明初撤密州後改諸城縣隸屬青州，南城的縣治功能亦隨之廢棄而改為軍城，北城州治作為縣治為民城。唐宋以來的密州城歷經明清多次重修，但多是局部的修整或者是城廓範圍的稍擴，城內的道路走向變化不大，至清乾隆二十六年（1761）增修、二十八年落成之後，城市的內部空間結構和布局也就穩定下來。

經過乾隆年間重修過的諸城縣城城門有五：「南曰永安，東南曰鎮海，西南曰政清，東北曰東武，西北曰西寧。」〔註46〕乾隆《諸城縣志》記載：「自縣治（即原密州州治）南抵永安門曰大街……縣治前自東武門抵西寧門橫街，東曰東市，西曰西市，人跡駢闐，居一城之最……自鎮海門抵政清門，中穿大街曰郭街，舊名四牌樓。」〔註47〕自此諸城縣城內主乾道路的格局就清楚了，其中縣治門前的東西市街無疑為全城內人口最為密集的場所，一則可能與它本身就是一條商業街，再者與密州撤治後的城市功能分區不同而引起的城內人口分布不均有關，至於唐宋時期的密州城市是否如此，恐怕不如明清時期的東西市街更繁華。

值得注意的是，清乾隆《諸城縣志》對明代以前的諸城縣治所在提出了一種懷疑：「館中小巷西出由滄灣而南者曰後營，舊為軍城時兵營巷東為所院，舊千戶所也，前志云千戶所舊基為天清觀，疑即諸城縣故治，然不可考矣。」〔註48〕其中所說的前志當是康熙《諸城縣志》，如果上述懷疑成立的話，我們也就能確定出唐宋以降的諸城縣治的位置了，這也反映出密州城內部結構變遷的複雜性。

（二）蘇軾與密州城的亭臺園景

蘇軾知密州期間除了修建蓋公堂，還修建了山堂、西園、超然臺等景點。蘇軾《山堂銘》序文中記載：「故東武城中溝瀆圮壞，出亂石無數。取而儲

〔註45〕（宋）蘇軾：《蓋公堂記》，孔凡禮點校：《蘇軾文集》（第二冊），第 347 頁。
〔註46〕乾隆《諸城縣志》考十二第四《建置考》，第 464 頁。
〔註47〕乾隆《諸城縣志》考十二第四《建置考》，第 465 頁。
〔註48〕乾隆《諸城縣志》考十二第四《建置考》，第 465 頁。

之，因守居之北墉為山五，成列植松柏桃李其上。且開新堂北向，以遊心寓意焉。」〔註 49〕北墉即為密州城的北牆，大意為蘇軾把東武古城遺址取來的「亂石」在州城北牆堆成五座小山，在上面種上樹，並把州治大堂開北門，北墉之山景隨時可見，雖客寓他鄉，但也增添了不少樂趣。

西園，也叫使園。蘇軾《大雪，青州道上，有懷東武園亭，寄交代孔周翰》一文中，後人注解說：「超然臺在使園之北，先生有記云：使園之北，因城以為臺者舊矣，稍葺而新之。」〔註 50〕據此可知，西園當在密州州治的西側，超然臺的南面，注解中所提到的「記」應為蘇軾《超然臺記》，其中說道：「於是，治其園圃，潔其庭宇，伐安丘、高密之木以補破敗，為苟完之計。而園之北，因城以為臺者舊矣，稍葺而新之。」〔註 51〕這裡所說的「園」當是指西園，蘇軾來到密州後，伐取了安丘、高密等地的林木，不僅修葺了州治庭宇，修建亭臺，而且建造園圃，密州城為之煥然一新。另蘇軾有《春步西園見寄》云：「歲歲開園成故事，年年行樂不辜春。」後有查注云：「宋制，州守每歲二月開園，散父老酒食。」〔註 52〕據此可知，園圃的修建是州守的職責所在，蘇軾在履行職責的同時，更為密州城增添了不少奇文佳句和笑語歡歌。清乾隆《諸城縣志》記載：「嘗以軾詩文考之，其時署西北有園……園曰西園……園之齋曰西齋，所云『西齋深且明，中有六尺床』。……其軒曰西軒。」〔註 53〕可見，西園還建有西齋、西軒，蘇軾在這裡「擷園蔬，取池魚，釀秫酒」，宴請賓客，其樂融融。當然，當時的密州城不止一座園圃，蘇軾還有《見邸家園留題》和《再觀邸園留題》詩二首，邸園應該也是密州地區的名園，清乾隆《諸城縣志》記載：「邸家園又見軾詩，今縣東南七十里有村名邸家河，邸氏猶族居焉，其園主之苗裔也。」〔註 54〕清人所說的「（蘇）軾詩」應該是前面的兩首，如其所說確實的話，則不但能看出密州城的園亭之美，更反映出私家園林的興盛，我們或可從邸園「小園香霧曉濛濛」〔註 55〕的景象之中

〔註 49〕　（宋）蘇軾：《山堂銘》並敘，《蘇軾文集》（第二冊），第 572 頁。

〔註 50〕　（宋）蘇軾：《大雪，青州道上，有懷東武園亭，寄交代孔周翰》，孔凡禮點校：《蘇軾詩集》（第三冊），中華書局，1982 年版，第 714～715 頁。

〔註 51〕　（宋）蘇軾：《超然臺記》，《蘇軾文集》（第二冊），第 352 頁。

〔註 52〕　（宋）蘇軾：《春步西園見寄》，《蘇軾詩集》，第 730 頁。

〔註 53〕　乾隆《諸城縣志》考十二第五《古蹟考》，第 475 頁。

〔註 54〕　乾隆《諸城縣志》考十二第五《古蹟考》，第 474 頁。

〔註 55〕　蘇軾：《再觀邸園留題》，《蘇軾詩集》，第 753 頁。

去體會昔日密州的盛景雅境。

宋代密州城最引人的亭臺要數超然臺了，超然臺位於州治的西北面，蘇軾所言「因城以為臺」也就是說超然臺是位於北牆之上，借助北城牆而建築的。既然是「稍葺而新之」，說明臺基早就存在了，至於到底什麼時候建成，已經不得而知。清乾隆《諸城縣志》記載：「北城上與超然臺東西並峙者為北極臺」〔註56〕。超然、北極二臺並峙的局面至明清初猶存。超然臺重修後，站在超然臺上遠望，「前瞻馬耳九仙山，碧連天，晚雲閒」〔註57〕，更開闊了視野，再加之「臺高而安，深而明，夏涼而冬溫」〔註58〕，自然也就成了文人墨客暢敘幽情的理想場所，蘇軾有《望江南》詞云：「試上超然臺上看，半壕春水一城花。煙雨暗千家。」〔註59〕雖然詩文中多有誇張的成分，但也能從側面反映出密州的景象，這裡所說的「半壕春水」很可能就是密州城池之水，但是我們也不能忘記密州城另一個重要園亭水景——滄灣。

滄灣，又名滄浪灣，位於今諸城市區電影院的西南，市圖書館北面，和平大街的東側。從滄灣的位置來看，地勢較為低窪，南城之雨水順著自東南向西北傾斜的緩坡多彙集於此。至於滄灣是什麼時候形成的，已很難考定。據任日新考證，滄灣很可能是在漢魏之間修建南城和擴建北城之時就地取土而成〔註60〕。如果真是那樣的話，滄灣也就有近兩千年的歷史了。

上面這些亭臺園圃當然只是密州城景觀之一瞥，還有很多我們已經很難考證它們的確切位置了，像快哉亭、流杯亭等，蘇軾或於此送別故人，或於此聚友賦詩，留下了難以計數的妙章佳句和千古絕唱。

五、蘇軾的密州城市水利設想

前面我們說過，諸城地區屬於暖溫帶季風氣候，降水主要集中在夏季，再加上東西條支流洪水齊匯濰河，致使洪災較易形成。對於密州城來說，她是在北魏南北二城的基礎上發展過來的，依然是保持著南北二城的空間格局。就地勢高低而言，她是沿著東武岡下的緩坡自南而北順勢而建，扶淇河

〔註56〕乾隆《諸城縣志》考十二第五《古蹟考》，第474頁。

〔註57〕（宋）蘇軾：《江城子・前瞻馬耳九仙山》，（宋）蘇軾著，（清）朱孝臧編年，龍榆生校箋：《東坡樂府箋》，上海古籍出版社，2016年版，第93頁。

〔註58〕（宋）蘇軾：《超然臺記》，《蘇軾文集》（第二冊），第352頁。

〔註59〕（宋）蘇軾：《望江南・超然臺作》，《東坡樂府箋》，第93頁。

〔註60〕任日新：《滄灣小考》，《諸城文史資料》第11輯，第200頁。

在密州城的西面自南而北匯入濰河，濰河在密州城的北面，自西南流向東北，密州城的洪水威脅也主要來自這兩條河流，尤其是州城的西北、西面和西南三個方位受洪水衝擊的危險性更大。密州城正是面臨這樣的洪災威脅，所以蘇軾在《再過超然臺贈太守霍翔》一詩中說「郏淇〔註61〕自古北流水，跳波下瀨鳴玦環。願公談笑作石埭，坐使城郭生溪灣。」〔註62〕埭，即土壩，石埭即石質堤壩，古人往往在江河水流湍急處設埭。這首詩是蘇軾在元豐八年（1085 年）十月赴登州途中過密州時作，最後這兩句既可以看作是對繼任密州太守霍翔的一個寄託，又可以看作對密州城市水利建設的一個宏大願景：即在扶淇河和密州城之間建造一個石壩，以防禦洪災對城市的威脅，同時又能使「城郭生溪灣」。當時的密州知州霍翔，曾任駕部員外郎知都水監，提舉疏濬汴河，所以在蘇軾看來，修建這樣一個石壩對霍翔來說應該是沒什麼問題。

下面再看扶淇河，扶淇河有二源，東源水為扶河，又名注輔河，發源於五蓮縣之鳳凰山北麓，西源水為淇河，發源於諸城境內之寨山北麓，二流於城南三里莊匯合後稱扶淇河，若夏季降大雨，扶淇河上流及其諸支流的水流在密州城南匯合後，發生城市水災的可能性一定很大。蘇軾知密州期間以至之前，扶淇河就很可能發生過不少次水災。

蘇軾曾在《滿江紅》（東武南城）一詞的序文中提到：「東武會流杯亭，上巳日作。城南有坡，土色如丹，其下有堤，壅郏淇水入城。」〔註63〕這裡所說的城南之「坡」，諸城市地方史專家鄒金祥先生認為係一高埠，高埠與古城子所在的東武岡相連，今天的王盡美紀念館就建於其上，坡下之「堤」當為舊有土堤，蘇軾《滿江紅》中開頭就說：「東武南城，新堤就，郏淇初溢。」〔註64〕其中說到的「新堤」當為蘇軾密州在任期間在原來的舊堤之上新築而成，而新堤當為連接高埠沿扶淇而北的順河之堤〔註65〕，係阻擋扶淇洪水侵犯密州城池的屏障。

〔註61〕 郏淇，即扶淇河。

〔註62〕 （宋）蘇軾：《再過超然臺贈太守霍翔》，《蘇軾詩集》（第五冊），第 1381 頁。

〔註63〕 （宋）蘇軾：《滿江紅·東武南城》，《東坡樂府箋》，第 88 頁。

〔註64〕 （宋）蘇軾：《滿江紅·東武南城》，《東坡樂府箋》，第 88 頁。

〔註65〕 鄒金祥：《為官一任，造福一方——蘇軾官密治績雜談》，李增坡主編，鄒金祥副主編：《蘇軾在密州》，2014 年 4 月中州古籍出版社，第 393 頁。

僅在扶淇河東修築堤堰只能起到防禦洪水的作用，且不能保證密州城絕對的安全，更不能起到「坐使城郭生溪灣」的效果，所以蘇軾希望霍翔能夠攔截扶淇河，修建一個東西走向的攔河石壩，不僅更能保障密州城免受洪水之災，而且能使扶淇下流之水成為密州城西的人工「溪灣」，這不能不說是一個一舉兩得的計劃。

六、結語

如果把古東武邑看作密州城的最早的歷史起源，至明初撤密州為諸城縣，密州城有兩千年以上的悠久歷史，它歷經兩漢遷建於東武岡下而成南城，後又經過北魏永安年間的北城擴建，最終奠定了密州城的城市形態和基本格局。密州在諸城發展史上前後延續了近 800 年，無論是經濟還是文化，可以說都達到了諸城發展史上的新高峰，蘇軾知任密州修葺庭宇，建蓋公堂、西園，修築超然臺，祈雨常山，鑿雩泉、建雩泉亭，修築扶淇堤堰，更為這座城市增添了不少文化的氣息。至今天，「密州」之名也有 1430 年的歷史了，雖然密州早已於明初撤去，但「至今東魯遺風在」，我們仍能從今日諸城之密州街道、密州路、密州賓館等名稱中看出人們對昔日密州的那份嚮往和追憶。

第二節　北宋密州的災荒與官方應對——基於蘇軾知密州時期的考察 [註66]

近一二十年以來，災荒史研究不斷成為史學研究中的一個亮點。當前學界對於山東省災荒史的研究時段主要集中在明清時期，就研究區域範圍和內容看，針對全省旱澇災害與社會應對方面的研究較多 [註67]。魯西、魯南地

[註66] 說明：本文原刊於《農業考古》2015 年第 3 期。

[註67] 研究成果主要有郝文：《試論明代山東蝗災中的政府行為》，《農業考古》2012 年第 1 期；李慶勇：《明代山東蝗災地域分布分析》，《山東農業大學學報（社會科學版）》2014 年第 4 期；李慶勇：《明代山東蝗災危害分析》，《農業考古》2014 年第 4 期；葉瑜等：《從動亂與水旱災害的關係看清代山東氣候變化的區域社會響應與適應》，《地理科學》2004 年第 6 期；趙家才：《清代山東民間社會的災害救濟》，《內蒙古農業大學學報（社會科學版）》2006 年第 3 期；孫百亮，梁飛：《清代山東自然災害與政府救災能力的變遷》，《氣象災害與減災》2008 年第 1 期；董傳嶺：《晚清山東旱災》，《蘭州學刊》2009 年第 6 期；

區是研究的重點區域〔註68〕，魯東半島地區〔註69〕的研究成果相對較少，這裡筆者選擇對北宋時期密州災荒作為研究對象，希望能從研究的時段和區域上進一步加深對山東災荒史的研究。

當前對於密州的研究主要集中在宋代密州區域經濟、文化、交通等方面〔註70〕，對於蘇軾知密州時期的研究也主要集中在蘇軾密州詩詞方面，對蘇軾密州救災的研究關注較少。值得提到的是，在諸城地方文化研究專家李增坡先生的推動下，有些學者對蘇軾知密州時期的政績進行了考察和總結，其中涉及到蘇軾在密州的救災事蹟〔註71〕。這裡筆者擬結合北宋密州的地理環境，從災害—社會的視角進一步加深對蘇軾時代密州的認識。

一、北宋時期的密州

北宋全國分為15路，今山東境內分屬京東路和河北路管理，至熙寧七年（1074），京東路又分為京東東路和京東西路，路以下設州、府、軍、監。此時期的密州隸屬於京東東路，治所在諸城，領諸城、安丘、高密、莒縣、

董傳嶺：《晚清山東的自然災害與社會信仰》，《內蒙古農業大學學報（社會科學版）》2009年第3期。

〔註68〕 研究成果主要有董龍凱：《1855～1874年黃河漫流與山東人口遷移》，《文史哲》1998年第3期；王林，袁瀅瀅：《1933年山東黃河水災與救濟》，《山東師範大學學報（人文社會科學版）》2005年第6期；穆崟臣：《試論乾隆十二年山東水災與災後應對》，《古今農業》2008年第4期；董傳嶺：《晚晴山東的黃河水災》，《廣西社會科學》2008年第8期；劉壯壯，樊志民：《基於應災機制的考察：1730年山東沂沭河流域洪災》，《農業考古》2014年第4期；魏思豔：《清代山東沂沭河流域水災研究》，華中師範大學碩士學位論文，2008年；梁姍姍：《清代沂沭河流域自然災害與社會應對研究》，西北師範大學碩士學位論文，2011年。

〔註69〕 習慣上今天的魯東地區主要包括煙臺、威海、青島的大部分和濰坊的大部分，從北宋密州的地理位置和轄域範圍看，境內大部分屬於今天的魯東地區，小部分屬於魯南地區，蘇轍也曾有「東魯遺風今猶在，十萬人家書讀書」的詩句，據此，筆者認為今天將北宋密州轄境劃歸為魯東地區更為妥當。

〔註70〕 研究成果主要有張蕾蕾：《密州板橋鎮港口研究》，中國海洋大學碩士學位論文，2009年；賈茜：《北宋密州區域經濟研究》，遼寧大學碩士學位論文，2011年；盧厚傑：《北宋密州地區人才崛起探因》，《濰坊教育學院學報》2011年第6期。

〔註71〕 研究成果主要有朱靖華：《曠世英才在密州》，載李增坡主編《蘇軾在密州》，中州古籍出版社，2014年版，第355～361頁；鄒金祥：《為官一任，造福一方——蘇軾官密州治績略談》，載李增坡主編《蘇軾在密州》，中州古籍出版社，2014年版，第386～404頁。

膠西〔註72〕五縣。

圖3　北宋密州及其周邊形勢

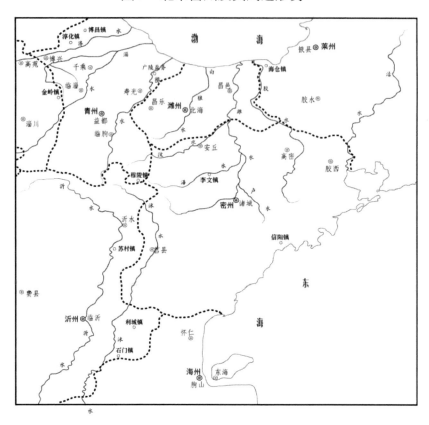

說明：此圖以譚其驤主編《中國歷史地圖集》第六冊第 14～15 頁《京東
東路　京東西路》圖（中國地圖出版社，1996 年版）為底圖。

　　州境北部為濰河、膠水沖積的平原，地勢平坦，土壤肥沃；西南部山地
面積較大，沭水南流注入沂河；東南部為相對窄狹的沿海低地平原，有一些
短小的入海河流。境內屬於暖溫帶大陸性季風氣候，降水由東南沿海向西北
逐漸減少，降水年際變化和季節變化較大，旱澇災害頻繁。

〔註72〕膠西縣，隋開皇十六年（596）析黔陬縣置膠西縣，其範圍相當於今高密市東
　　　　部、膠州市西北部；唐武德三年（620）復置膠西縣（屬高密郡），唐武德六
　　　　年（623）並膠西入高密縣；北宋元祐三年（1088）析高密、諸城 2 縣東境置
　　　　膠西縣，屬京東東路密州，其範圍相當於今膠州市與膠南市北部。

表 2　北宋時期密州地區的旱蝗災害事件統計表

時　間（年）	事　件
太宗太平興國七年（982）	密州春旱秋水，害稼
太宗至道二年（996）	六月，密州蝗生食苗
太宗至道三年（997）	八月，密州言蝗不為災
真宗大中祥符四年（1011）	秋七月，蝗
真宗大中祥符九年（1016）	夏六月，蝗
真宗天禧元年（1017）	春二月，蝗蝻復生
仁宗天聖六年（1028）	夏五月，蝗
仁宗皇祐四年（1052）	自正月至四月不雨
神宗熙寧六年（1073）	蝗
神宗熙寧七年（1074）	自秋至冬不雨
神宗熙寧八年（1075）	春夏旱

資料來源：萬曆《諸城縣志》卷九之《災祥》；乾隆《諸城縣志》二之《總紀上第一》。

　　宋初密州主戶 14052，客戶 22216，[註73] 至崇寧間密州人口已達 144567 戶，327340 口，[註74] 人口增長較快。伴隨著人口增長和生產力提高，商業漸趨繁榮，商業性市鎮隨之興起。至元祐三年在密州置市舶司，境內板橋鎮成為當時北方地區唯一的對內外貿易港口，南北商貨在此中轉，是北宋對高麗貿易的重要港口。據萬曆《諸城縣志》記載：「高麗館，在本縣東關廂舊驛左，今廢。宋元豐七年，有詔京東、淮南築高麗亭館」[註75]，高麗館的建置亦在一定程度上反映出密州與高麗之間頻繁的商旅往來，商貿交易的繁盛更促進了密州市鎮的繁榮。

　　宋代山東是海鹽的重要產區，煮鹽業發達，密州濤雒場是當時京東東路的重要鹽場，年產鹽三萬兩千餘擔。[註76] 據《太平寰宇記》記載：「（諸城）縣理東南百三十里濱海有鹵澤九所，皆海潮侵蕩，久成城土，以土煮鹽，多

〔註73〕《太平寰宇記》卷二十四《河南道·密州》，第 493 頁。
〔註74〕（元）脫脫等：《宋史》卷八十五《地理志·京東路》，中華書局，1977 年版，第 2108 頁。
〔註75〕萬曆《諸城縣志》卷八《古蹟》，第 78 頁。
〔註76〕張熙惟：《論宋代山東經濟的發展》，《山東大學學報（哲社版）》1993 年第 3 期，第 87 頁。

獲其利。」〔註77〕宋代中後期私鹽的興起更刺激了煮鹽業的發展，濤雒鎮同時也成為因鹽而興的密州商業重鎮。北宋結束唐末五代戰亂後，採取了一系列措施恢復農業生產，此時期密州的農田水利事業得到較快發展，「濰水故堰，在（諸城）縣東北四十六里，蓄以為塘，方二十餘里，溉田萬頃，陂水散流，下注夷安澤。」「夷安澤，在（高密）縣北二十里，東西百餘里，灌田萬餘頃，民猶賴之，是多豪富。」〔註78〕密州水利事業的發展可見一斑。

二、蘇軾知密州時期的災荒與社會

蘇軾於熙寧七年（1074）十二月來到密州，熙寧九年（1076）年十二月離開密州，任密州知州兩年有餘。蘇軾剛入州境，即「見民以蒿蔓裹蝗蟲而埋之道左，累累相望者，二百餘里。」〔註79〕蝗災是伴隨旱災而來，當時密州「自今歲（1074）秋旱，種麥不得，直至十月十三日方得數寸雨雪，而地冷難種，雖種不生，比常年十分中只種得二三。」〔註80〕如此旱情嚴重影響了農業生產，以致「歲比不登，盜賊滿野，獄訟充斥」。蘇軾甚至產生「明年（1075）春夏之際，寇攘為患，甚於今日」的憂慮，而由饑荒所導致的日益增多的盜賊，更加劇了地方社會的混亂。

面對災荒，其他官吏的態度又是怎樣的呢？「議者不過欲散賣常平之粟，勸誘積蓄之家。盜賊縱橫，議者不過欲增開告賞之門，申嚴輯捕之法」〔註81〕，這導致「常平之粟，累經賑發，所存無幾矣，而飢寒之民所在皆是，人得升合，官費丘山。積蓄之家，例皆困乏，貧者未蒙其利，富者先被其災」〔註82〕。重度災情之下，採取通常性賑災措施是於事無補的。更為令人氣憤的是，當蝗災來臨之時，「然吏皆言蝗不為災，甚者或言為民除草」，不知是出於對災荒嚴重程度的無知，還是擔憂自己的宦跡升遷刻意隱瞞災情而不賑災。

三、蘇軾密州救災

蘇軾在熙寧變法中因政見不合，觸怒了變法派執政者，被迫離開朝廷。

〔註77〕《太平寰宇記》卷二十四《河南道・密州》，第 496 頁。
〔註78〕《太平寰宇記》卷二十四《河南道・密州》，第 497、504 頁。
〔註79〕（宋）蘇軾：《上韓丞相論災傷手實書》，《蘇軾文集》（第四冊），第 1395 頁。
〔註80〕（宋）蘇軾：《論河北京東盜賊狀》，《蘇軾文集》（第二冊），第 754 頁。
〔註81〕（宋）蘇軾：《論河北京東盜賊狀》，《蘇軾文集》（第二冊），第 754 頁。
〔註82〕（宋）蘇軾：《論河北京東盜賊狀》，《蘇軾文集》（第二冊），第 754 頁。

他先是到杭州任通判，而後知密州。當時蘇軾的政治處境並不安全，更何況他是從繁華的江南來到較為淒涼荒落的密州，「寂寞山城人老也，擊鼓吹簫，卻入農桑社」，蘇軾消沉的心情可想而知。這種失意的心情在蘇軾離開海州赴密州的路上所作的《沁園春・赴密州，早行，馬上寄子由》中表現更為充分：

> 孤館燈青，野店雞號，旅枕夢殘。漸月華收練，晨霜耿耿；雲山摛錦，朝露團團。世路無窮，勞生有限，似此區區長鮮歡。微吟罷，憑征鞍無語，往事千端。
>
> 當時共客長安，似二陸初來俱少年。有筆頭千字，胸中萬卷，致君堯舜，此事何難？用捨由時，行藏在我，袖手何妨閒處看。身長健，但優游卒歲，且斗樽前。〔註83〕

「世路無窮」而「勞生有限」，胸有萬卷「致君堯舜」但不被重用，當時蘇軾的心情可想而知。但傳統社會士大夫長期受忠君報國、憂國憂民政治抱負的影響，面對嚴重的災荒，蘇軾不可能置之不理，更何況他總是深深感激仁宗對他的舉拔和神宗在變法初期對他的信任，而時時思報君恩於萬一。

（一）上書朝廷，減放稅收

作為密州知州的蘇軾，既是朝廷派出的地方官員，又承擔著徵繳給國家賦稅、維護地方社會穩定的多重使命。密州乃至京東、河北地區出現如此嚴重災情，蘇軾主張用國家調控的方式，對地方財政徵收項目依照當地豐歉程度作出相應調整，這樣在災荒年份就能省去不必要的稅目以保地方災賑之需。〔註84〕

蘇軾在《論河北京東盜賊狀》中陳述：

> 尋常檢放災傷，依法須是檢行根苗，以定所放分數。今來二麥元不曾種，即無根苗可檢，官吏守法，無緣直放。若夏稅一例不放，則人戶必至逃移。尋常逃移，猶有逐熟去處，今千里無麥，去將安往，但恐良民舉為盜矣。……欲乞河北、京東逐路選差臣僚一員，體量放稅，更不檢視。〔註85〕

〔註83〕（宋）蘇軾：《沁園春・赴密州，早行，馬上寄子由》，《東坡樂府箋》，第64至65頁。

〔註84〕張喜琴：《蘇軾救荒思想述略》，《山西大學學報（哲學社會科學版）》2007年第4期，第98頁。

〔註85〕（宋）蘇軾：《論河北京東盜賊狀》，《蘇軾文集》（第二冊），第754頁。

　　宋代政府形成了一套較為嚴密的災害救助程序，主要包括訴災、檢放和抄扎三部分，其中檢放包括檢查災情和確定放稅分數兩層含義。〔註86〕而京東地區出現如此大範圍的旱災而致「千里無麥」、「無根苗可檢」，所以蘇軾希望朝廷直接「選差臣僚一員」「體諒放稅」。蘇軾甚至進一步考慮：

> 若未欲如此施行，即乞將夏稅斛斗，取今日以前五年酌中一年實直，令三等以上人戶，取便納見錢或正色，其四等以下，且行倚閣。……候至秋熟，並將秋色折納夏稅。〔註87〕

　　只有減緩賦稅，小民才「不致大段失所」，強盜才不會迅速增多，社會才能趨於穩定。

　　災荒的形成是由自然界異常所引起，密州此次災荒是因長時間大氣降水減少所致。長期乾旱又導致蝗蟲激增，旱蝗疊加，其災情之重自不待言。災情雖重，其背後的「人禍」之災亦不容小覷。對於密州乃至整個京東地區的大範圍災荒，「人禍」一方面來自由災而起的盜行滋生，另一方面來自政策的不合理。蘇軾認為根源在於後者。就像上文所說的在檢放稅收方面在「無根苗可檢」的情況下，「官吏守法，無緣直放」，只會加重百姓逃徙，甚至良民為盜的社會混亂形勢。反過來強盜為害更加重了災荒背後的「人禍」成分。蘇軾上書朝廷力陳鹽法弊端同樣是出於這方面的考慮。

（二）力陳鹽法弊端，建議禁官榷鹽

　　京東地區是宋代海鹽的重要產區，密州濤雒場是京東地區的重要鹽場之一，朝廷在此設置場務經營鹽場，是為官榷食鹽，嚴禁私人販賣。但對河北、京東地區而言，「自來官不榷鹽，小民仰以為生」，更何況「近年鹽課日增」，至熙寧六年已增至四十九萬九千餘貫，原本京東地區應有的鹽政生態是：「煮海之利，天以養活小民，是以不忍盡取其利，濟惠鰥寡，陰銷盜賊」〔註88〕，不管是朝廷還是百姓都能從食鹽的產銷中獲利，社會秩序亦相對穩定。但隨著鹽稅急劇增長，原有的社會政治生態被打破，加之旱蝗災害並起，更加重社會混亂程度。對密州來說，雖然「去年一年，比祖額增二萬貫，卻支捉賊賞錢一萬一千餘貫」〔註89〕，可朝廷和地方政府並未從鹽課增長

〔註86〕郭文佳：《論宋代災害救助程序》，《求索》2004年第9期，第236～237頁。

〔註87〕（宋）蘇軾：《論河北京東盜賊狀》，《蘇軾文集》（第二冊），第755頁。

〔註88〕（宋）蘇軾：《論河北京東盜賊狀》，《蘇軾文集》（第二冊），第755頁。

〔註89〕（宋）蘇軾：《論河北京東盜賊狀》，《蘇軾文集》（第二冊），第755頁。

中獲利，百姓則「偷稅則賞重，納稅則利輕，欲為農夫，又值凶歲，若不為盜，惟有忍饑。」〔註90〕

面對這樣的形勢，解決問題的關鍵在於禁止官方榷鹽，適當地允許百姓販鹽。其實早在蘇軾之前的密州知州蔡齊，就曾於密州發生旱災時「請弛鹽禁」，〔註91〕並「因歲旱，除公田租數千擔」，故蘇軾上書朝廷提出減免稅收和禁官榷的建議是有根據的。對於禁止官方榷鹽，蘇軾提出的具體辦法是：

> 應販鹽小客，截自三百斤以下，並與權免收稅，仍官給印本空頭關子與灶戶及長引大客，令上歷破，使逐旋書填月日姓名斤兩與小客。限十日內更不行用，如敢借名為人影帶，分減鹽貨，許諸色人陳告，重立賞罰。〔註92〕

這樣放稅後勢必存在「鹽稅大虧」的隱憂，但蘇軾看來未必如此，他繼續議論：

> 今小商不出稅錢，則所在爭來分買（大鹽商的積鹽），大商既不積滯，則輪流販賣，收稅必多。……損益相補，必無大虧之理。……若特放三百斤以下鹽稅半年，則兩路之民，人人受賜，貧民有衣食之路，富民無盜賊之憂。〔註93〕

蘇軾認為，有限度地減免小商小販的鹽稅不僅有助於百姓度過災荒，盜賊為患程度也會隨之減輕，大鹽商的食鹽銷路也更加暢通，國家的鹽稅收入也「必無大虧之理」。退一步看，「縱使（鹽稅）虧失，不過卻只得祖額元錢，……苟朝廷捐十萬貫錢，買此兩路之人不為盜賊，所由多矣」〔註94〕，即使是朝廷鹽稅有虧損，能換來河北京東地區的社會穩定也是值得的。再退一步講，在嚴重的災情面前，朝廷即使「特出一二十萬貫，散與人戶」，其結果也只能是「人得一貫，只及二十萬人，而一貫之錢，亦未能濟其性命」，良民為盜的局面也就得不到控制，最終還是加重災荒中的「人禍」成分，危及朝廷統治。

（三）率民捕蝗

面對災荒，蘇軾一方面上書朝廷，尋求自上而下的政策救助，另一方面，

〔註90〕（宋）蘇軾：《論河北京東盜賊狀》，《蘇軾文集》（第二冊），第 755 頁。
〔註91〕乾隆《諸城縣志》卷二《總紀》，第 429 頁。
〔註92〕（宋）蘇軾：《論河北京東盜賊狀》，《蘇軾文集》（第二冊），第 755 頁。
〔註93〕（宋）蘇軾：《論河北京東盜賊狀》，《蘇軾文集》（第二冊），第 756 頁。
〔註94〕（宋）蘇軾：《論河北京東盜賊狀》，《蘇軾文集》（第二冊），第 756 頁。

蘇軾採取多種措施積極救荒，率民捕蝗和祈雨常山就是其中的兩項重要行動。為鼓勵民眾滅蝗，根據民眾交給官府所捕蝗子多少發放一定的米糧予以獎勵，即「州縣募民捕蝗，每掘得其子，以斗升計，而給民米寡有數焉」，並將捕得的蝗蟲和蝗子用「乘畀炎火」和「荷鋤散掘」的古法燒死或坑埋。經過努力，沒用多長時間蘇軾就帶領民眾「得蝗子八千餘斛」並窖於縣前。如果按「率以一升完一畝」的比率計算，則能使 80 多萬畝農田免受蝗災侵壞，取得了一定的成效。雖然災民捕蝗能夠「得米濟饑還小補」，蘇軾募民捕蝗所獲也不算少，但是官府的救災米糧有限，更何況捕蝗也不能抵擋住持續乾旱帶來的饑荒。「從來蝗旱必相資」，若要抵禦旱蝗，還是要靠增加降水來緩解，祈雨常山遂成為蘇軾密州救災的另一重要舉措。

（四）祈雨常山

旱災祈雨的習俗由來已久，唐時對祈雨有明確規定：「旱甚，則修雩，秋分以後，雖旱不雩，雨足皆報祀。若州縣，則先祈社稷及境內山川。」〔註95〕宋朝政府更形成一套自上而下的旱災祈雨體系。面對連年旱災，作為知州的蘇軾也親率民眾到常山祈雨。

常山，「直州之南二十里而近，地志以為祈雨而常應，故名曰『常山』。」〔註96〕在蘇軾前不久的密州知州吳奎就因天旱而祈雨常山，「皇祐四年，自正月不雨至於首夏」，當時吳奎攜其他官員在常山神祠讀祝辭後，「越晨，濃蔭四合，徐徐泛曬。……潤境周扎，群物蘇醒，類久病之頓愈，妖嬈融結，茂鬱如也。」〔註97〕吳奎祈雨成功，同時也兌現了之前「三日雨，足當新其廟」的承諾，重修了常山神祠。

蘇軾知密州時期正值嚴重的旱蝗災害，他多次到次到常山祈雨。第一次祈雨是在熙寧八年四月，當時蘇軾「謹以四月初吉，齋居蔬食，至於閏月辛丑」〔註98〕，並許下「若時雨沾恰，蝗不能生，當與吏民躬執牲幣以答神休」的承諾，這次祈雨的效果如何呢？「即退之三日，時雨周恰，去城百里而近，

〔註95〕（唐）李林甫等撰，陳仲夫點校：《唐六典》卷四《尚書禮部》，中華書局，1992 年版，第 124 頁。

〔註96〕（宋）吳奎《重修常山神祠記》，萬曆《諸城縣志》卷十一《雜著》，第 125 頁。

〔註97〕（宋）吳奎《重修常山神祠記》，萬曆《諸城縣志》卷十一《雜著》，第 125 頁。

〔註98〕（宋）蘇軾：《祭常山祝文五首》，《蘇軾文集》（第五冊），第 1917 頁。

蝗不獨生。」〔註99〕這從蘇軾所作《次韻章傳道喜雨》中也能得到證明。然而「一雨之後，彌月不繼。百里之外，蝝生如初。」〔註100〕蘇軾再次來到常山祈雨，並承諾「若時賜霈澤，驅攘蟲災，以完我西成之資，歲秋九月，當與吏民復走廟下」〔註101〕。這次祈雨之後，當年（1075）十月「歲得中熟」，蘇軾重修常山神祠廟宇並寫謝雨文。自熙寧八年五月蘇軾第二次祈雨常山後，「雖嘗一雨」，但「不及膚寸」，所以蘇軾於熙寧九年五月再赴常山祈雨，同年七月，皇帝下詔封常山神為潤民侯。自第三次祈雨常山後，「自秋不雨，霜露殺菽。黃糜黑黍，不滿囷簏。麥田未耕，狼顧相目」〔註102〕，旱情依然十分嚴重，蘇軾遂又於熙寧九年的七月和十月再赴常山祈雨，並在最後一次祈雨時以少牢之禮祭告於常山神廟。

　　大氣降雨受自然規律控制，在生產力低下的傳統社會是人力所難以改變的，祈雨不過是地方官員救災中的一項慣常性舉措，雖然客觀上不一定能取得理想的結果，但當蝗災發生時，對神靈的祈禱，也就成了人們信念上的支撐，無論是官員還是百姓都能在一系列的宗教活動中得到一絲慰藉，可以起到安民心穩國祚、以固根本的作用，〔註103〕蘇軾多次祈雨常山，雖然總體效果不大，但對穩定地方社會秩序起到一定的積極作用。

四、餘論

　　面對嚴重災荒，蘇軾帶領地方民眾做出積極應對，一方面蘇軾大膽上書朝廷減免稅收、禁官榷鹽，另一方面他親自率領群眾捕蝗，並到常山祈雨。除此之外，蘇軾還鑿雩泉、修築扶淇河堤，採取多種措施應對災荒，同時面對日益增多的盜賊，蘇軾「明立鈎賞」，推行治盜新方法。但從蘇軾密州救災的效果看，其上書朝廷提出的建議並未被採納，率民捕蝗和祈雨常山雖對旱災的緩解起到一定作用，但相對熙寧七年至九年間的持續旱蝗災害，所收到的成效仍較小，故而不能過高地讚譽蘇軾的密州治績。

　　蘇軾密州救荒之時，正值王安石變法不久，雖然此時蘇軾自身的政治處

〔註99〕　（宋）蘇軾：《祭常山祝文五首》，《蘇軾文集》（第五冊），第 1917 頁。
〔註100〕　（宋）蘇軾：《祭常山祝文五首》，《蘇軾文集》（第五冊），第 1932 頁。
〔註101〕　（宋）蘇軾：《祭常山祝文五首》，《蘇軾文集》（第五冊），第 1932 頁。
〔註102〕　（宋）蘇軾：《祭常山祝文五首》，《蘇軾文集》（第五冊），第 1918 頁。
〔註103〕　郝文：《試論明代山東蝗災中的政府行為》，《農業考古》2012 年第 1 期，第 292 頁。

境較為危險，但他仍多次上書朝廷，其中還有涉及新法弊端的書文，他憂國憂民、不怕犧牲的精神成了留給密州人們的巨大財富。對蘇軾這位特殊的密州知州來說，他的密州救災或許不具有普遍性，但這對於瞭解王安石變法期間的地方災荒救助具有重要意義。

雖然當時的密州號稱為「山東第二州」，但與繁華的杭州相比，二者在任職條件與環境上存在很大差距，可即便如此，即使面對如此嚴重之災情，蘇軾仍能保持一種樂觀超然的精神積極救災，這種精神不僅對救災起到促進作用，對後世亦富有教益。時至今日，蘇軾的這種精神依然激勵著密州人民奮勇前進！

第三節　明清以來諸城城市空間格局及其演變〔註104〕

今天的諸城市最早起源於古東武邑，大約在漢初於此置東武縣，後歷經兩漢東武縣城由「東武崗」上遷至崗下，形成後世所謂之「南城」。北魏永安年間置膠州郡時又在南城的基礎上擴建修築北城作為州治，從此奠定了唐宋以至民國時期諸城城市的基本形態。對於宋元之前諸城城市變遷，筆者在《密州城市歷史地理的初步研究》〔註105〕一文中作了分析，在此擬對明清以來諸城城市的演變展開進一步的探索，以期構建諸城城市空間演變的完整畫面。

自隋開皇五年（585）改膠州為密州至明初撤密州，諸城近800年的「密州時代」消失在歷史的舞臺。乾隆《諸城縣志》記載：「明太祖洪武元年夏四月置山東行中書省……（洪武）二年……夏六月戊戌，省密州，以諸城縣隸青州府，以州治為縣治。」〔註106〕至此，諸城遂從州級城市降為縣級城市，降級後的諸城縣城是什麼樣的呢？歷經明清民國以至建國以來的諸城城市又發生了哪些變化？這都是本文需要解決的問題。

一、明清時期的諸城縣城

（一）規模與形態

據乾隆《諸城縣志》記載：「逮明洪武四年，立守禦千戶所於西南大街，

〔註104〕說明：本文原刊於《地方文化研究》2015年第6期。
〔註105〕古帥，王尚義：《密州城市歷史地理的初步研究》，《城市史研究》2015年第32輯。
〔註106〕乾隆《諸城縣志》總紀二第一《總紀上》，第430頁。

故南城為軍城。北城者，……即州治為諸城縣治，而南城之縣治遂廢，故北城為民城。」〔註107〕這樣看來，在撤銷密州改諸城隸屬於青州之後，南城的縣治廢棄，原來的密州州治變成諸城縣治。從城市的職能上看，南城作為軍城，北城為民城。明初修城之後，諸城縣城又經過六次較大重修，至清康熙二十九年（1690）知縣馬翀重修縣城，乾隆二十六年（1761）知縣張師赤、宮懋讓相繼重修，最終於乾隆二十八年落成。落成後的縣城「城周九里有三十步，高二丈有七尺，闊三丈有六尺。南城視北城廣增十之二，袤增十之五。」〔註108〕從城市形態看，明清時期的諸城城市輪廓仍保持北魏以來的「凸」字形態。城門五：「南曰永安，東南曰鎮海，西南曰政清，東北曰東武，西北曰西寧。」〔註109〕

圖4　明代後期至清初諸城縣城形態及主要衙署分布示意圖

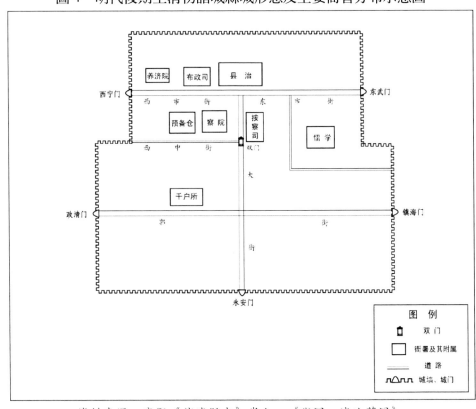

資料來源：康熙《諸城縣志》卷之一《輿圖‧城池舊圖》。

〔註107〕乾隆《諸城縣志》考十二第四《建置考》第 464 頁。
〔註108〕乾隆《諸城縣志》考十二第四《建置考》第 464 頁。
〔註109〕乾隆《諸城縣志》考十二第四《建置考》，第 464 頁。

（二）街巷、牌坊與坊隅的分布

　　總的來看，明清時期諸城縣城內的主幹交通線路變化不大，仍然保持呈「干」字形，即從縣治向南至永安門為大街；從東武門至西寧門為東西大街，縣治以東為東市街，以西為西市街；「自鎮海門抵政清門，中穿大街曰郭街」〔註110〕。具體到城內的巷道，南北二城的差異較大。據康熙《諸城縣志》記載，「兩城先後肇建，相距四百餘年，久矣。今雖合為一城，然各城中街巷方隅紆迴參錯，自難齊一，不可合併，以致混淆」〔註111〕，南北二城內巷道的錯亂格局可見一斑。下面我們具體看看城內各巷道的布局。

　　先看北城。從東市街十門口向北有大街直抵北極臺，十門口向南有東巷直抵儒學西巷口。東巷中部有巷斜向東北抵東武門，有巷通後營南巷向南抵儒學後面的東西巷；東巷南首折向西有中街通雙門後大街。西市街向北有中街直抵超然臺，再往西有巷北抵養濟院；向南有館驛巷，南過滄灣後再向東抵雙門後。南城「自鎮海門抵政清門，中穿大街曰郭街，……郭街東斜對大成坊有巷，……西通大街有小巷曰金家巷。郭街西直對後營有巷，……其中東通大街者曰史巷。」〔註112〕城牆四周均有馬道相通。明清時期雖經過多次修城，但城內道路的格局基本保持不變，限於史志記載的粗略，我們已很難復原明清時期諸城縣城內部街巷的完整格局，但從民國時期諸城縣城內街巷分布中，或可能看到明清時期的影子。

　　「諸城牌坊九十九，唯有一座沒人走」，雖然這是流傳在老諸城人中的順口溜，但能反映諸城牌坊之多。牌坊的用途大致有三種：宣揚封建政教的誇官坊；歌頌封建禮教的功德坊；提倡婦女節操的節烈坊。據清乾隆《諸城縣志》記載：「牌坊亦石刻也，惟明為盛，縣科第、仕宦建坊皆在城中，鄉曲無有也，今存者二十有三。」〔註113〕留存至乾隆二十九年的 23 座牌坊全部建置於明代，最早的是明弘治十四年（1501）縣城東關人侯璧中舉後建造的舉人坊，萬曆年間建置的牌坊竟達 14 座之多，可見明代後期諸城牌坊建設之盛。從用途上看，除了位於前學巷（今實驗中學老校）儒林中大成坊屬於宣揚歌頌封建禮教的功德坊，其他均屬於誇官坊。從牌坊分布的位置看，多建

〔註110〕乾隆《諸城縣志》考十二第四《建置考》，第 465 頁。
〔註111〕康熙《諸城縣志》卷一《街巷》，第 201 頁。
〔註112〕乾隆《諸城縣志》考十二第四《建置考》，第 465 頁。
〔註113〕乾隆《諸城縣志》考十二第十二《金石考下》，第 515 頁。

造在大街和通衢上，尤其是縣治前的府前大街上。所謂「沒人走」的一座，原在酒廠西側天齊廟街路西，是因為被砌在牆裏無法通過〔註114〕。

圖 5　解放前諸城縣城街巷示意圖

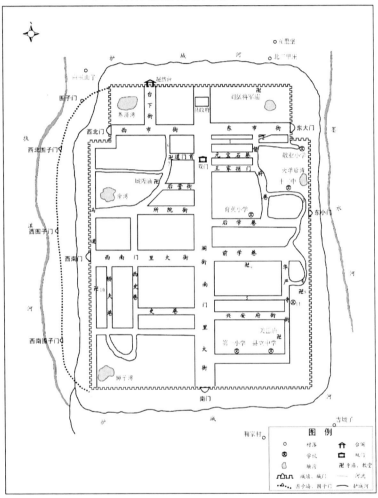

1. 官才巷；2. 九曲巷；3. 姚家胡同；4. 李家捎門；5. 金家巷；6. 官巷；7. 三官廟；
8. 華嚴寺；9. 天主教堂；10. 三清觀；11. 女子小學（一小分校）

說明：底圖取自山東省諸城市政協文史委員會編《諸城文史資料》（2014 年，第 19
　　　輯）第 6 頁插圖（孟亮思繪），並參考《諸城文史資料》（1987 年，第 1～7 集
　　　合訂本）第 141 頁《民軍與清兵攻城路線示意圖》和《諸城文史資料》（第 8
　　　輯）第 56 頁後《高軍守城佈防示意圖》。

〔註114〕徐天石，韓崗等：《諸城牌坊史話》，《諸城文史資料》第 10 輯，第 161 頁。

表3　清乾隆時期諸城城區牌坊統計表

牌坊名稱	位　置	建造時間（年）
張世則坊	北城大街	萬曆十年（1582）
翟鑾坊	北城大街	──
侯廷柱坊	北城大街	嘉靖四十一年（1562）
丁惟薦、丁自勸坊	北城大街	萬曆四十七年（1619）
陳燁坊	南城大街	萬曆二十八年（1600）
陳良相坊	南城大街	萬曆六年（1578）
王隆、王良坊	南城大街	萬曆二十一年（1593）
臧惟一坊	南城大街	萬曆十三年（1585）
臧惟一坊	郭街西大街	萬曆十五年（1587）
王侍「解元坊」	南門內大街	隆慶年間
王達、王承武坊	南城大街	──
王良相坊	南城大街	──
邱橓坊	東市街	萬曆十三年（1585）
邱讓坊	東市街	萬曆五年（1577）
邱橓、邱雲章父子經元坊	東市街	嘉靖三十六年（1557）
李士魁、李相、李旦坊	西市街	萬曆二十七年（1599）
丁純坊	郭街東大街	嘉靖四十四年（1565）
臧斐、臧節、臧惟一、臧爾勸、臧爾令坊	郭街西大街	天啟年間
臧節坊	郭街西大街	萬曆十五年（1587）
臧爾勸坊	郭街西大街	萬曆年間
侯璧舉人坊	東關	弘治十四年（1501）
邱氏世恩坊	西關	萬曆年間
胡應參、胡來進坊	西關	萬曆三十三年（1606）

資料來源：乾隆《諸城縣志》考十二第十二《金石考下》。

　　限於史料，明代諸城坊隅的布局已很難考。至康熙時，諸城縣城共分十隅八坊，「十隅」分別是明教隅、宣化隅、東南隅，東北隅、西南隅、西北隅，以上六隅都位於城內。西關廂隅，位於縣西北一里；河下隅，位於縣東南一里；鐵鉤隅，位於縣東五里；黯底隅，位於縣西南五里。「八坊」包括位於北城的牧愛坊和旬宣坊，南城的迎暉坊、明教坊和宣威坊，還有位於東北關廂

的皇華坊、西北關廂的迎恩坊、西南關廂的政清坊。城牆之內的坊區呈南北縱向分布，並呈現出關於縣治前的大街東西對稱的格局。城門外的西北關廂、西南關廂和東北關廂分成迎恩、政清和皇華三坊，並以扶淇河和墨水河為其邊界。

圖6　清代諸城縣城坊區劃分示意圖

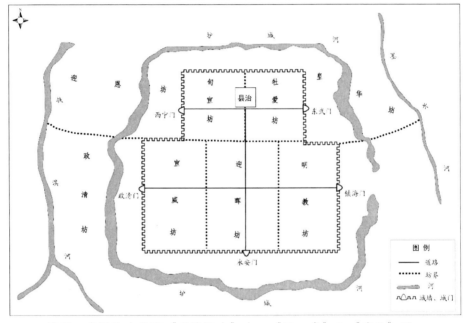

說明：底圖取自乾隆《諸城縣志》志一《圖一卷》之《城池》圖。

（三）衙署及其他主要建築

　　明清諸城縣城衙署的分布較為集中，主要分布在北城靠近中心的位置。乾隆《諸城縣志》記載：「行察院在雙門北西中街，行布政司在西市街北，行按察司在北城大街，行府館在城隍廟左，皆洪武間建，亦久廢。」〔註115〕據此我們或可以復原明初諸城衙署建築在城內的大致分布，即以縣治為中心，縣治西側是布政司，縣治偏西南雙門後為行按察院，縣治前大街東側是按察司，又「由西市而南曰館巷，以舊館驛而得名，南抵三官廟而東至雙門後，行察院故址在焉，今曰道門首。」〔註116〕這裡提到的館驛是在明洪武二年（1369）設置的，「在城隍廟左，後改為知府行館。」〔註117〕在明代，行察院經過多次

〔註115〕乾隆《諸城縣志》考十二第四《建置考》，第465頁。
〔註116〕乾隆《諸城縣志》考十二第四《建置考》，第465頁。
〔註117〕乾隆《諸城縣志》總紀二第一《總紀上》，第431頁。

搬遷，最初察院行署位於「在北城大街東」〔註118〕，建於洪武九年（1376），嘉靖二十四年（1545）「改兵備道行署為察院行署，改察院行署為按察司行署」〔註119〕。兵備道行署是在預備倉故址上建造起來的，其位置在縣治的西南，明成祖二十一年（1423）「改存留倉為豐盈倉，後改名為預備倉」〔註120〕，嘉靖三年（1524）在預備倉故址上建兵備道行署。除縣治外，明代諸城縣城內的其他衙署至康熙時大多廢圮或改為其他用地。像行布政司、行按察司、行府館至康熙時已經廢為倉庫或民居。

又據記載：「南北城之交有門曰雙門，故東武門址也，其左右城垣，前志以為後魏置膠州時撤之，合南北為一城。按：于欽，元人也，其曰中城、曰外城必其時猶有城垣，如今京師之內城、外城耳，府志云：『洪武四年，守禦千戶伏彪修城始合為一』，足以正前志之誤矣。」〔註121〕雙門是在北魏擴建北城時建造的，位於南城北門東武門址之上，其左右城垣在明初伏彪修城時才被徹底拆除，南北兩城至此才完成真正意義上的合二為一。雙門作為明清諸城城市的標誌性建築之一，上面建有神祠，元代重修，明弘治元年（1488）知縣馮傑撤去上面的神祠，建成層樓，明正德末年知縣韓肇「以樓高不利縣治，毀之。」〔註122〕千戶所位於西南大街，這裡所說的西南大街也就是後世所說的郭街西段，千戶所就位於它的北側。據乾隆《諸城縣志》記載：「舊千戶所也，前志云千戶所舊基為天清觀，疑即諸城縣故治，然不可考矣。」〔註123〕可見千戶所很可能就是在明代之前諸城縣治故址上建造的。

明洪武三年（1370）在縣城西南隅置普濟堂和養濟院，後經過重建至雍正十二年（1734）縣境內普濟堂有三個，其中位於相州和城南石橋處的兩個到乾隆時期已經傾圮，只剩下一個位於西關外教場的北邊。「養濟院，今在縣治西滄浪灣上，明洪武三年建於南城西南隅，後移置於此。」〔註124〕這裡所說的「今在縣治西滄浪灣上」已是乾隆時代的事情了，養濟院在明清諸城縣城內位置的變化也就很顯然了。據萬曆《諸城縣志》記載：「滄浪書院，在西

〔註118〕乾隆《諸城縣志》總紀二第一《總紀上》，第431頁。
〔註119〕乾隆《諸城縣志》總紀二第一《總紀上》，第435頁。
〔註120〕乾隆《諸城縣志》總紀二第一《總紀上》，第433頁。
〔註121〕乾隆《諸城縣志》考十二第四《建置考》，第464頁。
〔註122〕乾隆《諸城縣志》考十二第四《建置考》，第464頁。
〔註123〕乾隆《諸城縣志》考十二第四《建置考》，第465頁。
〔註124〕乾隆《諸城縣志》考十二第四《建置考》，第465頁。

市超然臺迤西南，成化七年，知縣閆鼎創建，……後不知何年改為養濟院。」〔註125〕可見，乾隆時期的養濟院是在明代滄浪書院舊址上建造起來的。明代諸城縣城有書院二，其一即前述滄浪書院，其二為東武書院，「在北城兵備道後。嘉靖己酉知縣祝天保以本道後私衙改為東武書院，……後知縣馬時泰廢為民居」〔註126〕。

儒學在南城明教坊北，南向，有坊，其範圍「東抵城牆，西抵南北直街，北抵東西小橫街」〔註127〕，儒學的東側和前面均有園田隙地。金貞元間，樞密副張暉建，後經金正隆、元至元、至正〔註128〕重修，至洪武二年（1369），知縣金汝穆增修，旋廢；嘉靖間，知縣鄭坤拓東南隅，大為修葺；萬曆十年（1582），知縣李觀光繼修；崇禎三年（1630）、十二年知縣秦所式相繼修學宮，康熙大地震之後，康熙二十三年（1684）知縣孫祚昌重修〔註129〕。後又經過乾隆十一年（1746）、二十九年的多次重修。

（四）寺廟壇臺的分布

在傳統社會裏，宗教（民間）信仰具有維繫一方社會穩定的重要功能，故寺廟壇臺等宗教禮儀設施的建造成為地方官員的重要職守之一。當然，由於時代更迭，寺廟壇臺的建置與毀廢亦較為頻繁，這在明清時期的諸城縣城表現就較為明顯。據記載：

> 洪武二十四年，詔令清理釋、道二教，凡各府、州、縣，但有寬大可容眾者，一所併居之，不許雜出於外，違者治以重罪，故相隱者流。又令天下僧道，有創立庵堂寺觀非舊額者，悉毀之。民間兒童願為僧者，亦須其父母具告，有司具奏方准。三年後，赴京考試通經典者，始給度牒；不通者，杖為民。大哉王言！其力禁異端，法嚴至此，當時有司曷敢不遵？而迄今則年久法弛，無一遵者，何惑乎！琳宮梵宇，日新月盛而殆遍於東武之地也。〔註130〕

可見，宗教禮儀建築的創置受國家制度的影響較大，而由於國家制度在

〔註125〕萬曆《諸城縣志》卷八《古蹟》，第78頁。
〔註126〕萬曆《諸城縣志》卷八《古蹟》，第78頁。
〔註127〕康熙《諸城縣志》卷一《儒學》，第202頁。
〔註128〕嘉靖《青州府志·諸城》之十《學校》，《諸城歷代方志》，第18頁。
〔註129〕乾隆《諸城縣志》考十二第四《建置考》，第466頁。
〔註130〕萬曆《諸城縣志》卷八《野廟》，第84頁。

地方上的執行狀況不一，再加之時代與制度之變遷，遂致使此類建築的變化亦較大。先看風雨雷雨山川城隍壇。「山川出雲，雷風以雨，高城深隍，各有神司。合祭於一壇，其來久遠。壇在縣治南門外里許高原之上，荒涼不稱，且無禁厲，樵木者趨之，行人徑焉。《傳》不云乎，國之大在祀。精意以享謂之禋。祭壇不飭不為盡志，精意貌矣。安在其為大事也。萬曆乙卯秋，邑侯貞予李公舉諸祭所，次第修之，爰及茲壇，喟曰：『夫山川以奠，麗吾民也。風雲雷雨，以潤澤者也。城隍以捍衛者也。壇之修也，不可以後。』」〔註131〕

風雲雷雨山川城隍壇，明洪武三年知縣金汝穆建，至萬曆時已經到了「樵木者趨之，行人徑焉」的荒涼地步，以至於諸城地方父母官不得不對潤澤捍衛一方的神壇重新整修，這也理所當然地成為其「盡志」的重要政績之一。風雲雷雨山川城隍壇位於縣治南門外不遠處的高平處，一壇共祭山川、風雲雷雨和城隍三神。同類性質的壇廟還有：社稷壇，「在城外西北百步，明洪武三年知縣金汝穆建」，至萬曆時其「東隅厥土黃壤，圬者取之成壑，餘者民間侵佔，止存西畔稍坦夷地數丈。春種俎豆，僅具歲事，靡嚴恭之意」〔註132〕，經過萬曆時的重修，至康熙時廢；邑厲壇，「在縣城外正北百步，明洪武八年知縣高復亨建」〔註133〕，用以祭祀無祀鬼神，萬曆六年重修，至康熙時廢；八蠟廟，「在縣城外東北臨壕上」〔註134〕、「邑城外艮方，當隍之北岸南向」〔註135〕，建於明嘉靖三年創建蠟祭之時，至萬曆時已是「年遠與垣門俱圮，不可以祭」〔註136〕，重修後的八蠟廟呈現出「廟宇煥乎其新，而祭儀秩乎其備」〔註137〕；土地廟，「在東關外高崖上，南向，墨水流其下」〔註138〕；三皇廟，「在西北門外，隆慶元年建，萬曆七年重修」〔註139〕。以上這些壇廟均位於縣城城牆外不遠處，可說它們都是傳統社會國家思想統治意志在地方社會的體現，創建於明初，後經過萬曆時知縣李觀光重修，至清代廢棄。而例

〔註131〕萬曆《諸城縣志》卷十一《雜著》，第136頁。
〔註132〕萬曆《諸城縣志》卷十一《雜著》，第136頁。
〔註133〕康熙《諸城縣志》卷六《壇廟》，第267頁。
〔註134〕康熙《諸城縣志》卷六《壇廟》，第267頁。
〔註135〕萬曆《諸城縣志》卷十一《雜著》，第137頁。
〔註136〕萬曆《諸城縣志》卷十一《雜著》，第137頁。
〔註137〕萬曆《諸城縣志》卷十一《雜著》，第137頁。
〔註138〕萬曆《諸城縣志》卷八《野廟》，第82頁。
〔註139〕萬曆《諸城縣志》卷八《野廟》，第81頁。

外的是先農壇，「在縣東南古城內，雍正五年立。」〔註140〕下面再看城牆內寺廟壇臺的布局。

明洪武四年（1371）在諸城縣南城設立守禦千戶所後，南城變為軍城，北城為民城，城內人口，像政府官員和商人主要集中在北城，城牆內的寺廟壇臺亦主要分布在北城。在明清縣城的所有廟寺之中，城隍廟無疑佔據重要的地位。對此，諸城地方士人邱橓就給出了較為明晰的說明：

> 天下之吏治，其與民最切者，莫如郡縣之守令。而郡縣之神，載在祀典者多矣，其與民最切者，亦莫如城隍之神。……其在今日，則禮猶隆重，每歲同祀於山川者二，獨祀於屬壇者三。新官蒞任，必先謁神，與之約誓，務陰陽表裏，以安下民。社稷雖尊，祇以令式從事，一切祈禳報賽，獨城隍焉是詣。而民間乞靈訴枉，設誓結盟，罔不奔走呼籲，凜凜焉而不敢。豈非以協贊幽明，照察善惡，而其氣類潛通，與民最切，尤非他神玄遠者比哉！〔註141〕

據上述記載，我們不僅能夠看出明代地方禮制之大概，更能看出城隍廟在所有縣城祠祀中因其獨特功用而凸顯出來的重要地位。諸城縣城內的城隍神廟位於縣治偏西、西寧門稍南，約在今滄灣北側政府禮堂處，明洪武三年知縣金汝穆建〔註142〕。至明隆慶時已是「歲月積久，漸就頹靡。」〔註143〕後經知縣趙楫倡議得以重修。此外，位於縣城內北城的廟宇還有：三官廟，「在城旬宣坊」〔註144〕；東嶽廟，「在城牧愛坊」〔註145〕；小關王廟，「在北城東巷牧愛坊」〔註146〕；真武廟，「在城內北極臺上」〔註147〕；天清觀，「舊在北極臺下，即天齊廟」〔註148〕，後轉移至「南城西南門內」〔註149〕。位於南城的廟觀除天清觀之外，還有位於明教坊北邊儒學大門西側的文廟和位於迎暉坊的關帝廟。

〔註140〕乾隆《諸城縣志》考十二第四《建置考》，第466頁。
〔註141〕（明）邱橓：《重修城隍廟碑記》，萬曆《諸城縣志》卷十一《雜著》，第134～135頁。
〔註142〕康熙《諸城縣志》卷六《壇廟》，第267頁。
〔註143〕乾隆《諸城縣志》考十二第十二《金石考下》，第510頁。
〔註144〕萬曆《諸城縣志》卷八《野廟》，第82頁。
〔註145〕萬曆《諸城縣志》卷八《野廟》，第82頁。
〔註146〕萬曆《諸城縣志》卷八《野廟》，第82頁。
〔註147〕萬曆《諸城縣志》卷八《野廟》，第82頁。
〔註148〕萬曆《諸城縣志》卷八《野廟》，第82頁。
〔註149〕萬曆《諸城縣志》卷八《野廟》，第82頁。

圖7　明清時期諸城縣城寺廟壇臺分布示意圖

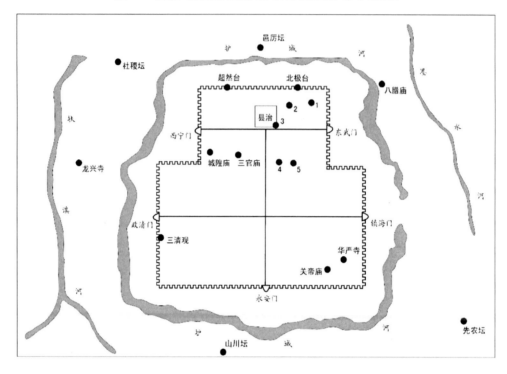

1. 劉猛將軍廟；2. 天齊廟；3. 土地廟；4. 小關王廟；5. 文廟

說明：底圖取自乾隆《諸城縣志》志一《圖一卷》之《城池》圖。

　　諸城縣城的寺院有龍興寺和華嚴寺。龍興寺，即石佛寺，位於縣城西關，它的前身可以追溯至北魏時期的大覺寺，在明代經過了永樂、天順、成化、弘治間的多次整修〔註150〕；華嚴寺位於南城明教坊，創建於元朝，明代亦進行多次整修〔註151〕。

二、民國以來的諸城縣城變遷

　　從民國至二十世紀八十年代是諸城市城市面貌劇烈變化的時期，主要變化有三，其一為古城牆牌坊的拆除；其二為城市空間的拓展；其三為城市功能區的形成。

（一）拆除古城牆

　　1929 年 7 月 28 日，政府號召劃除縣城街道一切障礙物，但沒有實施。

〔註150〕萬曆《諸城縣志》卷八《野廟》，第 83 頁。
〔註151〕萬曆《諸城縣志》卷八《野廟》，第 82～83 頁。

同時測繪縣城圖，修理西關大街，建公共廁所 9 處，設街道垃圾箱，提倡道路兩邊植樹〔註 152〕。可以看出當時的城市建設已經開始受到西方的影響。1930 年軍閥范熙績攻打諸城，城牆首遭連日炮擊，南城牆遭受戰火摧殘較大。從 1938 年日軍侵華前夕至 1945 年諸城首次解放，城牆經歷多次戰亂，殘壁彈孔密集，殘缺不全〔註 153〕，城池的規模基本上保持了乾隆二十九年重修後的原狀。1945 年，諸城成立拆牆委員會，組織全縣人民扒城牆，城牆大部分被拆除。1947 年，縣組織對牌坊進行拆除，同時鑒於當時敵強我弱的形勢，為防止再度被敵人佔領〔註 154〕，遂又成立拆牆委員會，對舊城牆未拆除的部分再次進行清理〔註 155〕。後又經過多次清理，至上世紀五十年代還殘存部分土牆，至六十年代，古城牆已尚存甚微，除縣城西南角一段和縣工會院內的殘址外，其餘全被拆除。到如今，殘存的古城牆也幾乎早已湮沒在現代化的城市建設之中，筆者在諸城市區考察期間，市政協文史委王振全主任曾引領筆者考察了市中心附近和平街西側、人民商場門前的一段原城牆和城壕，古城池的規模隱約可見。

（二）諸城城區的空間拓展

民國以前的諸城城區面積僅 1.065 平方千米，新中國成立後，城區面積不斷擴大，以黨政及科研單位為中心向四周延伸，東至泰王路，西至濰徐路，南至文化路，北至密州路，已建成面積 4.28 平方千米〔註 156〕，而至 1987 年，扶淇河已經穿城而過，使故城新區隔河相依，縣城面積已達 11.54 平方千米〔註 157〕。

諸城城區面積的不斷拓展是建立在城區道路不斷拓寬重建的基礎之上的。清末民初，城裏共有三條主要街道，民國末期街面情況被破壞，凸凹不平，「逢晴塵土飛揚，遇雨連綿或積雪融化時，街道泥濘，難於通行。」〔註 158〕諸城縣城拓展的轉折出現在 1958 年，縣政府對縣城街道作了全面統一規劃，新城區

〔註 152〕山東省諸城市城鄉建設委員會：《諸城市城鄉建設志》（內部資料），1987 印，第 15 頁。
〔註 153〕《諸城市城鄉建設志》，第 87 頁。
〔註 154〕王振全：《諸城古城牆》，《諸城文史資料》第 18 輯，第 265 頁。
〔註 155〕《諸城市城鄉建設志》，第 16 頁。
〔註 156〕《諸城市城鄉建設志》，第 86 頁。
〔註 157〕《諸城市城鄉建設志》，第 83 頁。
〔註 158〕《諸城市城鄉建設志》，第 91 頁。

街道應運而生，在扶淇河西新建了東西兩條主要乾道，即現在的人民路西段和興華路西段。此外，為便於工業生產，還在這兩條主要乾道之間修築了若干小道。1971 年，又對人民路和和平街進行了擴建。至 1987 年，城區道路形成 15 條，全長 33.58 公里，路面總面積 87.78 萬平方米。值得注意的是西郊街、紡織街、西外環路的修建。西郊街，南起興華路，北接人民路，1983 年 6 月建成通車；紡織街，南起興華西路，北至人民西路，始建於 1967 年，1985 年鋪築混凝土路面〔註 159〕；西外環路是濰坊通往徐州穿越諸城縣境的一條交通要道，清代曾多次維修，解放初期路面拓寬，1980 年按縣城總體規劃為西外環路〔註 160〕。這幾條街道連接了扶淇河西新城區的人民路、興華路和密州路等東西主乾道，它們相繼建成也標誌著諸城扶淇河西新城區交通網的日趨成熟，同時也促進了河西新城區的快速擴展。

（三）城市功能區的形成

明清時期諸城縣城城牆內用地主要為政府用地、商業用地和住宅用地，縣治以南為宗教信仰和簡易文化場所，東西南北四關商業繁盛，其中尤以南關和西關為盛。至清代，縣城共有人口一萬，東關人口密度最大，其次為南關。據乾隆《諸城縣志》記載：「縣治前自東武門抵西寧門橫街，東曰東市，西曰西市，人跡駢闐，居一城之最。」〔註 161〕縣治門前東西大街上商業繁盛的景象可見一斑。除了東西市街以外，像南城的炭市街，即今天的興華路檢察院附近，是專門銷售木炭的地方。我們或可從這類街巷名稱推測明清以至民國時期諸城縣城內的商業空間分布。

解放後隨著城牆的不斷拆除，城區不斷向外擴展，但諸城縣城在布局上保持了舊城格局，並由內而外，根據行政、商業、工業等不同特點，布局趨向合理，形成了一個母雞群雛各具功能又相互依存的七大區劃模式。縣城中心為行政區；扶淇河兩岸和城西北是工業區；扶淇河以東，和平街以西，以「善人橋」頂棚市場為中心為商業區；縣城東南是文體區；大華路以東是居民區；縣城以北是倉庫區；娛樂區在滄灣周圍。

〔註 159〕山東省諸城市地方史志編纂委員會：《諸城市志》，山東人民出版社，1992 年版，第 276 頁。
〔註 160〕《諸城市城鄉建設志》，第 101 頁。
〔註 161〕乾隆《諸城縣志》考十二第四《建置考》，第 465 頁。

圖 8　1987 年諸城城區部分土地利用分布略圖

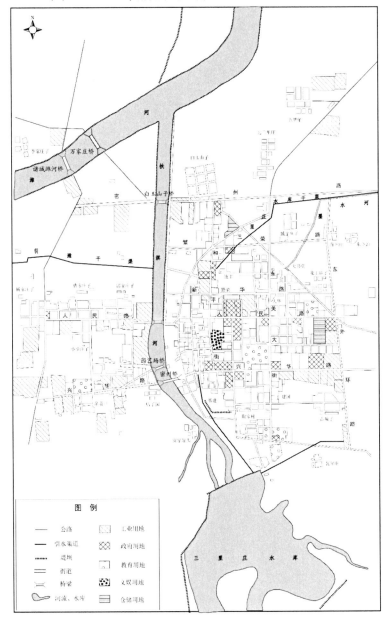

說明：此圖以《諸城市區地名圖》（參見《諸城市地名圖冊》（內部資料），諸城市地
　　　名委員會編，1987 年）為底圖，並主要參考《諸城市城區圖》（參見《諸城市
　　　志》，山東省諸城市史志編纂委員會，山東人民出版社，1992 年）、《諸城統計
　　　年鑒 1987》（諸城市統計局編，1987 年）和《諸城縣工業企業概況（1984 年
　　　度）》（諸城縣經濟委員會編，1985 年）。

　　20 世紀 80 年代，隨著諸城經濟的快速發展，城市的空間結構、產業布局、基礎設施建設等呈現出了新特點，為適應城鄉建設的需要，相繼進行了四輪城市總體規劃編制。可以說，前述諸城城市各功能區的形成既受到明清民國以來歷史因素的影響，同時也受到新的規劃方案的驅動。在 1980 年的首輪城市規劃方案中：「城市性質為以輕紡和農副產品加工為主的縣城，……河西工業區是縣城主要工業區，污染工業區放在濰河北岸的西北工業區；居住區集中在扶淇河東建設；市中心在縣府禮堂前滄灣一帶，規劃的停車場改作市中心廣場。」〔註162〕

圖 9　諸城城區規劃布局示意圖（2009）

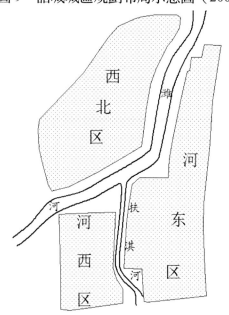

　　隨著諸城城市經濟的進一步發展，城市規模迅速擴大，第二輪規劃於1989 年進行全面修訂，並確定城市性質為「以發展輕紡和食品等為主的外貿出口基地」；第三輪城市規劃於 1995 年進行編修，確定城市性質為「以發展外向型加工工業為主的園林式現代化中等城市」，1995 至 1996 年間鋪築硬化了東、西、南三條寬 60 米、總長 18 公里的外環路，從而拉起了中等城市的框架；值得注意的是 2004 年諸城市委市政府委託清華大學規劃設計院編制的第四輪總體規劃，確定城市性質為「以外向型加工製造業為主的現代

〔註162〕山東省諸城市史志編纂委員會：《諸城市志》，中華書局，2011 年版，第 297頁。

化園林城市」，城市近期向北擴展，遠期遠景跨越鐵溝河向東發展，形成「一帶、四軸、三中心、七片區」的布局結構，城市用地與穿插其間的濰河、扶淇河有機結合，使城市發展與生態環境保護形成動態平衡〔註163〕。

三、結語

　　如果僅僅是考察明清時期的諸城縣城的話，相對來說還是容易的，因為研究的範圍有限且確定，即城牆之內的範圍和城牆外的近郊區，更何況明清時期的諸城城市空間格局也在較大程度上保持著繼承性。但隨著民國時期諸城古城牆的拆除，城區迅速擴展，我們則很難詳細勾勒出其具體的空間演變過程，所以這裡筆者也僅僅是從城市規劃和城市功能分區的層面上對民國以來的諸城城市變遷進行初步的探討。

　　從明清以來諸城城市變遷的整個過程來看，歷史給我們後人留下的教訓是很深刻的。首先，關於明清諸城古城牆牌坊的拆除。諸城古城牆因戰爭而開始遭到破壞，後又相繼遭到多次拆除，時至1983年，諸城市城建局、文化局等單位向縣政府寫了聯合報告，經縣政府批准，將尚存的城牆列入了諸城的重點「文物古蹟」保護之一〔註164〕，可此時的古城牆已幾乎被拆除殆盡了。城內的牌坊也是在同一時期被拆除的，筆者在採訪的過程中瞭解到，後來曾有些社會人士向諸城市政府建議重建城內的牌坊，可即使建議被政府採納，重建的牌坊也很難顯示出應有的那份古韻，更何況這樣的建議後來也沒有了下文。古城牆和牌坊是諸城這座古城悠久歷史的見證，它們的拆除是諸城人民永遠不能抹去的巨大損失。

　　其次，關於諸城城市規模和城市化問題。1995年進行編修的諸城市第三輪城市規劃將諸城城市等級定為「中等城市」，如果根據2014年國務院《關於調整城市規模劃分標準的通知》的規定「城區常住人口50萬以上100萬以下的城市為中等城市」〔註165〕，按照諸城市2007年城區人口數21.08萬〔註166〕，諸城市離中等城市的規模還有較大的差距。也就是說，目前的諸城仍處於向中等城市邁進的關鍵時期，城市的快速擴張同時也帶來一系列的問題，外環路不斷向外延伸，城內交通也日趨擁擠。城區的擴張也促進了房地產業的飛速發展，

〔註163〕《諸城市志》，中華書局，2011年版，第297頁。
〔註164〕《諸城市城鄉建設志》，第88頁。
〔註165〕http://www.gov.cn/zhengce/content/2014-11/20/content_9225.htm
〔註166〕《諸城市志》，中華書局，2011年版，第61頁。

尤其是近幾年來，房價一路飆升，筆者認為，這種不協調局面的出現並不能增加諸城城市的「貴族」氣，反而會影響到諸城城市生活的舒適度，同時房地產業迅速發展也在一定程度上破壞了諸城的合理功能區劃，最終影響到諸城市「園林城市」、「衛生城市」目標的實現。

自從古城牆拆除以來，諸城城市不斷向扶淇河以西擴展，至 20 世紀 80 年代，扶淇河以西城區成為諸城縣城的主要工業區，隨著城區的擴展和生態園林城市建設意識的增強，河西工業區工廠紛紛撤出至外環路（主要是北外環和東外環），河西區遂成為重要的生活居住區。目前，諸城城區正向北、向東擴張，這是符合諸城城區的總體地形地勢特點，主體向東擴展的趨勢很可能將促使城區重心的東移，開創諸城城市發展的新局面。

第四節　水與城：山東諸城城市水環境演變 [註 167]

今諸城市最早起源於古東武邑，漢初在此置東武縣，後又遷城於古城子嶺 [註 168] 下，形成後世所謂之「南城」。北魏永安年間置膠州時，在南城的基礎上拓建「北城」作為州治，奠定了宋元明清時期諸城城市的基本空間格局。 [註 169] 在城市發展的過程中，水環境的變遷無疑對城市產生重要影響，或者說城市及其水環境在相互作用的過程中不斷塑造著對方，使城市成為一個多因素綜合作用下的地理實體。在諸城城市的發展過程中，其水環境是怎樣的呢？發生哪些變化？其影響因素又是什麼？鑒於此，我們在分析歷史文獻資料的基礎上，並結合實地調查，嘗試對諸城城市水環境的歷史變遷過程進行初步探索。

諸城市位於山東半島的南部，泰沂山脈與膠萊平原的交界處，地形屬膠萊平原南部的濰河平原，地勢南高北低，東南部為起伏較大的低山丘陵，縣境中部向北係一片波狀平原 [註 170]，地形控制下的境內河流多由南向北流，濰河為境內的最大河流，自西南而東北貫穿全境。濰河在境內支流眾多，組

〔註 167〕說明：本文原刊於《城市史研究》第 37 輯。

〔註 168〕位於今諸城市城區東南部的古城子所在地，具體位置為今東武古城小區及其附近，古東武邑即源於此。

〔註 169〕古帥，王尚義：《密州城市歷史地理的初步研究》，《城市史研究》第 32 輯，社會科學文獻出版社，2015 年版；《明清以來諸城城市空間格局及其演變》，《地方文化研究》2015 年第 6 期。

〔註 170〕《諸城縣概況》（內部資料），第 3～4 頁。

成葉脈狀水系。首先需要明確一個概念，這裡所說的「城市水環境」包含的對象很廣，不僅包括城市內部及其附近的天然水域狀況，還包括與城市居民的生產生活密切相關的人工水域及城市水患、城市居民用水環境等。

一、明代以前的城市水環境

據明萬曆《諸城縣志·古蹟》記載：「古城，在今縣治城東南門外里許高崗之上，址周約五六里，東北、東南、西南三面城角猶隆然圮而不夷。獨西北角一面盡為雨水沖成溝壑，無復遺址。土人從來稱為『古城』，莫知何城也。……竊意此城三代時所築，其全枕高崗，未知何以。或時遭洪水，民畏下而就高歟？未可知也。……此城或敝隘難居，因於西側崗下復築今城，仍襲名東武，並為琅邪郡國之所，而此城遂為古城歟？」〔註171〕

上引文中的「古城」在《水經注》中亦有記載〔註172〕，我們可稱之為「東武故城」。很明顯，至明代，住在東武故城附近的居民，都已不能說出此城的由來。至於最初為什麼選在此地建城，後來為什麼又轉移至「崗下」重新築城，雖然明代士人給出的答案只是一種猜測，但在一定程度上，確也有其道理。故城選址在今古城子所在的高崗之上，既又有利於避免洪水的威脅，又有利於軍事上的防守。至於後來為什麼又於崗下另建新城，是不是由「敝隘」所致，筆者不敢肯定，或許我們能從考古調查中獲取有用的信息。據對諸城市博物館館長韓崗先生的訪問，其在上世紀七十年代對東武故城考察的過程中發現不少深井〔註173〕，在近年來的房地產開發過程中，亦在古城子發現很多深井，這在一定程度上反映出當時故城居民的用水狀況，即城內居民的用水多取自井水，可見，捨東武故城而於崗下另建新城，很可能與取水困難有關。

據康熙《諸城縣志》記載：「南城者，西漢所築，故東武縣城也。」〔註174〕

〔註171〕萬曆《諸城縣志》卷八《古蹟》，第72頁。
〔註172〕據《水經注》卷二十六《濰水》部分記載：「（濰水）東北過東武縣西，縣因岡為城，城周三十里。」（《水經注校正》，第630頁）此處的「岡」與前引文中的「崗」均是指古城子嶺。
〔註173〕筆者於2017年5月27日17時21分又通過手機聯繫了諸城市博物館館長韓崗先生，並對古城子這些深井的年代問題向韓先生請教，韓先生的回覆是：「古城子嶺上的古井很多，目前發現最早的為西漢早期，曾在井內出來的一件陶器上有『東武市』印記，最晚為宋元時期。」
〔註174〕康熙《諸城縣志》卷一《城池》，第191頁。

西漢時期，東武故城由古城子所在的高崗上遷移至崗下，新建的城池被後世稱作「南城」。南城具體選址於何地？又有著怎樣的水環境？我們可以先看看今天諸城市老城區〔註175〕的地形。老城區總的地形特點是東高西低、南高北低〔註176〕，古城子所在地為全城最高處，向西一直延伸至扶淇河，向北也順著緩坡不斷延伸。而南城的選址就在古城子西一里左右，為地勢較為平緩的地帶。雖然南城所處地形較為平坦，但由於距古城子所在高崗仍較近，城內地勢依然呈現東南高、西北低的特徵，這樣，城內積水遂易彙集至城西北角。同時，遷至崗下的東武城〔註177〕，地下水資源可能有所增加，打井取水亦變得更為便利，但由於距離扶淇河更近，遭受水患的威脅亦隨之加大。

北魏永安二年（529）是諸城城市發展過程中具有轉折意義的一年。據《太平寰宇記》記載：「州理中城，後魏莊帝永安二年築以置膠州。」〔註178〕此處所謂的「中城」即後世所謂的「北城」〔註179〕，它是在南城〔註180〕的基礎上向北擴建而成。南城「南枕微崗，北原臨平野」〔註181〕，看來北城正是建於南城之北的平野之上。更令人驚喜的是，我們在康熙《諸城縣志》中找到了關於南、北城內微地貌細緻而形象的介紹。據記載：「南門內外，正枕崗上，

〔註175〕 今天的諸城市城區已拓展至扶淇河以西，向北到濰河以北，而老城區的範圍大致在今諸城市東關大街以西，北關路以南，西關街以東，老城牆以北。其中老城牆僅僅殘留西南角一段，位於今諸城市區如意花園小區西北角不遠處。

〔註176〕 這一地勢特徵從下文所引康熙《諸城縣志》的相關史料中亦能反映出來。

〔註177〕 此處東武城指漢代位於東武崗下的東武縣城，在漢代曾作為琅邪郡治。而下文所說北魏時期的東武城，其範圍有所擴大，包括了拓建後作為膠州州治的北城。

〔註178〕 《太平寰宇記》卷二十四《河南道・密州》。

〔註179〕 據康熙《諸城縣志》卷一《城池》（《諸城歷代方志》（上冊），第198頁。）部分記載：「北城，州理中城也。原為東武縣北關廟平地。後魏拓跋氏據有琅邪之地，於永安二年將此北關築東、西、北三面城垣，城門東、西有二，城北面無門。居中置膠州治，而東武治在南城之內。遂撤去東武北城，南北合為一城。」

〔註180〕 《太平寰宇記》卷二十四《河南道・密州》有記載：「外城，即漢東武縣也。」元人于欽《齊乘》（《宋元方志叢刊》（第一冊），中華書局影印本，1990年版）中亦有「密州城理有中外二城，外城，漢東武城；中城，後魏築」的記載。這樣看來，北城和南城分別對應中城與外城。對於此處的中、外二城，清人葉圭綬在其《續山東考古錄》（山東文藝出版社，1997年版）中還有不同的解釋，因已超出本文的研討範圍，故不再附議。

〔註181〕 康熙《諸城縣志》卷一《城池》，第198頁。

地形南高北下，城中雨水盡向北流。或云：南城之趾與北城顛齊。雖未度其必然，而高下之形，昭然見焉。」〔註182〕這也就更印證了前述諸城老城區的地勢特徵，而這一特徵，即南城南高北低、北城海拔高度與南城最北邊持平〔註183〕，又對後世諸城城市的積水與排水產生重要影響。

　　經北魏擴建後，東武城在形態上呈「凸」字形，南城面積比北城大。值得注意的是南城西北角，即南北二城「凸」字拐彎處，這裡地勢較為低窪，城內雨水大部分彙集於此，遂形成城內一大水景──滄灣。據諸城市地方文史專家任日新先生研究：「兩次建城須大量用土，用土則就地取材，城周深而寬的護城河，就是築城用土而形成的。可是南北二城之間卻無壕溝痕跡，其大量用土則取自滄灣，因此就成了低窪的大灣。」〔註184〕任先生還得出了「可見灣之成，始於漢魏間，距今已有近兩千年的歷史」的結論。我們認為，這是一種較為合理的推測，但「南北二城之間卻無壕溝痕跡」是否屬實，我們不敢苟同〔註185〕。在傳統時代，城壕不僅具有重要的軍事防禦功能，更是城內居民排水的重要渠道，對於建於高崗之上的東武故城，其有無城壕我們暫不能判定，但遷至崗下緩坡的南城，由於地勢趨於平坦，就地取土築城遂具可能，滄灣很可能就是在這樣的背景下形成的。至宋代，蘇軾知密州期間所作《望江南·超然臺作》詞云：「試上超然臺上看，半壕春水一城花。煙雨暗千家。」〔註186〕雖然詩文中多有誇張的成分，但也能從側面描繪出古城當時的景象，其中「半壕春水」很可能就是指城壕之水。至於北魏至宋時期的城壕是否連續貫通，我們不得而知。康熙《諸城縣志》記載：「邑城東南，地高，

〔註182〕康熙《諸城縣志》卷一《街巷》，第 201 頁。

〔註183〕我們認為除非受到較為嚴重的自然災害（如地震、滑坡等）或較大規模人類活動的影響，地形這一自然地理要素才會發生明顯的變化，直到今天，諸城市老城區的總體地勢仍未發生較大的改變，只不過在填平原城壕修築道路後（東、西城壕被填平後已分別成為今諸城市和平街、東關大街的一部分），北部城區的東西兩側地勢有所下降。

〔註184〕任日新：《滄灣小考》，載《諸城文史集萃》，濰坊新聞出版局，2001 年印，第 875 頁。

〔註185〕至於南、北二城之間有沒有城壕，應根據漢代修築南城時的時空背景來看，由於暫未查到相關史料，故而不論。但較為肯定的是，北魏置膠州後的東武城（隋代以後可以稱為諸城縣城），南、北二城已合為一體了，所以，如果原漢代東武城（南城）有城壕的話，其北城壕定會北移。

〔註186〕（宋）蘇軾：《望江南》（春未老），張志烈、馬德富、周裕鍇主編：《蘇軾全集校注》（第九冊），河北人民出版社，2010 年版，第 151 頁。

城無濠，門外亦無弔橋。」〔註187〕據此推測，北魏至宋時期的東武城城壕很可能也不連續，這還是與城區東南高、西北低的地勢特點有關。

作為城市水環境的一個重要方面，城市水患問題亦是不能忽略的。由於史料記載的缺乏，已難以窺探到漢至隋唐時期東武城（諸城縣城）的水災狀況，但這並不意味著城市水災的不存在。正如前文分析，從古城子嶺上西遷後，東武城受扶淇河水災的威脅增大，更何況扶淇河眾多支流交匯的地點距離南城很近。蘇軾知密州時期的詩文為我們提供了一絲線索。

蘇軾在《滿江紅》（東武南城）一詞的序文中提到：「東武會流杯亭，上巳日作。城南有坡，土色如丹，其下有堤，壅郏淇水入城。」〔註188〕流杯亭，即南禪小亭，這裡所說的城南之「坡」，諸城市地方史專家鄒金祥先生認為係一高埠，高埠與古城子所在的東武崗相連，今天的王盡美紀念館就坐落其上，「其下有堤」，當為「坡」西之下。〔註189〕因扶淇河來自城南，對古城的威脅主要集中在城的南面、西南面和西面，故「新堤」當為連接高埠沿河北伸，係一南北走向的順河堤，即防止扶淇水災威脅古城的屏障。從「新堤」的稱呼，似也能看出東武先輩們修建河堤以防水患的歷史之久遠。

除修築河堤外，蘇軾在《再過超然臺贈太守霍翔》一詩中表達了對密州城市水利的一個美好願景，詩最後云：「郏淇〔註190〕自古北流水，跳波下瀨鳴玦環。願公談笑作石埭，坐使城郭生溪灣。」〔註191〕埭，即土壩，石埭即石質堤壩，古人往往在江河水流湍急處設埭。這首詩是蘇軾在元豐八年（1085）十月赴登州途中經過密州時所作，此詩的末句，既可看作是蘇公對時任密州太守霍翔的一個寄託，又可理解為是對密州城市水利建設的一個宏大願望：即在扶淇河和密州城之間建造一個石壩，不僅能減輕扶淇河水災對城市的威脅，又能使「城郭生溪灣」。時任密州知州的霍翔，曾任駕部員外郎、知都水監及提舉疏濬汴河。所以，在蘇軾看來，修建這樣一個石壩，對霍翔來說應該沒什麼問題，但不知什麼原因，築壩的美好願景在當時並未實現。雖然石

〔註187〕康熙《諸城縣志》卷九《祥異》部分，第349頁。

〔註188〕（宋）蘇軾：《滿江紅》（東武南城），《蘇軾全集校注》（第九冊），第151頁。

〔註189〕鄒金祥：《為官一任，造福一方——蘇軾官密治績雜談》，李增坡主編，鄒金祥副主編：《蘇軾在密州》，中州古籍出版社，2014年版，第393頁。

〔註190〕郏淇，即扶淇河。

〔註191〕（宋）蘇軾：《再過超然臺贈太守霍翔》，《蘇軾全集校注》（第五冊），第2899頁。

壩未能築成，但至少說明當時的地方官員已經認識到扶淇河水災的嚴重性。可喜的是，攔截扶淇河的大壩終於在中華人民共和國成立後築成，形成的三里莊水庫成為今天諸城城區人民休閒娛樂的好去處，更令蘇軾想不到的是，三里莊水庫已成為今城區居民的重要飲用水源地。

二、明清民國時期的城市水環境

明初，省密州，密州州治變為諸城縣治。洪武四年（1371），在南城設立守禦千戶所，守禦千戶伏彪負責修城。修葺好的城池「城周九里有三十步，高二丈有七尺，下厚三丈有六尺，上厚視下減三之二。池深一丈有五尺，闊三丈。」〔註192〕那麼這一時期，諸城縣城的水環境又是怎樣的呢？我們從以下四個方面來看。

（一）城市主要水體

除寬闊的城壕外，明清民國時期諸城縣城內或附近的水體主要有滄灣、獅子灣、豬市灣等。自北魏擴建北城以來，滄灣一直是城內最為低窪的地方，每至多雨季節，南、北城雨水則齊匯入滄灣。至於滄灣之名，很可能在明代就有了〔註193〕。據乾隆《諸城縣志》記載：「漾月樓，在縣治西南滄灣上，址盡廢，縣人臧爾令於天啟初年建也。」〔註194〕建成後的漾月樓，成為置身滄灣觀景的平臺，更使得滄灣成為城區人們休憩賞景之佳處。據乾隆《諸城縣志》記載：「郭街西直對後營有巷，南抵獅子灣，灣上有石獅子，故名。」〔註195〕據此可知，獅子灣位於縣城西南角不遠處〔註196〕。至於獅子灣形成於何時，我們認為明清時期進行了多次修城，獅子灣的形成很可能與修城取土有關，其面積大約與滄灣相當。豬市灣早已消失於記載，至於其形成時間，也難以考知。據諸城市地方文史專家王先貴先生回憶，豬市灣在今西關街與北關街交叉口西北角處，即今諸城市區金都小區南部，面積比獅子灣略小，大約為 1600 平方米大的水灣。至 1947 年之前，在滄灣北面約六十米的地方，還有一面積約有滄灣四分之一大的水灣，叫「城隍廟灣」。因其位於滄

〔註192〕康熙《諸城縣志》卷一《城池》，第 197 頁。
〔註193〕據康熙《諸城縣志》卷八《古蹟》（《諸城歷代方志》（上冊），第 330 頁）記載：「滄浪書院，在西市超然臺迤西南。成化七年，知縣閻鼏創建。」
〔註194〕乾隆《諸城縣志》志八《古蹟考》，第 476 頁。
〔註195〕乾隆《諸城縣志》志七《建置考》之《街巷》，第 465 頁。
〔註196〕在今天的諸城市區樂都小區偏西南處。

灣的北面，人們習慣稱其為「後灣」。後灣位於今市政府禮堂大門前廣場的中心。後灣為死水灣，水很髒很深。〔註 197〕

（二）城區生活用水

據記載：「扶淇河，在（諸城）縣西一里，……城中人家日用飲食悉資此水，窶人汲之以賣云。」〔註 198〕可見，在明代諸城縣城的生活用水大多取自扶淇河水。除扶淇河水外，泉水也很可能是明代諸城城區居民生活用水的一部分。據康熙《諸城縣志》記載：「古泉，在縣東南門外古城內大路西側。泉出東南溝崖之陰，眼巨而圓，為瓦甃形。余聞疑地中安能瓦甃？因暇日躬往，於崖上平地照泉，向東南丈餘，令人掘之。深及四尺，見泉流用瓦筒接連，甃之，水從筒中西北流，注於溝陰之內。其泉源自東南發來，遠近淺深殆不可測。料皆甃以瓦筒，故能疏通無滯。居人云：古城枕崗地高，土堅如石，鑿井至三四丈不得泉，故古人疏甃遠泉以資居民。然泉臨深溝，溝崖常塌，瓦筒裂隙已及數丈，猶涓涓曾無已時。今則瓦斷而泉涸矣。」〔註 199〕

上引史料實際上是一則對清初古城子泉水的實地考察簡報，特別對先人如何疏引泉水「以資居民」，進行了較為細緻的分析。更難能可貴的是，該則史料中保存了對當地原住居民的採訪記錄，從其記錄可以看出，古城子地處高崗之上，土質堅硬，不易於鑿井，故疏引遠處的泉水以資生活所需。我們認為，這很可能是明代甚至明代以前古城子附近居民生活取水的重要來源之一。又據記載：「東南門外，無關廂，川池多溝澗，民居七八家耳，不成街巷。正南門外，無關廂，因溝壑縱橫無平地，難作民居。」〔註 200〕東南門和南門外有泉水露出很可能與其地勢高亢、溝壑縱橫的地理環境有關，但由於泉水水量有限，再加上坍塌等對泉水的破壞，使得其地「難作民居」，民戶稀少。

據乾隆《諸城縣志》記載：「兩關（即西北關和西南關）巷之西出者各二，皆名打水巷。城中井皆鹵水，水取之扶淇，四巷其汲道也。永安、鎮海二門外無居人矣，皆有水泉，城中去扶淇遠者汲之。」〔註 201〕明清諸城縣城有門五，

〔註 197〕 王先貴：《滄灣與城隍廟灣的怪現象》，《諸城文史資料》第 19 輯，第 160 頁。
〔註 198〕 （清）顧炎武撰，譚其驤、王文楚、朱惠榮等點校：《肇域志》，上海古籍出版社，2004 年版，第 599 頁。
〔註 199〕 康熙《諸城縣志》卷二《水》，第 213 頁。
〔註 200〕 康熙《諸城縣志》卷一《街巷》，第 201 頁。
〔註 201〕 乾隆《諸城縣志》志七《建置考》之《街巷》，第 466 頁。

南曰「永安」，東南曰「鎮海」，西南曰「政清」，東北曰「東武」，西北曰「西寧」。雖然鎮海門和永安門附近的居民距離古城子所在高崗不遠，但畢竟泉水的資源承載力有限，所以扶淇河水最終成為城區的主要飲用水源。從前面記載可知，城區居民赴扶淇河的打水巷道有四。據對古城的調查訪問，至民國時期，從豬市灣向西有一打水巷。善人橋附近自明清以來一直是西關商業繁榮之地，人口密集，很可能從善人橋向西亦有打水巷分布。

上述泉水和扶淇河水均在城外，我們再看看城內。據前文所引，城中居民亦取井水，但城內井水含鹽量大，不適宜飲用，事實也的確如此。據記載：「巷（舊名「東巷」）之分中有東巷一，東北通懶水井，達於東北城門。」〔註202〕懶水，即硬水，含鹽量較大。從民國至解放前，由於戰亂頻繁，井水又一度成為城內居民的主要水源。就取水方式來看，多為肩挑、人抬和車推。民國時期，由於遠離扶淇河水源地，人們取水不便，有些人開始在城裏專靠賣水為生，1946 年在城裏挑水買賣的就有 120 人〔註203〕。

（三）城市排水

據康熙《諸城縣志》記載：「墨水河，出縣治外東南一里古城北溝及兩崖間，眾泉水迸出，合而西北流，徑東北關門外北流，僅足濫觴，稍旱即涸。遇夏月雨水大，北流數里，亦渙散無所委。」〔註204〕可見，墨水河是一條由古城子眾多泉水匯聚後北流的季節性河流。在夏季多雨時節，其排澇作用亦較為明顯。除墨水河外，還有泉水西流注入扶淇河，據乾隆《諸城縣志》記載：「扶淇之徑縣西也，有古城泉水西流徑南門外注之。」〔註205〕

明清民國時期，諸城縣城內並無完整的地下排水系統。城內雨澇大多匯入滄灣、獅子灣，部分雨水穿過城牆下涵洞外泄，排入城壕溝〔註206〕。南城積水大部分通過道路流入城西北部的滄灣，然後通過涵洞排入城壕；北城地勢雖較南城低平，但其積水仍流入滄灣，然後排入城壕內。據王先貴先生介紹，民國時期諸城縣政府大院內有涵洞向外排水，滄灣與城壕之間的城牆下面有四個高約 1.5 米、呈長方形的涵洞排水至城壕。城壕內積水大部分向北流

〔註202〕康熙《諸城縣志》卷一《街巷》，第 200 頁。
〔註203〕《諸城市城鄉建設志》，第 143 頁。
〔註204〕康熙《諸城縣志》卷二《水》，第 212 頁。
〔註205〕乾隆《諸城縣志》志六《山川考》，第 458 頁。
〔註206〕諸城市水利志編纂委員會：《諸城市水利志》（第一部）（內部資料），2011 年印，第 196 頁。

入濰河，也有部分流向豬市灣方向，最終排入扶淇河。據萬曆《諸城縣志》記載：「正德六年正月，齊彥名等攻破安丘縣，復圍攻諸城十餘日。知縣王緒、千戶張勇、義勇丁紀竭力禦之。預引扶淇河水注池，賊不能肆，解去，城得保全。」〔註207〕可見，城壕不僅僅是城內積水排洩的對象，戰亂時期城壕對縣城的防禦作用表現明顯。在民國時期，縣城內部分街道以明溝排水，西關善人橋以東有一條長15米，寬1.5米，深1.8米的磚砌地下排水溝，石板蓋頂，建於明代，是縣城內最早的一條磚砌排水溝〔註208〕。

（四）城市水患

據乾隆《諸城縣志》記載：「（明正德）八年（1513），秋大雨，濰水逆流，壅扶淇水入城門，壞廬舍無算，修城。」〔註209〕其所謂的「濰水逆流」，也就是由於河道的行洪能力差，導致濰河與扶淇河合流之水倒灌而衝入縣城。正如前文所說，諸城縣城的水患多來自西邊不遠處的扶淇河。據記載：「扶淇河，在縣治西，源出雩泉，合朱盤、兩河、注輔三河北流五里入濰。」〔註210〕朱盤河有兩源：「一出狼窩山東，西北流十二里；一出寨山陰，北流五里至焦家莊西合流。」〔註211〕塌山水有三支流，在兩河村東北注入扶淇河。而注輔河「受眾水凡六，勢益闊，又西北二里，至紅土崖，會於扶淇」〔註212〕。如此眾多的支流齊匯扶淇河，尤其是在夏秋季節，各支流流經地區不僅降水量大，更常降暴雨，扶淇河沿岸也就難免發生水災。更值得注意的是，扶淇河與其最主要支流注輔河的交匯點——紅土崖〔註213〕，距離南城很近，更何況注輔河匯入扶淇河後北流的初始這段河流距離南城更近，這就更加大了南城遭受水災的可能性。

三、1949年以來的城市水環境

新中國成立以來，隨著諸城古城牆的拆除，城區不斷擴展至扶淇河以西。

〔註207〕萬曆《諸城縣志》卷九《兵火》，第97頁。
〔註208〕《諸城市城鄉建設志》，第148頁。
〔註209〕乾隆《諸城縣志》志二《總紀上》，第434頁。
〔註210〕康熙《諸城縣志》卷二《水》，第211頁。
〔註211〕乾隆《諸城縣志》志六《山川考》，第485頁。
〔註212〕乾隆《諸城縣志》志六《山川考》，第459頁。
〔註213〕紅土崖即從今諸城市水利局所在地向南延伸的隆起高地，土色呈紅色，故名紅土崖。

尤其是在上世紀 50 年代末，扶淇河以西地區紛紛興建工廠，基本形成了一個以輕紡工業為支柱產業的工業地域。伴隨著諸城城市空間的擴展，城市人口迅速增加，據統計，1949 年城區共有 2824 戶，13186 人，至 1985 年增至 12368 戶，57051 人。至 1987 年把楊家莊子等 17 個村莊劃歸城區，人口達到 18300 戶，78086 人。〔註 214〕隨著人口的增加和現代化工業的發展，諸城城市水環境也發生了劇烈的變化。下面我們分別來看。

（一）城市用水增加，多渠道開闢水源

中華人民共和國成立初期，諸城城市的用水條件並沒有得到改善。1949 年至 1957 年，城區機關、企事業單位、居民相繼打水井 71 眼〔註 215〕。1958 年，為解決縣城工人、居民吃水難的問題，縣政府組織利用紡織廠內的水井作為水源地，在沒有資金來源的情況下，試驗開辦自來水，但這次試驗並未取得成功。1966 年 10 月，縣政府組織進行了第二次安裝自來水，這次取得成功，安裝管道 4000 多米，日供水能力 2000 噸〔註 216〕。由於縣城工業和人口的劇增，加之紡織廠水源不足，水井水質污染嚴重，1971 年決定選新水源地，在扶淇河上游東岸新建了一眼密封水井。至 1978 年，因連年乾旱，再加上工業用水年消耗量逐漸上升，縣城用水又趨於緊張，又在扶淇河上游東岸新挖了一眼水井。至 1980 年，諸城城區自來水日供水量近 6 千噸，比 1978 年提高了 2 倍。隨著扶淇河兩岸工業的興辦和其他單位的廢水排放，河水日趨渾濁，原有的水井受到嚴重污染。1980 年又在三里莊水庫東、古城子東開始了自來水工程建設。

自新中國建立以來，諸城縣境內陸續興建了很多水庫，其中比較大的有牆夼水庫、三里莊水庫、青墩水庫等，其中對於城區最為重要的是三里莊水庫。三里莊水庫於 1958 年 3 月動工修建，10 月竣工，總庫容 5434 萬立方米〔註 217〕。其原設計主要是以防洪、發電和農田灌溉為主，現在，三里莊水庫已經成為諸城城區供水的源地。三里莊水庫的建成，最終實現了蘇軾「願公談笑作石堺，坐使城郭生溪灣」的美好願望，不僅基本消除了水災對縣城的威脅，更為城區創建了美麗的水景供人們休閒欣賞。

〔註 214〕《諸城市志》，山東人民出版社，1992 年版，第 119 頁。
〔註 215〕《諸城市志》，山東人民出版社，1992 年版，第 281 頁。
〔註 216〕《諸城市城鄉建設志》，第 146 頁。
〔註 217〕卞成友：《三里莊水庫建設始末》，《諸城文史資料》第 18 輯，第 78 頁。

圖10　諸城「引涓調水」線路分布示意圖

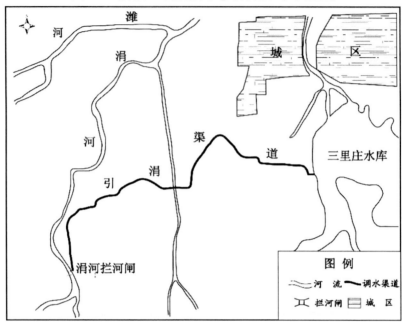

不僅僅是三里莊水庫的功能在發生變化，「引涓調水」工程的功能也有所改變。所謂的「引涓調水」，即將涓河水調入三里莊水庫。始建於1965年，1968年被毀，1986年進行了修復，可澆灌沿渠村莊農田0.65萬畝，每年可向三里莊水庫調水1000萬立方米〔註218〕。隨著城區的不斷擴大以及城市人口的迅速增多，三里莊水庫供應城區用水的功能將變得更加重要。

（二）城內廢水的排放與河道的整治

建國初期，縣城內的排水設施並無明顯改變，府前街和閣街（即今興華路城區路段的一部分）還是路面排水。至1963年，人民路西段的明排水溝改建為磚砌地下暗溝。1977年，市政排水工程建設有了新的發展，為排放城內的工業污水，對酒廠後污水溝以及和平街中段城壕溝進行石砌覆蓋。至1980年底，縣城共勾通地下污水溝3.1公里，其中覆蓋溢洪道135米。隨著經濟的發展和城區居民對環境要求的提高，至1987年，城區共開挖覆蓋下水道18條，全長17.84公里，日排水平均2.85萬噸，下水道服務面積2.5平方公里，

〔註218〕《諸城市水利志》（第一部），第93頁。

占城區面積的 55%〔註219〕。縣城內的污水排放雖已基本得到治理。但車站以南溢洪道，種子站以西墨水河，以及縣工會以西城壕溝還未進行砌蓋，豬市灣、獅子灣還未填平，成為縣城內的主要污染源地。隨著對市容的進一步整治，無用的灣塘作垃圾處理廠，邊填邊整〔註220〕。

隨著城區的擴展，扶淇河早已成為城區的一部分，濰河也已穿城而過。對濰河和扶淇河的整治，已不僅僅是為了防止水災的發生，更關係到城區居民的飲水安全和良好生活環境的創建。1976 年春，城關公社組織 2.3 萬人全面治理扶淇河下游河段。採取「廢棄老河道，開挖一條直通正北的新河道」的治理措施，用 20 天時間完成了 3.5 公里的開挖工程。河床寬 100 米，深 5 米，兩岸築堤，堤腳栽柳，壩頂修路〔註221〕。同年，縣政府組織對濰河進行了「疏河築堤、裁彎取直，河道清障、險工護砌」治理，河岸築均高 6 米、頂寬 5 米的大堤，河堤上植樹。促使 1976 年對濰河、扶淇河的整治進行大規模整治的直接原因是 1974 年「8.13」和 1975 年「8.14」兩次洪水〔註222〕。在二十世紀七八十年代，雖然城區距濰河還有一段距離，但一旦出現排水不暢，將直接影響到扶淇河的排澇，進而危及整個城區的安全，〔註223〕故而早在 1958 年，就在濰河道上修水庫、建閘壩，以防洪災。可喜的是，進入二十一世紀，諸城市政府連續多次對濰河進行綜合治理，至 2010 年底，共治理濰河兩岸總長 42 公里，建成濰河水利風景區，濰河沿岸儼然成為今天諸城城市的一道靚麗風景線，成為諸城人民遊玩休憩的理想場所。

四、餘論

對於一座城市而言，水源就是她的血脈。如何處理好水與城市之間的關係，努力打造良好的城市水生態，不僅關係到現代化城市形象的樹立，更影響著城市的可持續發展。今諸城市區自漢初置東武縣以來，如何處理水與城的關係一直是其面臨的重要任務。在傳統社會，由於城區的居民主要被限定在城牆之內和城關地帶，城區人口數量有限，人們對城市水環境改造的需求和能力亦有限，城市的水環境主要在自然選擇的過程中逐漸發生著變化，比

〔註219〕《諸城市城鄉建設志》，第 150 頁。
〔註220〕《諸城市城鄉建設志》，第 150 頁。
〔註221〕《諸城市志》，山東人民出版社，1992 年版，第 281 頁。
〔註222〕《諸城市水利志》（第一部），第 95 頁。
〔註223〕由於夏秋季節降水較為集中，再加之濰河河道彎曲，故而行洪困難。

如東武縣從古城子嶺遷移至嶺下平緩的地帶就在一定程度上反映了人們在對地形、水源等因素的自然選擇。但這種選擇對城市的發展來說並不完全是積極的，例如遷建至相對平緩地帶後的東武城受到水災的威脅加重，就是城市水環境不利的一面。可貴的是，傳統社會的地方士紳民眾通過修城、築河堤等措施，始終對城市的水環境進行著積極的整治，即使這種改變較為有限。

中華人民共和國成立以來，諸城城市水環境變化最為劇烈，這種變化是伴隨著城市化和工業化進行的，主要表現為城市水源不足與水污染加重。在這種背景下，諸城市地方政府也採取了建設自來水井、修築水庫、疏通河道以及加固河堤等多種措施對城市水環境進行整治。雖然這種整治在城市環境美化、城市防洪等方面取得較為顯著的成績，但我們認為，諸城城市水環境的隱患依然很大。這種隱患既有自然的因素，也有人為的原因。自然因素方面主要表現為諸城所處的魯東南地區降水較多，降水集中程度大，再加上流經城區的濰河、扶淇河上游支流多，致使夏秋季節城區發生澇災的可能性依然存在。如果我們將各自然因素對諸城城市水環境的影響看作是來自外部的間接作用力，那麼人為因素所導致的水污染則是城市內部影響水環境的直接原因。

諸城城區的水污染主要來自於工業，其次是生活廢水。水資源的更新具有週期性，對於諸城城區的水源而言，一旦受到污染，短時間內難以得到更新〔註224〕，這不僅直接導致城市供水不足，更對城區居民的健康造成嚴重危害。在二十世紀六、七十年代，扶淇河西岸相繼建廠，成為諸城的工業地域，大量的工業廢水排入扶淇河，城區的水源受到污染，自來水井工程的修建也不斷向扶淇河上遊方向水質好、水量大的地帶轉移。但隨著近十來年諸城市城市化的快速推進，諸城城區水源的緊張程度也進一步加劇，如果這種用水緊張局面和季風氣候的不穩定性造成的持續乾旱疊加在一起，城市水荒屆時將不可避免。

自三里莊水庫建成後，諸城城區遭受水災的威脅大大減輕，如今的三里莊水庫也已成為諸城市區的「水塔」。三里莊水庫的建成，亦使扶淇河成為諸城城區的「內河」，如何打造扶淇河並使其真正成為城區的健康動脈，應該引

〔註224〕對諸城城區河道來說，濰河攔河壩、三里莊水庫等水利工程的建設，使得城區的濰河、扶淇河水流速大為減慢，一旦有過量的污水排入，極易產生水體富營養化等環境問題。

起我們的關注。隨著城市向外擴張和人們對城市環境要求的提高，各工業企業紛紛搬遷至城市外圍，扶淇河以西地帶也隨之轉變成城區的又一重要居民生活區，排入扶淇河的生活廢水亦大為增加。如何減少生活污水的排放，防止河水富營養化，是目前治理扶淇河所面臨的主要任務。

隨著諸城城市化的迅速推進，城市用水量亦隨之大增，在未來的幾十年內，三里莊水庫的水源能否保證諸城城區用水，這是我們需要考慮的問題。目前，三里莊水庫以南地區已經被政府批准為南湖生態經濟開發區，保證三里莊水庫及其上游支流水源不被污染，成為這一地區在經濟發展過程中尤其需要注意的問題。這一問題不僅僅是關係到諸城市的整體形象，更是關係到廣大諸城人民的切身利益。

第二章 城市水患研究

第一節 宋代以來山東東平城地理研究——以城址遷移和城市水環境為中心的考察〔註1〕

　　歷史城市地理是歷史地理學的重要分支之一，自侯仁之先生對此領域奠基性的研究以來〔註2〕，不論是就單體城市，還是就區域城市歷史地理研究而言，均取得較為豐碩成果。〔註3〕值得注意的是，隨著研究的進一步深入和細化，無論是在案例研究的實踐上，還是在理論與方法的拓展上，均取得一定

〔註1〕 說明：本文原刊於《社會史研究》第8輯。

〔註2〕 可參考侯仁之：《歷史地理學的理論與實踐》，上海人民出版社，1979年版；侯仁之：《北京城的生命印記》，生活・讀書・新知三聯書店，2009年版；侯仁之著，鄧輝等譯：《北平歷史地理》，外語教學與研究出版社，2013年版。

〔註3〕 可參考陳正祥：《中國文化地理》，三聯書店，1983年版；馬正林：《中國城市歷史地理》，山東教育出版社，1998年版；施堅雅著，葉光庭等譯：《中華帝國晚期的城市》，中華書局，2000年版；劉景純：《清代黃土高原地區城鎮地理研究》，中華書局，2005年版；李孝聰：《歷史城市地理》，山東教育出版社，2007年版；史紅帥：《明清時期西安城市地理研究》，中國社會科學出版社，2008年版；李嘎：《山東半島城市地理研究——以西漢至元城市群體與中心城市的演變為中心》，復旦大學博士學位論文，2008年；成一農：《古代城市形態研究方法新探》，社會科學文獻出版社，2009年版；肖愛玲：《西漢城市體系的空間演化》，商務印書館，2012年版；李孝聰：《中國城市的歷史空間》，北京大學出版社，2015年版；孫靖國：《桑乾河流域歷史城市地理研究》，中國社會科學出版社，2015年版。

的實質性進展。〔註4〕但同時也不可否認，單體城市與區域城市均存在其「個性化」的一面，這也就為歷史城市地理研究提供了更多的研究空間。進一步挖掘典型案例（包括單體城市案例與區域城市案例）展開探索，仍不失為當前此一領域的重要任務。

如果僅從研究案例的選擇上看，對單體城市的研究始終是歷史城市地理的研究的重要方面，或可誇張一些說，歷史城市地理這一歷史地理學科分支之所以能夠存在，即為眾多單體城市研究成果不斷累積的結果。當然，筆者在此並不否認區域歷史城市地理研究的重要性，但從事此一方面研究的學者似乎也能承認並接受這一事實：區域歷史城市地理的研究也是從研究區域內的一個個單體城市開始的。另外，在單體城市研究中，鑒於其特殊性和重要性，古代都城常成為學界重點關注的對象，〔註5〕對數量巨大的地方性城市的

〔註4〕 繼侯仁之先生之後，歷史城市地理研究的實質性進展主要體現在單篇研究論文中，可參考劉淑芬：《清代鳳山縣城的營建與遷移》、《清代的鳳山縣城（1684～1895）：一個縣城遷移的個案研究》，《高雄文獻》1985 年第 1 期；李孝聰：《論唐代後期華北三個區域中心城市的形成和演化》，《北京大學學報》，1992 年第 2 期，收入氏著《中國城市的歷史空間》，北京大學出版社，2015 年版；李孝聰：《公元十至十二世紀華北平原交通與城市地理的研究》，《歷史地理》第 9 輯，上海人民出版社，1990 年版；王德權：《從「漢縣」到「唐縣」——三至八世紀河北縣治體系變動的考察》，《唐研究》第 5 卷，北京大學出版社，1999 年版；成一農：《清、民國時期靖邊縣城選址研究》，《中國歷史地理論叢》2010 年第 2 期；李嘎：《從青州到濟南：宋至明初山東半島中心城市轉移研究——一項城市比較視角的考察》，《中國歷史地理論叢》2011 年第 4 期；李大海：《近代靖邊縣治遷徙再研究——陝北沿邊地方政區治所與城址選擇關係的個案討論》，《中國歷史地理論叢》2012 年第 2 期；成一農：《中國古代城市選址研究方法的反思》，《中國歷史地理論叢》2012 年第 1 期；李嘎：《關係千萬重：明代以降呂梁山東麓三城的洪水災害與城市水環境》，《史林》2012 年第 2 期；李嘎：《水患與山西榮河、河津二城的遷移——一項長時段視野下的過程研究》，《歷史地理》第 32 輯，上海人民出版社，2015 年版；古帥：《水患、治水與城址變遷——以明代以來的魚臺縣城為中心》，《地方文化研究》2017 年第 3 期。 另，就歷史城市地理研究上的突破而言，筆者認為主要體現在以下兩點：其一，以單篇論文的形式對區域歷史城市地理展開研究本身就是一種突破；其二體現在城址變遷與城市水環境研究理念與方法上的突破。

〔註5〕 有關中國古都的研究除可參考《中國古都研究》各期所發表的論文外，還可參考陳橋驛主編：《中國七大古都》，中國青年出版社，1991 年版；史念海：《中國古都和文化》，中華書局，1998 年版；朱士光：《中國古都學的研究歷程》，中國社會科學出版社，2008 年版。其他有關古都研究的論著甚多，在此亦難以一一列舉。

研究則明顯不足。然而，大量擁有特殊地理環境（包括自然地理環境和人文地理環境）的地方性城市更有可能成為實現並推進歷史城市地理研究理論創新的學術增長點，深化對此類城市的研究理應是歷史城市地理研究者義不容辭的責任。

　　就單體城市的歷史地理研究而言，城址遷移問題和城市水環境變遷一直是其研究內容的重要方面，隨著城市史、環境史、區域社會史等相關學科的興起，一些學者也開始嘗試結合這些新學科的研究思路來突破歷史地理學領域對城址遷移與城市水環境研究的傳統路徑。〔註6〕值得肯定的是，這樣的嘗試在一定程度上拓寬了歷史城市地理的研究視野，提高了研究的精準度，但同時也不得不承認，受制於史料掌握程度，此類研究不僅為數較少，且對城址遷移及城址所處地理環境的認知不夠深入，繼續展開此類案例研究仍是當前乃至今後一段時期內的研究重點。本文以宋代以來的山東東平城為例，以城址遷移和城市水環境為中心對其進行考察，亦是立足於上述學術思路的一種嘗試。

　　東平縣位於山東省偏西南部，「地多平暢，異於山阪澤國，然群峰拱峙於東北，眾流襟帶於西南」〔註7〕，明顯具有東北高、西南低的地勢特徵。縱觀東平之歷史不難發現，今天的東平在歷史上一直保持著較高的地方行政等級。漢晉時期在此置東平國、南北朝時期為東平郡，唐宋時期置鄆州，元代時置東平路總管府，明清時期為東平州，同時上述郡、國、府、州均下轄數縣。又據清人對東平的歷史回顧所言：「東平，唐之鄆州，李氏所據，在元時嚴實以百萬之兵守焉，亦雄鎮也。」〔註8〕可以說，東平在歷史時期顯然為一重要的區域性地方中心城市，這無疑也增強了本研究在案例選擇上的典型性。目前，學界對東平地區的歷史地理研究較少〔註9〕，而對東平歷史城市地理的研究

〔註6〕可參考李嘎：《旱域水潦：水患語境下山陝黃土高原城市環境史研究（1368～1979年）》，商務印書館，2019年版。

〔註7〕乾隆《東平州志》卷三《山川志》，郭雲策：《歷代東平州志集校》（上卷），中國文史出版社，2008年版，第197頁。如無具體說明，下文所引歷代東平方志均取自郭雲策搜集、整理《歷代東平州志集校》（上、下卷）。

〔註8〕乾隆《東平州志》卷二《方域志·風俗》，第191頁。

〔註9〕趙培才，梅如波等：《我國中央山系東段演化及其對黃河河道及東平湖的影響》，《山東農業大學學報（自然科學版）》2004年第3期；孫順順：《唐代鄆州地方行政制度研究》，山東大學碩士學位論文，2012年；張芹，陳詩越：《歷史時期黃河下游地區的洪水及其對東平湖變遷的影響》，《聊城大學學報（自然科學版）》2013年第1期。

更是沒能展開〔註10〕。筆者嘗試從城址變遷和城市水環境兩個方面對東平城歷史地理進行初步探索，以期推進當前的歷史城市地理研究。

自宋代以來，由於黃河決溢與汶水泛濫，東平城〔註11〕時常遭受水災的侵擾。在此形勢下，東平城的城市水環境如何，歷經明清其又發生哪些變化？作為東平州（縣）〔註12〕治所在，面對頻發的城市水災，地方政府和民眾是如何應對的，他們採取了哪些措施，其防禦的效果又如何？直至二十世紀八十年代，東平縣治從州城遷至後屯（今東平鎮），此次遷移又有著怎樣的歷史地理背景，其遷移的過程又是怎樣的？上述這些問題理應是需要本文給以回答的。

一、從埠子坡到州城：宋代鄆州州治的遷移

郡人侯寧在《重修郡城記略》一文中曾提及：「東平有城舊矣，凡因水患三徙，茲成乃宋咸平中，郡守姚鉉改建者也。」〔註13〕據史志記載，在宋咸平之前，東平城的確進行過多次遷徙：東晉時東平國改治須昌；高齊時移治宿城（今東平縣駐地西4公里須城村）；隋開皇十六年（596）置鄆州，還治須昌故城；唐武德五年（622）朝廷鎮壓徐圓朗起義後復置鄆州，治鄆城；唐貞觀八年（634），「以下濕移理須昌」〔註14〕。宋代之前，東平城之所以頻繁進行遷移，除與該區域社會形勢變遷有關外，更與此處地勢低窪、易遭水患的地理環境有很大關係，前引侯寧所說的宋咸平中郡守姚炫遷建新城，即為黃河水患侵襲的結果。另外，從宋代之前東平城的前述遷移過程看，無論是魏晉南北朝時期的東平國治、東平郡治，還是隋唐時期的鄆州州治，其治須

〔註10〕對於東平縣城的遷移問題，周一星先生曾對其進行過較好的案例分析，參見周一星：《城市地理學》，商務印書館，2007年版，第156頁。

〔註11〕在不同的歷史時期，州城應有不同的稱謂。唐貞觀八年（634）鄆州州治從鄆城遷至須昌城（治埠子坡），至宋咸平三年（1000）因河決移建州城於王陵山前五里陽鄉之高原（今州城址），在此之後，不管是宋宣和元年（1119）改鄆州為東平府，元至元九年（1272）改為東平路總管府，還是明洪武八年（1375）降東平府為東平州，治所均置於今州城。對於以上這些治所城址，此處統一稱作「東平城」。

〔註12〕此處所說的「東平州（縣）治」為明清以來的稱謂，宋金元時期的稱謂可對應參考〔註11〕。

〔註13〕康熙《東平州志》卷五《藝文志》，第83頁。

〔註14〕（唐）李吉甫撰，賀次君點校：《元和郡縣圖志》卷第十《河南道六》之《鄆州》，中華書局，2005年版，第257頁。

昌的次數多、時間長，作為州治（東平郡治、東平國治）的須昌城無疑是此一時期該區域內的中心城市。故須昌縣治在今東平縣州城鎮西埠子坡村，姚炫改建治城之事即為鄆州州治從埠子坡向州城的遷移。

在姚鉉奉旨遷城之前，東平所在的鄆州地區就時常遭受水災的侵擾，大水壞城的事件時有發生。如唐穆宗長慶四年（824），「鄆大水，壞城郭廬舍民居略盡。」唐文宗太和四年（830），「鄆大水，壞城郭民居殆盡。」宋太祖開寶三年（971）六月，「河及汶水皆溢，壞倉庫民居。」宋太宗至道二年（996）七月，「河漲，壞城堤四處。」〔註15〕當然，以上僅為史料直接記載的水患侵城事件，沒有直接記載下來的亦應不在少數。時至宋真宗咸平三年（1000），在河決與霖潦的共同侵襲下，鄆州州治被迫進行搬遷。據《宋史·河渠志》記載：

> 真宗咸平三年五月，河決鄆州王陵埽，浮鉅野，入淮、泗，水勢悍激，侵迫州城。命使率諸州丁男二萬人塞之，踰月而畢。始，赤河決，擁濟、泗，鄆州城中常苦水患。至是，霖雨彌月，積潦益甚，乃遣工部郎中陳若拙經度徙城。若拙請徙於東南十五里陽鄉之高原，詔可。〔註16〕

為加深對此次水災與州治遷移的認識，我們亦能從當時鄆州州治遷移的相關敕文、謝表和碑銘中獲取一定的信息。據《宋咸平四年遷移鄆州敕》記載：「東平之地，黃河為災。近年以來，人患相繼，朕慮終為水禍，特改民居。」〔註17〕時任鄆州州守姚鉉在《遷移鄆州謝表》中對當時鄆州城所處的水患形勢亦有記述道：「積水為患，群生失寧，加以大河決防，洪濤浸壘，將就晉陽之禍，咸思瓠子之歌。」〔註18〕當時鄆州治城所處的水患形勢據此可見一斑。此外，宋翰林學士梁周翰在《新移鄆州碑銘並序》中對鄆州城的此次遷建亦有較為詳細的記述：

〔註15〕前述四則史料均引自康熙《東平州志》卷六《雜著·災詳》，第 115 頁。

〔註16〕（元）脫脫等：《宋史》卷九十一志第四十四《河渠一·黃河上》，中華書局，1977 年版，第 2260 頁。對此，康熙《東平州志》卷一《方域志·河患》（第 20 頁）記載到：「（宋）真宗咸平三年（1000），河決鄆州王陵埽，浮鉅河入淮泗，水勢悍急，州城中積水壞廬舍。三月十一日，翰林待詔朱度奉宣詔旨，州守姚鉉奉旨移建州城於汶陽鄉之高原，即今城也。」

〔註17〕康熙《東平州志》卷五《藝文志·御製》，第 80 頁。

〔註18〕康熙《東平州志》卷五《藝文志·表》，第 81 頁。

粵自黃河為暴，非一日積，東平最被其害，皇帝軫念居人，乃詔宮臺之近侍，洎邦計之僚屬，馳傳諭其宸衷度地，更其故壘。二臣恭命，如帝之規。由是計周圍之丈尺，度版築之高下，籍丁夫之眾寡，約工程之疾徐，畫圖上聞，詔如奏。肇自三年八月，迄某年月日畢，工人不告勞，市不改肆。〔註19〕

可以說，此次鄆州州治的遷移是在朝廷的規劃組織之下進行的，這也從側面反映出當時水災之嚴重情形。在宋廷的重視下，鄆州新治的建設較為迅速，自咸平三年八月起，至咸平四年五月工迄〔註20〕，前後歷時不到一年，其所遷新治即位於今東平縣州城鎮。〔註21〕工部郎中陳若拙將鄆州新治選址於「陽鄉之高原」顯然是出於此處地勢相對較高的原因，然而，是不是遷至高原就再無水患之虞了呢？翻檢後世史志不難發現，自宋咸平遷城之後，州城所遭水患不僅依然存在，甚至還愈加嚴重。就在此次遷城後不久的天禧二年（1018），黃河再次決口侵及州城，是時「浸城壁，不沒者四版」〔註22〕。

二、元明清時期東平州城的城池建設與城市水環境

自宋咸平年間遷城以後，歷經元明清時期，東平城一直穩定在今州城鎮。不同於宋代以前的自然地理與社會政治形勢，元明清時期東平城所處的外部環境發生了較大改變。首先，宋建炎二年（1128）的人為決口導致黃河下游河道南流入海，並且歷經元明清時期黃河下游河道基本穩定在南流流路上；其次，元明清三朝均定都今北京，為保證京城的物質供給，修濬了貫通南北的京杭大運河，黃河南流入海後雖亦時有北決侵及東平州城的情形，但為維持

〔註19〕（宋）梁周翰：《新移鄆州碑銘並序》，乾隆《東平州志》卷十八《藝文志》，第372頁。

〔註20〕鄆州新城建成的具體時間為宋咸平四年（1001）五月十三日，參見康熙《東平州志》卷二《建置志·城池》（第25頁）。對於新城的具體情況，此處亦有記載：「州守姚炫奉旨移建州城於汶陽之高原，築土為之，周圍二十四里，高二丈，闊八尺，南北各一門，東西各二門，西之南門，閉塞不行，城東西南北各一缺」。

〔註21〕據康熙《東平州志》卷一《方域志·河患》（第20頁）記載：「舊城陷沒在今州西北十五里，今為埠子坡，河跡有存」。又據康熙《東平州志》卷一《方域志·古蹟》（第22頁）中對「鄆州故城」的解釋：「在州西十五里，隋初置鄆城，唐徙鄆州治，此後唐因諱復改為須城。宋咸平間，河沖城圮，乃遷今治，須城廢。」

〔註22〕康熙《東平州志》卷一《方域志·河患》，第20頁。

運道漕運的安全，決口終被堵住。總體來看，明清時期東平州城的水患來源已由宋代以前的以黃河為主轉變為以汶河為主，同時人為作用對城市水環境的影響漸趨增強。

　　在黃河變遷史上，元代是黃河水患較為嚴重的一個時期，但就其對東平城的影響而言，史料直接記載的僅有一次：元順帝至正三年（1343）七月，「河決，北城壞牆漂廬，人溺死者甚眾。」〔註23〕至明代，雖然南流入海的黃河河道發生多次北決，但對東平州城造成的破壞相對較小，有史料記載且僅有的一次州城水患還是由於山水泛漲〔註24〕。除來自黃河的水患相對減輕外，在人為改造下，東平州城的水環境亦得到過一定的改善，時在明嘉靖四年（1525），州守李升「見濠隍陻圮，且旁多隙地，遂濬隍令深，遍植以稻，引蘆泉水溉之，繞城二十餘里，蓮蒲魚稻遍滿其中。」〔註25〕經過此次對城壕的重新改造利用，不僅「所入供四時報享，及充賓旅館穀，民力為之一寬」〔註26〕，更使得州城面貌為之一新。

　　由於宋咸平時遷建之新城為土城，「迄於元明，屢壞屢修」〔註27〕。至明洪熙年間（1424～1425），知州李湘因舊址重加修築，後又經萬曆、崇禎年間的多次重修。〔註28〕值得注意的是，雖然經過明崇禎五年（1632）、十三年（1640）的兩次改建，東平州城的護城堤得以加固修整，但在此之後的數十年間，汶水泛漲對城池的侵襲也日趨加重，「歷年既久，城外護堤因汶水泛溢沖刷，堤址已平，城門傾圮，久不修補，伏秋水發，城內居民，咸有其魚之患」〔註29〕。時至清代，汶水漲溢對州城的衝擊更趨加重，土築的城垣顯然已難以撐持，重新修城迫在眉睫。

〔註23〕康熙《東平州志》卷六《雜著・災詳》，第116頁。

〔註24〕據康熙《東平州志》卷六《雜著・災詳》（第116頁）記載：「隆慶三年七月十三日，山水泛漲，護城堤決，禾稼往往浮去，民乃饑」。

〔註25〕康熙《東平州志》卷四《人物・東平州宦績志》，第70頁。又據乾隆《東平州志》卷六《建置志・城池》（第210頁）記載：「嘉靖乙酉，知州李升疏濬濠隍，令深沿堤植柳，引蘆泉水注之，環城二十餘里，蓮蒲魚鱉，克物其中，足供賓祭之用」。

〔註26〕康熙《東平州志》卷四《人物志・東平州宦績志》，第70頁。

〔註27〕（清）沈維基：《重修東平州城記》，乾隆《東平州志》卷十九《藝文志》，第393頁。另，沈維基在此文中對東平城易遭破壞的原因亦有分析到：「東平之城，所以易壞者，以其本用土，又未嘗歲歲修之也。」

〔註28〕以上幾次修城事件均參見康熙《東平州志》卷二《建置志・城池》，第25頁。

〔註29〕乾隆《東平州志》卷六《建置志・城池》，第210頁。

　　清乾隆二十一年（1755），東平知州李時乘稟請重修城垣。至乾隆三十三年（1767），巡撫崔應階、藩司梁鴻翥先後對州城形勢進行實地勘察，最後得出方案：「以西城內居民少而窪地多，奏請移進城基，撙去二里三分汶河」〔註30〕。誠然，舊城「西面一隅多曠地及污池葦蕩，以十六里之城垣，包羅空曠無用之地，甚無謂也」，新城西面牆垣縮進二里三分，確能節省不少帑金。可這樣一來，亦導致「州城之外，遂為眾水所環，伏秋漲漫之時，水浸城跟，土城易於坍卸」〔註31〕的後果。

圖11　清乾隆時期新築東平州城圖

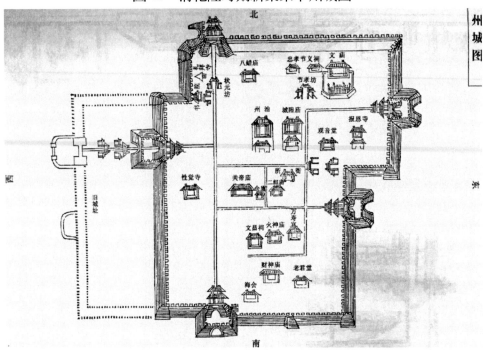

資料來源：乾隆《東平州志》卷首附圖之《州城圖》，郭雲策搜集、整理：《歷代東平州志集校》（上卷），中國文史出版社，2008年，第169頁。

　　為抵禦大水侵襲，新城在改用磚築的同時，又採取了多種措施以增強其防水功能，尤其是在西城牆的建造上。據沈維基記述說：

　　　　城周圍凡十三里六分有奇，西面新築城基用柏木地釘七萬三百餘

〔註30〕（清）沈維基：《重修東平州城記》，乾隆《東平州志》卷十九《藝文志》，第393頁。

〔註31〕（清）沈維基：《重修東平州城記》，乾隆《東平州志》卷十九《藝文志》，第393頁。

根，兩頭並築跨空共長二百八十二丈，灰土築高八九尺，遞至三四尺不等。周圍基址並先用灰土築實，券臺下五步，城身外皮三步，裏皮二步，外皮用大石層累磚高八十七層，下六進，中五進，上四進，一律如式，全城共長二千三百四十七丈，高二丈，頂寬一丈二尺，底寬二丈一尺，拔簷陴牆垛牆高五尺，裏皮築灰土，沿邊上下均寬二尺，中心夯築素土，上築海漫灰土二步，砌海漫磚二層。〔註32〕

據上引文不難看出，在傳統社會築城確為一極複雜的政府工程，而對東平州城這所特殊的地方城池而言，為增強其防水效能，無論是城基的建造，還是在土質的選取、城牆規模的設計上，似均已成為當時地方修城之典範。可以說，不僅在西城牆的築造上，在其他牆體及配套設施的修築上，東平新城均在一定程度上提高了當時的築城標準，其築城過程之複雜、用料之講究，以至今日也難以對其進行精準復原。不僅如此，為防止城內積水，亦進行了精心設計：

方版築之始，慮城中地勢窪下，霖雨後積水難消，乃於北門大券臺月城大券臺跟下，各添砌明溝一道，深三尺，口寬六寸，溝兩旁鏨以大石，金剛牆溝底，亦鏨以石，大券臺下計長四丈八尺，月城券臺下計長二丈四尺，遇水發，則填土以資堵塞，水退則啟土以備宣洩。〔註33〕

很明顯，州城新城的建設在水患防禦上下了很大的工夫。除以上措施外，為進一步確保萬無一失，還另於五城門各建攔水閘一座，「每門設立閘夫十名，一遇水至，即逐層下板，呼吸可恃，水退則啟板去土。」〔註34〕新城修築之前，每當大水侵及州城之時，常多撥人夫分守各城門，起初先用土堵住城門，在用土也難以抵擋的緊急情況下則用棉被絮襖等物進行堵塞。面對頻發的水患，先前的防禦手段顯然已難以讓城內民眾安心，所謂「晝夜防護，猶慮不測」、「官民幾無安枕之時，每一念及輒為心悸」。而在東平新

〔註32〕（清）沈維基：《重修東平州城記》，乾隆《東平州志》卷十九《藝文志》，第393頁。

〔註33〕（清）沈維基：《重修東平州城記》，乾隆《東平州志》卷十九《藝文志》，第393頁。

〔註34〕（清）沈維基：《五城門增建攔水閘記》，乾隆《東平州志》卷十九《藝文志》，第394頁。

城建成後，新增建城門攔水閘的築造過程又是怎樣的？其又是否能一勞永逸地保障東平城免遭其魚之患？時任知州沈維基在《五城門增建攔水閘記》中敘述到：

> 計每閘高一丈一尺，小東門為水頂沖，又加高二尺，金門各寬一丈三尺，進深六尺，兩旁各前闊四尺，後闊八尺，若雁翅然；下築打大式灰土三步，以資永久；閘底滿砌海漫石，並砌牙子石一路；閘牆用厚一尺，寬二尺，大料石疊砌，每層俱江米灰漿灌足，安銀錠扣鑿板槽二道；以水勢驟漲，非一重枋板所能捍禦，須內外兩重板並下，中築以土，則水無洩漏，斯萬無一失矣。其板長一丈四尺二寸，寬七寸，高五六七寸不等。〔註35〕

與前述城牆的築造過程相比，東平新城城門攔水閘的建造過程較為複雜，其複雜程度之高，似亦達到難以令今人復原的地步。在此，筆者對東平新城城牆、城門攔水閘等的築造過程進行重點強調，並非有意於梳理清代東平築城史，而是希望能透過前述如此複雜的築造過程，加深對其所面臨的嚴峻水患形勢的理解和認知，畢竟防禦水患就是乾隆東平州城建設初衷之重要一面。

在山東省府與東平地方政府的重視與組織之下，乾隆東平新城前後歷時不到兩年〔註36〕就竣工了。在知州沈維基的倡導下，在城官員與紳商士庶共同捐款，五城門攔水閘歷時兩個多月就順利完工。可就在新城修築期間，東平州城就慘遭大水侵害。據記載：「（乾隆）三十四年七月甲申，東平山水泛漲，決城東南二隅，流入城中，倉廠民屋俱壞。」〔註37〕從後續志文記載看，東平州城經歷的這次水災異常嚴重，其災源則來自於汶水泛漲。行文至此，有必要對東平州城來自汶水的水患進行一番梳理。

三、來自汶水的水患及其防禦

在城市環境史的研究上，有學者指出：「城市環境史學豐富、多元的學科理念決定了『災害—應對』研究絕非該學科的唯一議題，甚至可以說，該議

〔註35〕（清）沈維基：《五城門增建攔水閘記》，乾隆《東平州志》卷十九《藝文志》，第 394 頁。

〔註36〕乾隆東平新城的建造開工於清乾隆三十四年（1769）三月二十七日，竣工於乾隆三十七年（1772）夏，除去中間停工的時間，前後歷時不到兩年。

〔註37〕乾隆《東平州志》卷二十《藝文志·祥異》，第 410 頁。

題已屬相對陳舊的研究範式,如欲將水患語境下的城市環境史研究進一步推向深入,凝練新的研究議題已變得十分緊迫。」〔註38〕筆者贊同其中的合理性成分,但同時也不可否認,「災害與應對」這一議題本身就是一很寬泛的概括,如何更加深入地挖掘「災害」、「應對」二者各自的學理內涵,亦應是當前從事此一領域研究者的重要職責所在,否則,建立在此議題範圍內的災害史、環境史等相關研究則將失去其立身之根基。

對於歷史時期東平所遭水患,乾隆《東平州志》中就有很好的分析:

> 舊志歷敘漢元光三年（前 132）河決瓠子,至國朝順治八年（1651）河決荊隆口,東平皆受水患。蓋東平地勢最低,故東坡文云:熙寧十年（1077）,余方守徐州,聞河決澶淵入巨野,首灌東平。然則東平之受河患,自昔然矣。今東平所患,尤在於汶水。何則?東平之汶自泰安之道溝流入境內,行四十八里,至孫家口入汶上界,四汶之所趨,眾泉之所會,其流大矣。自戴壩落低以後,汶之西溢者多,其勢直趨州城,而城中又低於城外六七尺,故城中恒為澤國。〔註39〕

前文已經述及,或可以 1128 年黃河改道南流入海為界,在此之前,東平州城所遭水患主要來自於黃河決溢;在此之後,水患則主要來自汶水泛漲。據上引文不難看出,時至清代,東平州境更是時常遭受汶水泛漲的侵擾,其具體原因有三:其一,流經東平境內的汶水彙集了不少支流及眾多泉水,流量大增,易泛濫成災;其二,較之於宋咸平之前的鄆州州治埠子坡,雖然州城地處「高原」,但相對於東平州的整體地勢而言,依然較為窪下,更何況城中地勢又低於城外不少;其三,戴村壩落低以後,汶水西溢之水增多,溢出之水直沖州城,易形成水患。當然,以上僅為清乾隆時人對東平水患成因的分析,如果說其中前兩方面的原因還相對成立的話〔註40〕,有關戴村壩方面的原因則應置入動態的歷史進程中去考慮了。

汶水發源於泰山,源頭有三:其一發源於泰山仙臺嶺;其二發源於萊蕪原山之陽;其三發源於萊蕪寨子村。在彙集泰山諸泉後,三源流在州城南靜

〔註38〕 李嘎:《旱域水潦:水患語境下山陝黃土高原城市環境史研究（1368～1979年）》,商務印書館,2019 年版,第 282 頁。

〔註39〕 乾隆《東平州志》卷三《山川志・川》,第 200 頁。

〔註40〕 其實,就汶水流量而言,其也並非固定不變,尤其是在明永樂年間導汶濟運後,附近各山泉水皆引入汶水,水量較之以前亦增加不少。

封鎮合而為一，謂之大汶口。〔註41〕「自大汶口西流數十里，而濁河又匯之。於是岱麓西北及南面諸泉，無不畢收，汶之流至是益大。」〔註42〕很顯然，流至東平州境的汶河河道確已彙集諸多支流和山泉，流量大增，在夏秋多雨時節，極易泛濫成災。退一步講，即使不因導汶濟運而疏引眾水歸汶，汶水亦有暴漲為虐的災情發生。據記載，早在北宋天聖十年（1032）夏，「汶水暴漲，盡壞其防，豬（瀦）於西澤，滿弗受，腹背溢出，橫流湯湯，為江為淮，轉如天回，突如山來，勢若吞鄆及壽張、東阿，人不溺於水，如一縷絲一毫髮相維之矣」〔註43〕，其災情之重可謂觸目驚心。另外，前文所說明隆慶年間的東平水災，亦應是汶水暴漲為虐的結果。時至清代，東平州城來自汶水水患的威脅更趨增大，除氣候（夏秋季節降水集中）、地形（地勢起伏大）等較為穩定的因素外，排水不暢亦是導致大水成災重要原因之一，而洪流的排泄又與戴村壩的變遷和州城附近河流體系的變遷密切相關。

（一）乾隆東平水災

至清代，東平汶水為災的情況幾乎每年都會發生，所謂「每值夏秋之交，河水驟發，洪濤奔騰，浩漫沸騰」〔註44〕，只不過每年的災情輕重有別，而發生於乾隆三十四年（1769）的這次汶水水災，無疑是極為嚴重的一次。當年七月初四，「山水驟至，勢若潮湧，沖城下基」〔註45〕，「山水驟漲，來自鄰畛，才半日即奔溢城下」〔註46〕。對於此次水災詳情，時人沈處在《東平水災紀事》中以詩歌的形式記述到：

> 己丑春徂夏，時若天麻迕。孟秋之四日，災祲殊堪詫。岱宗起蟄蛟，
> 風雷恣叱咤。千岩飛瀑懸，萬壑銀橫瀉。汶河一線波，宣洩無旁汊。
> 橫流用肆出，漫溢戴村壩。奔騰繞州城，一望彌驚訝。彷彿胥濤怒，
> 萬弩齊爭射。民命難猝逃，遑計沒禾稼。夜分發狂飆，鼓浪穿城罅。

〔註41〕乾隆《東平州志》卷四《漕渠志》，第 201 頁。

〔註42〕（清）紀邁宜：《重修汶河堤工記》，乾隆《東平州志》卷十九《藝文志》，第388 頁。

〔註43〕（宋）石介：《新濟記》，乾隆《東平州志》卷十九《藝文志》，第 375 頁。

〔註44〕（清）紀邁宜：《重修汶河堤工記》，乾隆《東平州志》卷十九《藝文志》，第388 頁。

〔註45〕（清）沈維基：《新建龍王廟碑記》，乾隆《東平州志》卷十九《藝文志》，第392 頁。

〔註46〕（清）沈維基：《重修城隍廟記》，乾隆《東平州志》卷十九《藝文志》，第 392頁。

衢巷欲濡首，堂階尚盈胯。廬舍半浮沉，城倉互傾卸。州之西南鄉，
地勢尤卑下。羅家漫堤坼，千室陷罟攫。轉眼失妻孥，呼號聲徹夜。
震盪千里間，傳聞舌猶咋。嗟哉茲土民，胡為禍疊嫁。地居汶下游，
眾水咸匯聚。三壩建前明，過汶入海路。湯湯四汶水，漕運賴資助。
壩石累四尺，創制誠有度。乃自落低後，河流失故步。沙積日益高，
勢如積薪厝。孤城若釜底，兼乏片堤護。洪濤不可塞，人命危朝露。
淼淼羅家漫，狂瀾日西注。堤坍大溜奪，民狹漕亦誤。有陳復壩議，
舊制無乘迕。〔註47〕

　　雖未摘錄該詩全文，但據上所引，已不難想像當時洪流之巨大、災情之
慘烈。很顯然，對此次洪災之成因，詩文中所給出的分析與前文的總結基本
一致，洪流奔騰而下，東平州城被大水圍困，如在釜底。毋庸置疑，在傳統時
期，在生命財產受損的前提下，水災之所以呈現出大、小之別，除與來水多
少有關外，還與堤防、排洪系統等是否完備有密切關係。對東平州城來說，
面對洪水侵襲，除前文所說用土或棉被絮襖堵塞城門等防禦措施外，其堤防
與排洪系統又是怎樣的呢？

　　乾隆水災發生後，時任知州沈維基及時向朝廷稟報災情，在其前兩次稟
文中就有對洪水排泄情況的記述，所謂「每逢汶水長發，由戴村壩泄入鹽河，
鹽河不能容納，以致漫溢民坡」、「七月初四日，戴村壩猝遭汶河異漲之水，
排傾下注，鹽、清兩河宣洩不及，沖堤溢岸，奔騰激盪，淹稼穿城」〔註48〕。
沈文中所說鹽、清兩河實應為一河，只不過是同一河流不同河段的稱謂不同
而已。值得注意的是，其所溢之水又分為二支，當地統稱其為沙河，流經城
南的一支為南沙河，城北的一支為北沙河。據康熙《東平州志》記載：「沙河，
州城有護堤方三十餘里，其外有河環繞，每汶水泛漲，由東南戴村壩而下，
一支由南河橋，一支由北河橋，至州西北玉橋口合流，直抵鹽河，經濟南以
達於海。」〔註49〕同時，對護城堤亦有記載說：「其護城堤則建城時所築，外
有沙河環繞。」〔註50〕再據乾隆《東平州志》記載：

　　沙河，州之城池也。大堤環之，方三十里，其原有二：南沙河，即

〔註47〕（清）沈處：《東平水災紀事》，乾隆《東平州志》卷十七《藝文志》，第352
　　　　～353頁。
〔註48〕以上均引自乾隆《東平州志》卷十八《藝文志・稟詳》，第363頁。
〔註49〕康熙《東平州志》卷一《方域志・山川》，第19頁。
〔註50〕康熙《東平州志》卷二《建置志・城池》，第25頁。

汶水故道，由戴村壩出至州城東，謂之銀河；雨水大發，潰而旁出，皆成巨浸，民不得田。又西至州城南，循堤而西，繞城北流，至於西北，合蘆泉之水；北沙河者，蘆泉也，發源於蘆山之陽，會諸泉水西流，至州城西北，與南沙河合流，入大清河，今淤。〔註51〕

　　對水患頻發的東平州城來說，其建城之初似已築有護城堤，至明代築壩遏汶後，汶河所溢之水才繞城形成南沙河。與南沙河不同，北沙河雖有汶河所溢之水形成的河段部分，但主要還是源自於蘆泉之水。不容忽視的是，州城的護城堤—城壕這一防水工程有其自身的特殊性：繞城的南、北二沙河即為州城城池。可是，這種特殊的水患防禦體系本身也存在很大問題：一旦汶水暴漲，從戴村壩溢出之水驟增，南、北沙河難以容納或排泄，最終將會導致大水沖城局面的發生，更何況這還未將來自南、北沙河的不穩定因素考慮在內。正如上引史料中所說，至清乾隆時北沙河就已淤廢，僅有南沙河排泄汶河溢出之水顯然是不夠的，此後州城所面臨的水患形勢更趨加重。

圖12　清乾隆時期東平州境全圖

資料來源：乾隆《東平州志》卷首附圖之《東平州境全圖》，郭雲策搜集、整理：
　　　　　《歷代東平州志集校》（上卷），中國文史出版社，2008年，第168頁。

〔註51〕乾隆《東平州志》卷三《山川志·川》，第198頁。

對此次東平水災，除前文的分析外，還應結合汶水自身的情況作進一步的分析，因為這不僅是對水災成因的繼續探討，更是防禦汶水水患的必然要求。對此次水災之成因，就汶水自身而言，除與其徑流量大小有關外，沙質河床的不穩定性、河床淤積不斷加重亦是不容忽視的重要因素。對此，知州沈維基向朝廷奏報災情的稟文中就多有提及，所謂「河身本係沙土，又兼發水帶沙而來停留淤漲，東淤則西刷，大溜日漸移西；南漲則北坍，大溜日漸過北」〔註 52〕，「汶河身底日澱日高，節節停淤，處處壅塞」〔註 53〕。在此情形下，一旦來水增多，就極易出現決口或改道。面對此情，汶水自身的堤防情況又是怎樣的呢？

在清康熙四十三年（1704），因汶水泛漲，「沖缺西流，有妨城郭及民間田禾」〔註 54〕，地方官員遂「捐建土壩，疏通鹽河，修築兩岸」〔註 55〕，後雖仍多有沖決，均得到一定程度的修補。至乾隆時期，自泰安縣道溝口起，至汶上縣孫家村止，長達四十八里的東平州轄汶水河段，「兩岸俱有民墊」，只不過相對於暴漲的汶水而言，這樣的民墊不堪一擊。在乾隆東平水災發生之時，「汶堤上下民墊漫口十有餘處」，剛加固不久的羅家漫永固堤「復連根沖刷」〔註 56〕。總之，從當時汶水自身的堤防建設來看，顯然不足以抵禦突襲而來的大水，從源頭上消除或減輕州城水患的希望似乎也化為泡影。行文至此，我們再看看導致東平州城水患的另一關鍵因素—戴村壩。

（二）從戴村壩看東平州城水患

誠然，戴村壩的創築不僅是保證明清時期大運河暢通的關鍵所在，更是關乎東平州城安危的關鍵之所在。明永樂九年（1411），在時任工部尚書宋禮

〔註 52〕 （清）沈維基：《議覆防患事宜第五稟》，乾隆《東平州志》卷十八《藝文志》，第 365 頁。

〔註 53〕 （清）沈維基：《籌辦防患事宜第三稟》，乾隆《東平州志》卷十八《藝文志》，第 364 頁。

〔註 54〕 康熙《東平州續志》卷一《方域·漕渠》，第 131 頁。

〔註 55〕 康熙《東平州續志》卷一《方域·漕渠》，第 131 頁。

〔註 56〕 以上史料均引自（清）沈維基：《籌辦防患事宜第四稟》，乾隆《東平州志》卷十八《藝文志》，第 364 頁。又據（清）沈維基：《籌辦防患事宜第三稟》（乾隆《東平州志》卷十八《藝文志》，第 364 頁）中對州境內羅家漫附近的堤墊情況記述說：「惟查羅家漫積年沖決，下游低窪之地，漸已刷成河形，即堵築十分堅固，而上下民墊工段綿長，皆係卑薄殘缺，每遇伏秋水漲，難保無虞」。

的主持下，重新修濬會通河，為解決運河的水源問題，宋禮根據汶上老人白英的建議，在東平州東六十里戴村的汶水河道上築成戴村壩，汶水受到阻遏，改趨西南流。〔註 57〕不僅對於運河，對汶水而言，戴村壩所起到的作用亦非常重要：「夏秋水盛，則由戴村漫入大清以疏其溢。春冬水涸，則由戴村遏入南流以防其涸，此戴村壩所為要害也。」〔註 58〕建成後的戴村壩可以疏泄汶河所溢之水，這理應能減輕東平州城來自汶水的水患威脅，然而，其實際情況又如何呢？據記載：

> 戴村壩，在州城東五十里，北係石建，南係土築。土壩用以防護
> 石壩捍禦之所不及。遏汶水出南旺，以濟運者，州境亦賴為保障，
> 求建石工項無所出，因係土築不能堅久，難擋東來山水頂沖，屢
> 築屢沖，真東平一大害也。康熙三十八年，汶水漲急，戴村土壩
> 沖決，合州設備椿料、人夫修築。康熙四十一年，戴村土壩復行
> 沖決。本州設備椿料人夫外，調撥捕河廳下額夫三百五名，汶上
> 縣額夫四十名協築。康熙五十五年，雨水過多，山水大漲，戴村
> 土壩復行沖決。〔註 59〕

據上引文不難看出，清康熙時期，在汶水泛漲之際，雖經多次整修或重築，土築而成的戴村壩終難抵擋洪水的衝擊，不但其未能起到疏泄山洪的作用，反而成了東平一大禍患。可以說，在戴村築壩引汶濟運是一較為理想的選擇，可在真正築壩之時，對壩的材質、高低均有很高的技術性要求，稍有不慎，都將釀成嚴重後患。更值得注意的是，在壩的材質與高低之間，似也存在不可調和的矛盾。早在明萬曆十七年（1589），總河潘季馴就曾改築石壩〔註 60〕，石壩的修築固然有利於減輕東平州境的水患，可是，若夏秋時節的汶河泛溢之水全流入運，運河遂有漲溢之虞。這樣一來，在保障運道安全和東平州境水患防禦之間，戴村壩的壩高問題就成了關鍵中的關鍵。據乾隆《東平州志》記載：

> 舊制，三壩（作者注：指玲瓏壩、滾水壩、亂石壩，三壩相連，
> 統稱戴村壩）各高四尺。雍正四年，內閣學士何公國宗等因壩基

〔註57〕史念海：《中國的運河》，陝西人民出版社，1988 年版，第 311 頁。
〔註58〕康熙《東平州志》卷一《方域志·漕渠》，第 21 頁。
〔註59〕康熙《東平州續志》卷一《方域·漕渠》，第 131 頁。
〔註60〕明永樂年間戴村壩初建時為土壩，因難以阻擋夏秋汶河泛漲之水的衝擊，至
　　　　明萬曆元年（1573），侍郎萬恭曾壘石為灘。

沖刷日久，石坍椿露，於三壩內，各增築石壩一道，計長一百二
十六丈八尺，比舊壩高一尺。九年，河東總督田公文鏡以增築石
壩，固為漕運起見，但伏秋漲發，石工橫互堅厚，汶水入運過多，
請復舊制。總河朱公藻照依部議，將滾水、亂石二壩拆如舊平，
而玲瓏一壩拆除，新增即就底椿之上，改建涵洞五十六座。第涵
洞未經鋪砌底石，旋被水沖沙淤。乾隆十三年，大學士高公斌、
漕運總督劉公統勳，籌辦東省水利案內，以壩身高聳，伏秋水發，
運河有漲溢之虞，請將玲瓏壩兩頭各留五丈，中間四十五丈九尺，
落低一尺五寸，並將水孔填塞，亂石壩兩頭亦各留五丈，中間三
十九丈一尺，落低七寸。夫三壩原為過汶入運而設，屢經改建，
其機只在高低之間；過高汶水南趨運河者多，過低則西注鹽清者
大。〔註61〕

　　毫無疑問，在戴村築壩引汶濟運進而在南旺分水入運是傳統中國水利建
設的一大奇蹟和創舉，同時也不可否認，如何修築戴村壩亦是對傳統時代集
體智慧的巨大挑戰。歷經明清，戴村壩屢廢屢築，這不僅僅是伏秋汶水泛漲
衝擊的結果，更是在保障漕運安全和減輕東平水患之間的權衡與摸索。另外，
據上引文亦不難看出，較之於東平州的安危，保證漕運的安全顯然是第一位
的，無論是先前改土壩為石壩，還是後來將石壩落低，都是出於保證運道適
宜水量的考慮。自清乾隆十四年（1749）戴村壩落低後，汶河泛溢之水「屢為
州患」，東平州城更如在釜底〔註62〕，其所面臨的水患更趨加重，前述乾隆三
十四年的那次水災即為明證。

　　此外，仍需注意的是，戴村壩的修築本身就意味著對汶水上游來沙的攔
截，壩體附近日漸淤高的泥沙亦是加重水患威脅的重要因素之一。據記載：
「汶河本係沙土，兼之上游發水挾沙而來，日漸淤積，然乾隆十四年，改壩
之時，壩面尚高於河底五尺，今僅尺餘，水長二尺，即漫過壩面。」〔註63〕
一方面是壩底積沙日益增高，另一方面是落低壩高，兩者相疊加，留給東平
的只能是日趨加重的水患。

〔註61〕乾隆《東平州志》卷十七《藝文志》，第352～353頁。

〔註62〕具體來看，東平州城的地勢「城外高於城內，而城內之地又形如覆釜，中心
　　　　高起，周圍逐漸低窪，及近城根，較之城外之地，低至四五六七尺不等。」
　　　　（乾隆《東平州志》卷十七《藝文志》，第353頁）

〔註63〕乾隆《東平州志》卷十七《藝文志》，第353頁。

圖 13　戴村壩位置及南旺分水示意圖

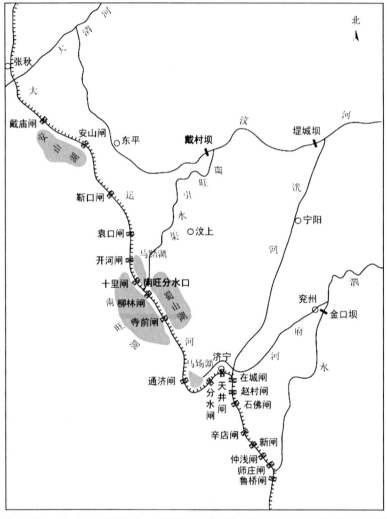

　　行文至此，筆者不禁思索，難道在戴村壩落低之時，那些負責施工的官員們就沒有意識到落低戴村壩對東平的巨大水患威脅麼？翻檢史料，我們發現事實並非想像的那麼簡單。據史志記載，當大學士高斌、漕運總督劉統勳二人議將壩身落低之時，亦慮及下注之水對州城的巨大危害，故稟請於鹽清兩河岸修築官堤民堰以保衛城池田廬，〔註 64〕只不過在堤堰築成之後，其不但難以起到抵禦水患的作用，還「屢遭沖決，地民多歲修之勞」〔註 65〕。面對這樣的形勢，在落低戴村壩五年後，時任東平知州李時乘遂稟請修復三壩

〔註64〕乾隆《東平州志》卷十七《藝文志》，第 353 頁。
〔註65〕乾隆《東平州志》卷十七《藝文志》，第 353 頁。

舊制。後經時任總河白鍾山實地勘察，其給出以下回覆：「落壩之後，東平雖屢遭水患，但甫經落低，遽議題改，恐幹部詰，而目吉民艱，又未便竟置不論，其如何略為變通，既不致遽廢前功，亦可稍微舒後患之處。」〔註66〕可以說，總河白鍾山「既不致遽廢前功，亦可稍微舒後患」的方案似乎是兩全其美之舉，可惜的是，再次稟請後，該計劃亦未見施行。在保障漕運安全與減輕東平水患難以兼顧的情形下，選擇落低戴村壩似乎是朝廷與官府的無奈之舉，同時似又暗藏著對東平州的捨棄與犧牲。

四、晚清民國以來東平州城的水環境

　　時至晚清時期，東平州城所處地理環境又發生很大變化，其中，清咸豐五年（1855）黃河銅瓦廂決口北徙後給東平帶來的影響無疑是較為重要的。黃河北徙，由於黃河河床較高，致使東平境內的汶水等河流難以排泄，所謂「諸水尾閭，俱被頂抗，旁流四出，縱橫數十里，民田匯為巨澤，患且無已」〔註67〕。與此同時，汶水泛漲給東平帶來的災患依然較為嚴重，戴村壩也屢廢屢築。〔註68〕

　　歷經明清以至民國，東平州城附近的地形地勢相對穩定，「城內地勢窪下，較城外平地低至四五尺或六七尺不等」〔註69〕。具體來看，城內地勢亦依然保持著中高周低、形如覆釜的格局，「城之中部頗高，人煙輻輳，四隅低窪，恒多積水。」〔註70〕至於城內四隅的積水狀況，民國《東平縣志》中有較為詳細的記述：

〔註66〕乾隆《東平州志》卷十七《藝文志》，第353頁。
〔註67〕（民國）張志熙修，劉靖宇纂：民國《東平縣志》卷二《山川志·川》，《中國方志集成·山東府縣志輯》第66冊，鳳凰出版社，2008年版，第25頁。下文所引民國《東平縣志》均同此版本。另據李儀祉記述：「在黃河北徙以前，河床深下，排水順利。自黃河北徙而後，河床淤高，堤頂已高出背河地面四公尺以上……而東平一縣，則為汶水所浸，水為巨泊。姜家溝清水口以黃河河床高，平時瀉汶之支脈已不暢，若河水漲則倒灌焉。」（李儀祉：《免除山東水患議》，收入李儀祉著《李儀祉水利論著選集》，水利電力出版社，1988年版，第59頁）
〔註68〕參見清光緒六年（1880）《重修東平州戴村壩碑》，清光緒三十年（1904）《重修戴村壩碑》，民國二十二年（1933）《修理戴村壩工程紀實碑》、《重修戴村壩碑》、《重修戴村壩紀念碑》，以上均收入左慧元：《黃河金石錄》，黃河水利出版社，1999年版，第359～351頁、第394～395頁、第421～425頁。
〔註69〕民國《東平縣志》卷一《方域志·治城》，第10頁。
〔註70〕民國《東平縣志》卷一《方域志·治城》，第10頁。

城內積水之區，在東南隅者曰「南馬廠」，在東北隅者曰「北小窪」，
以上二處面積最大。其次西南隅、西北隅，亦皆積水汪洋，春冬不
涸。又次靠東城牆東大寺左右，雖間種田禾，秋潦亦為澤國。餘若
城之中部附近民居之水澤，水塘大者積數十畝，小者亦數畝不等，
終年積水，所佔區域亦復甚多。總計全城水區，伏秋水大時，約占
城內面積十分之五，退消時亦不下十分之四。〔註71〕

　　可見，時至晚清民國時期，州城城內的水域面積仍是很大的，這不僅為近
水居民提供了豐富的水產和生計，更營造了「不亞江南」之北方澤國風情。據
記載：「水內產物先是南馬廠一帶蘆、蒲、蓮、芡及各種魚族，產額頗豐。夏秋
之交，荷花半城，漁舟唱晚，風景清幽，不亞江南，說者謂頗有金陵莫愁、歷
下明湖之概，非虛譽也。近水小段莊左右，居民類多以捕魚、採蓮、爬藕為業，
水國生涯足資糊口。」〔註72〕對中國北方的一個州（縣）城而言，東平州城坐
擁如此清幽之澤國盛景，實在令人欣羨，但不能忘卻的是，在幽美景色的背後，
亦有黃（河）汶（水）肆虐為患的累累印記。就在清光緒二十四年（1898）夏，
「黃、清兩河皆決口，淹沒田廬，水圍城下，浸入城中，壞城垣，毀廬舍，數
月未涸」〔註73〕，東平州城再遭「數十年未有之巨災」的侵襲，城內水環境亦
隨之發生巨變：「水性土質陡為之變，今則中央深處寸草不生，魚蝦亦因之絕
跡，僅水邊少數蘆蒲扶疏點綴。臨水居民生計日艱，徒興望洋之歎而已。其他
水區亦無魚產，現在只餘蘆蒲兩項產物，間有產蓮藕者，然亦無幾。」〔註74〕
在黃、清兩河決溢之水的侵襲下，東平州城城內的水質因之驟變，甚至魚蝦、
蘆蒲等水產亦隨之絕跡，最終導致城內臨水居民失去生計。

　　自民國以來，大、小清河頻繁決口，縣城亦多次被大水所困。1931年，
小清河（即南沙河）決口，縣城被水包圍。〔註75〕1938年秋，小清河決陳家
堤，縣城再次被困。此後不久，大清河（即北沙河）又在武家漫決口，洪水再
次圍困州城。〔註76〕中華人民共和國成立後，1964年的那場水災無疑又給州

〔註71〕民國《東平縣志》卷一《方域志‧治城》，第11頁。
〔註72〕民國《東平縣志》卷一《方域志‧治城》，第11頁。
〔註73〕民國《東平縣志》卷十六《大事記》，第257頁。
〔註74〕民國《東平縣志》卷一《方域志‧治城》，第11頁。
〔註75〕山東省東平縣志編纂委員會：《東平縣志》之《大事記》，山東人民出版社，
　　　　1989年版，第8頁。
〔註76〕《東平縣志》第二編《自然地理‧自然災害》，山東人民出版社，1989年版，
　　　　第77頁。

城帶來巨大破壞。當年，東平縣自 8 月 27 日至 9 月 3 日連日降雨，降雨量達 286 毫米，其中 8 月 30 日一天降雨平均即達 124 毫米。由於雨大勢急，加之客水匯入，排泄很慢，8 月 30 日，東平縣城被水包圍，形成孤島，截至 9 月 5 日 18 時，城周圍積水面積達十萬畝，平均水深 1～2 米左右。〔註77〕由於州城地勢低窪，上游不斷來水，積水難以排出，情況十分危急，省、地、縣各級政府官員均趕赴現場指揮救災。〔註78〕在這次水災中，東平縣城外水位高於城內 1.5 米，東至梁村，南至三官廟村東，城北、城西至堤角一片汪洋，靠船運通行。面對如此水災，當年 8 月 28 日起，東平縣委書記崔俊峰、縣長蘇晉西就帶領 10 餘萬幹部、教師、學生等投入防汛抗災鬥爭。除搶修河道險工外，護城鬥爭亦是一項重要行動，其護城的具體做法是：築土壩堵住 5 個城門，沿城牆用蒲包、麻袋裝土填補缺口，加固低薄部位，動員老弱病殘人員移至城內高地或城外。〔註79〕9 月 14 日以後，東平地區未再降雨，城外積水開始退落，至 17 日 8 時城外水位 41.14 米，較最高水位回落 0.06 米，城外水深尚有 0.5～1 米左右，大東門通往泰安的公路兩邊水與路基相平，小東門通往濟寧的公路路面漫水 0.3 米，交通尚未恢復。由於護城圍堤長期受水浸泡，滲水嚴重，城內積水增加，平地水深 0.5～1 米左右，雖經大力潑排，仍有 469 戶民房進水。雖有 40 多名幹部、200 多名民工晝夜巡查防守護城圍堰，同時利用 19 臺大型馬力抽水機在城內抽排積水，但由於滲水嚴重，時至 9 月 17 日，城內積水仍不見回落〔註80〕，此次大雨水給東平縣城帶來的危害可見一斑。

〔註77〕　《東平縣防守情況》，1964 年 9 月 5 日 18 時，山東省檔案館藏，檔案號：A121-02-0363-019。

〔註78〕　《東平縣志》之《大事記》，山東人民出版社，1989 年版，第 17 頁。對於當時的州城附近的水位與救災情形，《東平縣防守情況》（1964 年 9 月 5 日 18 時，山東省檔案館藏，檔案號：A121-02-0363-019）中亦有較為詳細的記述：「五個城門有四個已經圍死，唯大東門有公路較高正嚴加防守，城外水深 1.5～2.0 米，西門城牆僅高出水面 0.3 米，今日 8 時後水勢已經平穩，不再上漲。由於守城已堅持四、五天之久，防守人員已很疲乏，但仍有 400 名幹部輪流值班，每班有 300 名民工布於城牆，又從花店公社調了 300 名精壯勞力協助防守，皆進行了劃段負責。西門外水最深達 2 米，城牆又係舊牆，9 月 5 日又增加蒲包 300 個，並加作了長 461 米的一道子堰。東門、南門亦加了 2250 米的子堰。縣委陳部長負責指揮全城，科局長分段負責，帶領民工奮力防守」。

〔註79〕　《東平縣志》第七編《水利》第二章《防汛·抗旱》，山東人民出版社，1989 年版，第 162 頁。

〔註80〕　《東平縣城關外積水回落，城內滲水增加，災情繼續擴大》，1964 年 9 月 17 日，山東省檔案館藏，檔案號：A121-02-0363-026。

圖 14　民國時期州城城內的土地利用示意圖

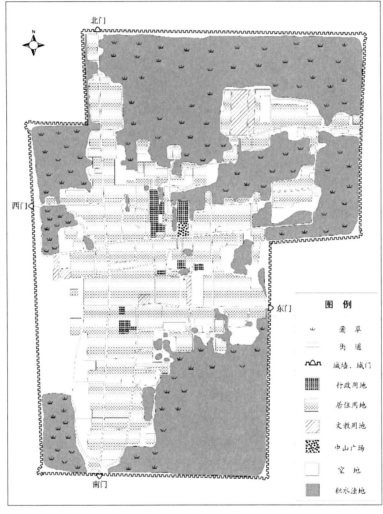

說明：底圖採自民國二十五年（1936）東平縣政府第四科張作朋測量並繪製之《東平
　　　縣城圖》，載郭雲策搜集、整理：《歷代東平州志集校》（下冊），中國文史出版
　　　社，2008 年，第 1104～1105 頁。

　　中華人民共和國成立以來，東平縣在加強對汶河堤防建設的同時，對州
城水環境亦進行了改造和利用。從微地形看，至二十世紀七八十年代，州城
城內依然保持中高周低地勢格局，大隅首為全城最高點，東北、東南、西南、
西北四隅皆為水坑，常年積水面積約占半城。〔註81〕其具體情況為，州城內

─────────────

〔註81〕《東平縣志》第一編《建置》第三章《縣城、區（社）鄉（鎮）駐地》，山東
　　　人民出版社，1989 年版，第 45 頁。

低窪水面有三大片：北小窪 1300 畝，西大坑 1400 畝，南馬場 1100 畝，其中都有蒲葦和魚類。從 1962 年開始在北小窪和西大坑進行水產養殖，至 1964 年底取得近 15 萬斤的產魚量。〔註 82〕對於州城城內水環境來說，1965 年的引清工程無疑是改善城內水環境的重要舉措。具體來看，從棉織廠北，通過引清幹渠，將大清河水引入縣城北小窪，經南馬場流入西大坑，把城內死水變活。至 1985 年，城內水域仍被承包 3800 畝，產魚 15 萬斤，產蒲、葦 20 餘萬斤，蓮藕 1.54 萬斤。〔註 83〕如此豐富之水產，顯然與城內水質的改善密切相關。

除了對州城城內水域的改造與利用，對城外州城窪的治理亦是一項重要的措施。州城窪位於州城周圍，面積約 50 平方公里。自清代修築大、小清河堤防後，形成三面環堤，東高西低的窪地，東部客水與滲出的河水常使州城窪積澇成災。為了解決這一問題，地方政府於 1960 年春組織開挖了（東平）湖東排滲河。排滲河東起武家漫，西經葛針園、展園、馬口、西關，環繞州城後經南關、韓村、吳桃園至孫壩口入汶上縣境，全長 30 餘公里，河寬平均 10 米，深 3 米。〔註 84〕1966 年 7 月又建成馬口排灌站，基本解除了州城窪的澇災，州城城外的積水環境遂得到一定程度的緩解。

五、從州城到後屯：東平縣治的遷移

時至 20 世紀 80 年代，東平縣城又進行了一次遷移，即將縣城從州城遷至後屯。又是什麼原因導致東平縣城的此次搬遷？其遷移的過程又是怎樣的？對此，著名城市地理學家周一星先生曾有解釋：

> 至於中心位置還是門戶位置優越，應具體分析，不能一概而論。如現泰安市域最西邊有一個東平縣，歷史上縣城一直在州城鎮，大體是全縣的中心位置。古代大運河與大汶河有航運之利，它又是大汶河流域物資西入大運河的門戶。但是清末年間，縣西部東平湖及其周圍劃歸梁山縣，州城不再是全縣中心位置。大運河航道淤塞，主

〔註 82〕《東平縣志》第八編《東平湖》第五章《濱湖水產》，山東人民出版社，1989 年版，第 200 頁。

〔註 83〕《東平縣志》第八編《東平湖》第五章《濱湖水產》，山東人民出版社，1989 年版，第 200 頁。

〔註 84〕《東平縣志》第七編《水利》第三章《水利工程》，山東人民出版社，1989 年版，第 166 頁。

要交通方式改為陸運以後，主要聯繫方向轉而向東。再加上州城地勢低窪、內澇嚴重，於是 70 年代東平縣要求把縣政府遷到當時全縣的相對中心並位於公路幹線上的後屯村，即今天的東平鎮。花費 3700 萬元，經幾年建設，1982 年正式搬遷。〔註85〕

可以說，在實地調查的基礎上，周先生對東平縣治遷移原因的上述分析是較為全面的。同時筆者亦注意到，周先生以東平縣城的遷移為例，最終是在證明城市地理位置類型中「中心位置與門戶位置的優越性應具體分析而不能一概而論」這一觀點。緣於此，對東平縣城此次搬遷的具體過程，也就沒有展開進一步探索。筆者認為，城址遷移尤其是治所城址的遷移，並不是一蹴而就的，而實是一較為複雜的過程，如果對東平縣城此次遷移的歷史地理過程進行詳細梳理，應更能深化對此次遷移的認知。

圖 15　東平縣地形、河流與交通示意圖

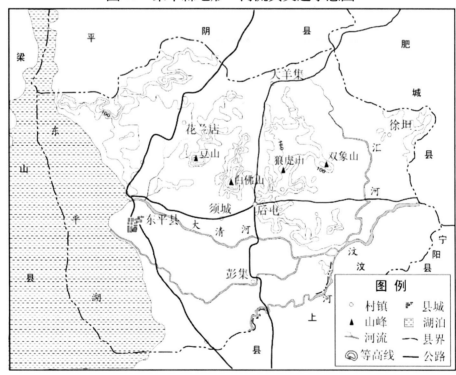

說明：底圖採自山東省人民委員會底圖編製辦公室編繪《中華人民共和國山東省地圖集》（1963 年印，秘密）第 68 頁「平陰縣　東平縣」圖。

〔註85〕周一星：《城市地理學》，商務印書館，2007 年版，第 156 頁。

　　作為一縣政治中樞，維持縣治地理位置的穩定對當地社會經濟發展來說至為重要。故而在治所的選址與搬遷問題上，無論是對中央、省府，還是於地方，都是要慎重考慮、綜合權衡的。時至二十世紀七、八十年代，東平州城所處的地理環境發生較大變化，州城作為縣治的弊端日漸顯現，而縣境內後屯的區位優勢則漸趨增強，將縣治從州城遷至後屯的呼聲遂日益增高。1982年 11 月 12 日，山東省政府下達《關於同意東平縣建立東平、州城兩個鎮和遷移縣機關駐地的批覆》，東平縣治正式由州城遷至後屯（今東平鎮）。

（一）遷移的過程

　　東平縣城遷移的最初請示報告是在 1972 年 11 月 4 日由東平縣革命委員會向泰安地革委提出的〔註86〕，在該請示報告中，東平縣革命委員會將州城

〔註86〕此請示報告的主體內容如下：「為了使縣機關更好地為基層服務，方便群眾，便於領導，適應「備戰、備荒、為人民」的需要，有利於我縣社會主義革命和社會主義建設事業的發展，經過多次的分析研究，我們認為將東平縣機關從原縣城遷移至須城公社後屯是適宜的、需要的。現將我們分析的情況和意見報告如下：一、現在縣機關駐東平舊縣城，而舊縣城因解放後區劃的調整，位置很偏僻，交通閉塞，地勢低窪，帶來了許多問題。現在縣機關駐地西距縣界僅七、八華里，而東北方向距縣界卻遠達八、九十華里，加之交通條件差，基層幹部和群眾到縣機關辦點事，或縣機關幹部到這些單位出差，即便很簡單的事情，往返也需兩三天，對於領導和指揮生產、工作，對於及時解決下邊提出的問題，都極不方便。舊縣城三面臨湖，地面低於正常湖水位，每逢汛期，四面有大量積水，城牆就成了防水堤。有些時候僅有東西面一條路可以通車，其他需靠船隻聯繫。平時不便於工作的指揮和領導，不利於工農業生產的發展和備戰物資的儲備，戰時不便於上下聯繫，不便於指揮、隱蔽、疏散和集結。城內約有一半以上面積常年積水，不宜搞像樣的基本建設和備戰設施。因此，解放以來沒搞什麼基本建設，只是修修補補，基本上維持的原來狀況，很不適應形勢發展的要求。二、我縣後屯位於全縣中心，公路縱橫，為全縣交通樞紐，兩面環山，利於戰備。土地比較瘠薄，而地下水源確比較充足。由於上述條件，無產階級文化大革命以來，工業、商業、文教、衛生等企事業單位在這裡搞了許多基本建設，已初步形成了全縣的經濟、文化中心。工業除五金廠、酒廠、印刷等幾個小廠之外，其他都在後屯周圍；財貿、商業系統，除其領導機關外，業務（包括公司和站廠）主要在後屯；其他郵政、電信、銀行、書店、電影隊等也都建立了分設機構。有了師範、中學和衛生院。現共有職工兩千五百多人，占全縣企事業職工人數的三分之二。因此，現在形成黨政領導機關在舊縣城，企事業經濟單位在後屯的局面，相距四十多華里，工作很不方便。」參見山東省東平縣革命委員會：《關於要求將縣機關搬遷後屯的請示報告》，1972 年 11 月 4 日，東平縣檔案館藏，全宗號 8，目錄號 1，案卷號 184。

作為縣治的不利之處及後屯作為縣治的有利條件均進行了較為詳細的說明。或是基於上述考慮，至 1973 年 4 月 17 日，東平縣革命委員會遂又作出《關於東平縣縣機關遷建後屯的說明》〔註 87〕，在此份說明中，再次闡明了後屯作為縣治的優越條件，但不知什麼原因，在此後的三、四年內，並未得到省府或地委的有關批覆。時至 1977 年，東平縣革命委員會再次向泰安地革委提出遷移縣級機關駐地的請示報告，並同時抄送泰安地革委民政局。〔註 88〕值得注意的是，在當年的全國農田基本建設會議結束後，由於東平縣是全國農業發展的典型之一〔註 89〕，到東平縣參觀學習的人員劇增，縣城州城接待能力不足的弊端也就顯現出來。東平縣委趁機再次向泰安地委作出暫遷黨政機關至後屯的請示，該請示報告中說到：

> 全國農田基本建設會議閉幕後，外地來我縣參觀的人員劇增，每天接待人數由過去的三、五百人猛增到一千多人，有時多達兩千人左右；而且又是發展的趨勢，在一定期間內來參觀的人員將會日益增多，接待工作越發困難。特別是招待所、旅館房間少，接納人數有限，儘管把後屯和城內能以用於接待的房間提供出來，但仍不能適應目前的需要，有時參觀人員有的不得不睡在汽車裏，或者兩人睡在一個床位上。這使我們深感不安。

> 鑒於當前接待工作的情況，考慮到參觀人員日益增多的趨勢，我們本著把方便讓給別人、困難留給自己的精神，擬將縣級黨政機關暫時遷往後屯，騰出縣委、縣革委院內的四百七十多間辦公室、宿舍、伙房、禮堂、會議室等，接待外地參觀人員；加上招待所、旅館現有的五百多個床位，共能接待一千七百餘人。這樣，就能基本上解決目前接待上的困難。〔註 90〕

據上引文不難看出，1977 年大量外地人員到東平進行農業參觀學習所導致的州城接待能力的不足，亦是加速縣治搬遷的刺激性因素之一。此後，基

〔註 87〕山東省東平縣革命委員會：《關於東平縣縣機關遷建後屯的說明》，1973 年 4 月 17 日，東平縣檔案館藏，全宗號 8，目錄號 1，案卷號 243。

〔註 88〕山東省東平縣革命委員會：《關於縣機關遷移駐地的請示報告》，1977 年 2 月 23，東平縣檔案館藏，全宗號 8，目錄號 1，案卷號 385。

〔註 89〕參見人民日報社論：《今冬明春要大搞一下農田基本建設》，1977 年 8 月 8 日。

〔註 90〕山東省東平縣委：《關於黨政機關暫遷後屯的請示報告》，1977 年 8 月 19 日，東平縣檔案館藏，全宗號 8，目錄號 1，案卷號 11。

本上與 1972 年和 1977 年關於遷移縣級機關的請示持同樣理由，東平縣革命委員會又分別於 1978 年和 1979 年連續向泰安地區行署作出搬遷縣級機關的請示，再次申明將縣級機關遷移至後屯的必要性和迫切性。經過如此連續三年向上級領導部門的請示，時至 1980 年，東平縣縣機關遷移至後屯的請示終於取得較大進展。據當時東平縣革命委員會向泰安地區行署提交的《關於後屯城鎮規劃的報告》中說：

> 遵造黨的十一屆三中全會關於有計劃地建設小城鎮的指示和中共中央〔1978〕13 號文件精神，我們多次請示要求將東平縣城遷往後屯，並向省、地委領導作了彙報，行署已經同意我縣搬遷報告，並轉報省政府，根據省、地領導的意見，縣革委確定一名副主任負責，建立規劃班子，進行勘察，經過半年的時間，後屯城鎮規劃已全部結束。〔註91〕

至此，雖然並沒有省政府對東平縣縣機關遷移至後屯的正式批文，但不難看出，省、地領導已經初步同意了東平搬遷縣機關的請示，東平縣也根據省、地領導的意見，一併向泰安地區行署提交了《東平縣後屯城鎮規劃圖》和《關於後屯城鎮規劃的說明》。在此形勢下，東平縣革命委員會於 1980 年 10 月 30 日再次向泰安地區行署作出《關於縣機關搬遷的請示報告》，報告中說到：

> 我縣縣機關搬遷問題，我們已於一九七八年和七九年兩次書面請示報告，地委和行署已經同意我縣搬遷報告，並轉報省府。去年八月，經行署領導同意，由縣革委負責同志親自到省府作了彙報。省、地委負責同志來我縣檢查工作，也多次向領導作了彙報，基本上同意搬遷。根據省、地領導的指示，我們在原來的基礎上，充實和加強了規劃班子，對後屯進行了全面規劃，於今年二月將《後屯城鎮規劃圖》和《說明》報送行署和上級主管部門。為了適應四化建設的需要，便於工作，促進我縣社會主義建設事業的發展，再次請求盡快把縣機關遷往後屯。〔註92〕

〔註91〕 山東省東平縣革命委員會：《關於後屯城鎮規劃的報告》，1980 年 2 月 5 日，東平縣檔案館藏，全宗號 8，目錄號 1，案卷號 516。

〔註92〕 山東省東平縣革命委員會：《關於縣機關搬遷的請示報告》，1980 年 10 月 30 日，東平縣檔案館藏，全宗號 8，目錄號 1，案卷號 516。

　　此次報告內容既與前述《關於後屯城鎮規劃的報告》中的內容相互印證，也反映出東平縣縣機關的搬遷即將進入實質性階段：其一，與之前幾次搬遷請示報告的內容不同，此次請示分別從當前搬遷的實際情況、搬遷的理由和搬遷的打算三個方面進行較為全面而細緻的彙報；其二，在向泰安地區行署請示的同時，此份報告同時抄報給地區計委、建委、財委、民政局和財稅局。

（二）縣治遷移的驅動因素分析

　　為更深入地認識東平縣縣機關遷移的過程，有必要對搬遷的原因進行詳細的分析。至於東平縣縣機關搬遷的原因，從前述 1972 年的請示報告中就能看出來。但比較而言，在 1980 年東平縣革命委員會向泰安地區行署提交的《關於後屯城鎮規劃的說明》中，對縣機關搬遷原因的解釋更為具體而全面。其主體內容如下：

　　　　長期以來，由於行政區劃變動和自然條件的變化，現在東平城已經不適於城鎮建設。主要是：（1）比較偏僻。歷史上東平縣城位於縣境的中心，但後來縣城西部的壽張、梁山、北部的東阿等地全部劃出，這樣縣城偏於縣境的西南角，城西至縣界僅十餘華里，而東北部達一百多華里；（2）地勢低窪。東平城北靠大清河，西臨東平湖，城內七分水三分地，大清河河床比城內地面高達零點六米。據水利部門資料記載，從六四年至七二年，河床由原來的三十五米增至三十八米，平均每年抬高零點三八米。每逢雨季，城外三面被水包圍。一九六四年，洪水位高達四十四點九五米，高出城內地面五米多，到處一片汪洋；（3）交通不便。由於縣城比較偏僻，一些主要幹線公路，離縣城三十多華里，交通運輸極不方便，直接影響了工農業生產的發展；（4）不適於城鎮建設。二十多年來，由於區劃變動頻繁，東平曾先後劃歸濟南、泰安、聊城、菏澤、濟寧等地區，撤了并、合了分，城內舊有房屋長久失修，幾年來基本未進行新的建設，加之城內到處是積水坑，地下水位較高，不僅一些大型建築和倉庫無法建設，而且根本沒有地方進行擴建。

　　　　針對這種情況，我們經過反覆勘察，徵求群眾意見，確定把東平縣城遷往後屯。一是後屯位於全縣的中心，依山面水，地勢較高，水源充沛，大部分是山嶺薄地，不佔用好地；二是後屯是全縣交通樞

紐，貫穿濟、克、泰、聊四條幹線公路，交通運輸極為便利；三是
自六二年東平縣恢復以來，我縣大部分工廠、財貿企業單位已經搬
遷到後屯，全縣非農業人口一萬多人，而後屯占百分之五十以上，
縣城只占百分之二十左右，工業總產值，後屯占全縣的百分之六十
以上，而城內只占百分之十六。實際上後屯已成為全縣的經濟中心；
四是幾年來縣直機關大部分遷往後屯，現在已有工業、交通、基建、
物資、供電、糧食、外貿、商業、供銷、建行、衛生、林業、畜牧
等十三個局和七十五個單位，既有文化教育等福利事業，又有商業
服務網點，城鎮建設已初具規模。而東平城僅剩下縣委、縣革委、
武裝部和公檢法等部門。這樣縣直機關分住兩地，相距四十五華里，
給工作帶來許多困難，群眾來往辦事也很不方便。特別是近幾年來，
在中央和省、地的正確領導下，我縣農田基本建設取得了一定成績，
中央和省、地以及全國農田基本建設會議的領導同志來東平檢查工
作，又都是在後屯接待的。實際上後屯已經成為指導全縣工作和對
外聯繫的中心。因此，東平縣城遷往後屯已是大勢所趨，人心所向，
是發展工農業生產的需要，是實現四個現代化的需要，也是全縣廣
大幹部、群眾的迫切要求。〔註93〕

　　據上引內容，若僅僅從比較的視角來看，州城和後屯兩者哪個更適合作
為縣治是很顯然的事情。但更值得關注的是，作為歷史地理事件的東平縣治
遷移過程，其又有哪些驅動因素？追根溯源，這還應從州城所處的地理環境
談起。根據前文分析可以看出，州城由於其所處位置地勢低窪，再加之城內
積水面積較大，且其外圍分布有多個面積較大的坑塘，不僅易遭水患侵擾，
亦非常不利於城市建設（包括高樓層建設及城區擴建）。此外，據筆者對州城
鎮居民趙榮生先生〔註94〕的採訪，州城地下多流沙，地基承載力較差，最多
能承載五層，難以建高層建築。緣於此，東平多數企事業單位遂逐漸向地勢
高亢、接近縣境中心且交通便捷的後屯轉移。

〔註93〕山東省東平縣革命委員會：《關於後屯城鎮規劃的報告》後所附《關於後屯城
　　　　鎮規劃的說明》，1980年2月5日，東平縣檔案館藏，全宗號8，目錄號1，
　　　　案卷號516。
〔註94〕趙榮生，男，58歲，東平縣州城街道居民。採訪時間：2017年8月22日15
　　　　時08分，地點：東平縣州城街道。

　　從後屯的發展來看，早在 1962 年，各企業單位就陸續在此修建倉庫和批發單位，自 1968 年始，農具廠、造紙廠、橡膠廠等也先後在此修建，後屯逐漸成為東平工業和批發業的集散地，同時還興建了百貨公司、飲食服務樓和學校、醫院。〔註95〕隨著大量企事業單位向後屯的轉移，才產生了上文所說的「縣直機關分住兩地，相距四十五華里，給工作帶來許多困難，群眾來往辦事也很不方便」的局面，才出現東平縣革委會多次要求將州城縣機關搬遷至後屯的連年請示。

　　此外，還應注意社會形勢變化對遷移縣機關帶來的影響。就像前文所說，在 1977 年全國農田基本建設會議結束後，隨著全國各地來東平縣參觀人數的增多，州城接待能力明顯不足也對縣機關向後屯的遷移起到一定的推動作用。如果說外地人員來東平參觀僅僅是一偶然事件的話，那麼東平縣因縣直部門幹部和職工人員增多而導致宿舍緊張的狀況，則是難以迴避的客觀事實。據東平縣革命委員會向泰安地區行署提交的《關於解決幹部、職工宿舍的請示報告》中所說：

> 根據形勢的發展和工作的需要，縣委、縣革委機關增設了一些新的部門，人員也相應增多。加之幾年來未建設一間新房子，所以幹部、職工住宿十分困難。單身職工二至三人居住一間宿舍；雙職工六口之家、老少三輩居住兩間宿舍，有的幹部調入後，常期住在招待所，既休息不好，影響工作，又造成經濟上的很大浪費。〔註96〕

　　雖然上述現象已是在大多數縣直單位遷建至後屯之後的狀況，東平縣革命委員會向泰安地區行署請示增建宿舍也是在後屯而不是在州城。但不難想像，如果所有的縣直機關都依然停駐在州城，縣直機關的幹部、職工宿舍又將會呈現怎樣的情景。追根溯源，這還是與地勢低窪、積水面積較大的州城難以進行城市擴建的客觀事實有關。

　　最後，值得注意的是，雖然直到 1982 年山東省政府才批准東平縣將縣機關遷至後屯，可早在 1975 年就在後屯動工興建了縣委、縣政府辦公大樓。〔註97〕這也引起了筆者的疑問，如果遷城得不到省政府的批准怎麼辦，屆時

〔註95〕《東平縣志》第十編《城鄉建設》第三章《縣城建設》，山東人民出版社，1989 年版，第 222 頁。

〔註96〕山東省東平縣革命委員會：《關於解決幹部、職工宿舍的請示報告》，1979 年 8 月 4 日，東平縣檔案館藏，全宗號 8，目錄號 1，案卷號 446。

〔註97〕《東平縣志》之《大事記》，山東人民出版社，1989 年版，第 20 頁。

豈不將造成新建基礎設施的浪費？還是地方政府先造成既成之事實，再向地委、省府提出申請，以致迫使其上級政府不得不給以批覆呢？且不論這其間又有哪些不為人知的故事或秘密，東平地方政府採取這樣的做法，似亦能反映出其遷城決心之堅定。

六、結語與餘論

業師安介生先生在論及唐代晉中地區環境時曾指出：「中國環境史演變是極為複雜的，不僅關乎自然地理及物質環境的內容，而且涉及政治、軍事、社會、經濟生活等的多種層面與要素。中國環境史的演變更多地包含了歷代中國人民改善環境的巨大努力。我們不會否認人類的利用在某種程度上會引發自然環境的退化，但是，中國古代人民在環境面前並不是被動的、無力的，我們更應該看到歷代人民對於客觀生存環境的主動營造與有效改善。」〔註98〕對於宋代以來東平城城市水環境演變的歷史，安師的上述論斷顯然是適用的。不論是城外環境，還是城內環境，宋代以來的東平城均發生較大改變，這種變化不僅與黃河頻繁的決口改道、夏秋汶水暴漲、地勢低窪等自然地理因素有關，更與大運河的疏濬、戴村壩的創築（導汶濟運）等政治、社會、經濟因素密切相關。同時，從宋代以來東平城水環境演變的過程看，其間不僅有築建戴村壩導致東平州城水患加重的局面，亦有引蘆泉水繞城、養殖蘆蒲魚蝦、引大清河水入城、修挖排滲河等對城市水環境的積極營造。

無論是宋代鄆州州城的遷移、明清時期東平州城的城池建設，還是二十世紀七八十年代東平縣城的遷移，均與治城所處的水環境密切相關。在宋代，由於常遭黃河決水的重度侵襲，鄆州州治被迫由埠子坡遷至今州城。至明清時期，汶水給東平州城帶來的水患威脅明顯增大，尤其是在戴村壩落低後，汶河溢出之水增多，在大水難以排泄的情形下，時常出現大水圍城的局面。面對嚴重的城市水患，東平地方政府亦進行了積極防禦，可以說，無論是在城牆的建造上，還是在攔水閘的砌築上，清乾隆時期的東平新城建設均似在一定程度上達到了地方城市水患防禦技術的高峰。至民國以來，東平州城水患依然時有發生，在暴雨影響下，黃河與大、小清河的決溢之水亦曾圍困州城，在 1964 年遭遇大水災後不久，遷城再次成為東平地方政事的重要議題。

〔註98〕安介生：《卻望并州是故鄉——唐詩所見晉中地域環境簡論》，《晉陽學刊》2019 年第 3 期，第 123 頁。

在研究明代以來魚臺縣城的遷移時，筆者就曾總結到：「對於歷史時期城址變遷的研究，我們既不能過分地『以果推因』似的去強調自然地理環境的作用，亦不能完全以人為主體，而應該全面、客觀而具體地去分析和評價。」〔註99〕毫無疑問，就本文中對二十世紀七八十年代東平縣城遷移的探究而言，筆者的前述總結亦同樣是適用的，同時，通過對此次東平縣城遷移過程與驅動因素的分析，亦引發我們對城址遷移問題的新思考。城址遷移，尤其是治所城址遷移，其影響因素異常繁多，只有在詳細梳理遷城過程的基礎上對影響遷城的因素進行深度分析，才能真正理解遷城之內涵。對於二十世紀七八十年代東平縣城的這次遷移來說，地勢低窪、地理位置偏僻、交通不便等因素確為州城自身的不利因素，而地處全縣中心位置、地勢高亢、交通便捷、具有一定的經濟基礎等因素亦誠是後屯所具有的優勢條件，但是不是擁有如此鮮明之區位反差，東平縣城就一定需要且能夠從州城遷至後屯？很顯然，事情並沒有那麼簡單，在順應形勢發展的前提下，此次縣治遷移的順利完成還與東平地方政府的持久努力密不可分。筆者注意到，在「文革」期間，當時遷城的請示報告中就將利不利於備戰作為遷城的理由，而在二十世紀七十年代後期，在推進小城鎮建設的新形勢下，州城城內積水多、地下水位高不利於城鎮建設遂成為遷城的又一重要根據，同時，因外地人員到東平進行農業參觀及本縣政府幹部職員人數增多所導致的住宿緊張問題亦成為搬遷縣城的有利根據。另外，在此次東平縣城遷移的過程中，東平地方政府先在後屯建縣委、縣政府辦公大樓再向地委和省府提出遷城申請的做法亦令人懷疑，且不論其背後又存在怎樣的利益糾葛，此亦能在一定程度上反映東平地方遷城之堅定決心。

通過對宋代以來東平城城址遷移與城市水環境變遷的研究，我們不難發現，為進一步提高研究的精確度，當前的歷史城市地理研究需要借助環境史、區域社會史等新興學科的研究方法，但同時亦須注意，如果不將地理環境（包括自然地理環境與人文地理環境）的研究具體落到實處，環境史、社會史等的研究也只會是空中樓閣。從本文東平的案例研究就能看出，若要揭開宋代以來東平城城址變遷及其水環境演變的真實面目，不僅要結合城內環境與城外環境進行考慮，還應將變化中的自然環境與社會環境緊密融合起來，在此前提下，

〔註99〕古帥：《水患、治水與城址變遷──以明代以來的魚臺縣城為中心》，《地方文化研究》2017 年第 3 期，第 69 頁。

才能對東平城城址變遷及城市水環境演變的原因展開更客觀而充分的分析。

最後，還需注意的是對「水患」的認知。於東平而言，作為其外部水環境的一個重要方面，明清時期的汶河泛漲與決口無疑給州城及汶河沿岸地區帶來很大災害，而其兩岸的堤防建設則是出於對洪水的防禦。然而，對於汶河水患與堤防，清乾隆十九年（1754）東平時任知州李時乘曾有議論說：「水性散則淺，聚則急，從前鹽、清兩河未築堤之時，每遇水發，渙散兩岸，旋長旋消，尚無妨礙。今自築堤以來，以汪洋浩瀚之水，束之衣帶之間，欲其循流順軌，勢斷不能。況上游水漲，建瓴直下，勢若傾排，即有堤埝，焉能抵禦？是以每一遇水，各堤多有決口。以全河之水而注之數口之內，湍流益急，沖決益甚，且水退之後，堤高地窪，水入堤內，不能仍歸河身，淹浸田禾尤甚。往昔是築堤原期禦水，而不知反受蓄水之患矣。」〔註100〕可以說，上引李時乘對汶河水患與堤防的認識實為洞達之論，然而如果沿此繼續深究下去，似又牽涉到對人地關係的深層挖掘及利害相生的哲學思考，這好像已超出本文的研討範圍，但又似為探究城市水環境變遷不可繞開的另一議題。〔註101〕

第二節　水患、治水與城址變遷——以明代以來的魚臺縣城為中心的考察〔註102〕

城址變遷〔註103〕問題是歷史城市地理研究的重要議題之一。近年來，無

〔註100〕乾隆《東平州志》卷十七《藝文志》，第353頁。

〔註101〕關於歷史時期水患與水利的辯證關係方面的研究可參考王聰明，溫瑞：《利害相生：明代黃淮水患與淮安府的城市變遷》，《河北師範大學學報（哲學社會科學版）》2016年第1期。業師安介生先生曾在《「水患」與「水利」——略論歷史時期浙江湖州地區水域景觀體系構建及其動力機制》（收入夏明方，郝平主編：《災害與歷史》，第1輯，商務印書館，2018年版，第112～146頁）一文中就對歷史時期湖州地區水患與水利的關係進行了相關分析，文中講到：「回顧湖州發展史，我們可以發現，歷史時期湖州所謂『風景絕勝』的背後，有著漫長的、持續的、與自然災害艱苦抗爭的歷程。從某種程度上可以說，湖州地區的發展史以及景觀構造史，本身就是一個與水旱災害不懈抗爭的歷史。歷史時期水旱災患頻發的問題往往成為當地大興水利，改善生存環境最重要的、最直接的動力。」安師的上述分析雖與此處的討論有一定的區別，但亦適用於城市水環境此一議題的研究。

〔註102〕說明：本文原刊於《地方文化研究》2017年第3期，此處有增改。

〔註103〕筆者認為城址變遷包括城址變化和城址遷移兩層含義，而城址遷移亦應有一定的時空標準，即在連續的時段內城址具有一定距離性的空間移動。至於遷

論是從理論上，還是在具體研究上都取得可喜的進展。綜合來看，表現有二：其一，突破了傳統的「以果論因」的城址變遷分析路徑，更加注重以人為主體的「人地關係」思維構架[註104]；其二，更加注重城址遷移的長時段過程性研究，注重對遷城事件的社會因素分析[註105]。筆者認同上述理念的合理性成分，但同時也不可否認，城址變遷在不同的區域內表現各異，加強個案研究仍為當前研究的重要任務。本文嘗試對明代以來魚臺縣城[註106]的變遷過程進行梳理和分析，不當之處，敬請方家指正。

移多遠的距離才能算作是一次遷城，學界尚未有具體的數值指標，侯仁之先生曾在《城市歷史地理的研究與城市規劃》（《地理學報》1979 年第 4 期）一文的第三小節《城市位置的轉移及其規律》中指出：「城市的位置已經遷移，只是遷移的距離相去不遠，也可以看作是城址變化的一例。」筆者贊同侯先生的這一看法，但遷移距離的遠近仍是相對的，對於不同等級規模的城市理應有不同的尺度標準。王德權先生亦對這一問題提出質疑：「究竟多少距離才是判別城市間具有延續關係的標準？例如某一唐代縣治附近 10 里處即有漢縣舊址，則此唐治與漢治是否可視為延續？由於各地社會經濟水平的差異，這個距離理應不是固定數字而存在著區域差異。人口密集的地區，其城市密度較高，縣治間距離相對較小，人口稀疏地帶則反是。這個問題一時難以獲致客觀的標準，因此本文除了同一城市內部的移治不予列入外，其餘無論距離遠近，皆視為治所的移動。」（王德權：《從「漢縣」到「唐縣」——三至八世紀河北縣治體系變動的考察》，載榮新江主編《唐研究》（第 5 卷），北京大學出版社，1999 年版，第 164 頁）雖然作者是在通過對縣治位置變動考察縣治的繼承關係，進而對漢唐間各時期建置的縣治及後世繼承程度進行研究，但這是對城址遷移距離的量化思考。正如王先生所說，這個問題一時難以獲致客觀的標準。對於本文所說的治所城址遷移，我們必須在一個連續的時段內進行考察，如果時段不連續，即該治所城址所處政區有過被廢除的時段，那麼在廢除後再置此政區與治所時，只能看作是治所的重新選址，而不屬於治所遷移的範疇。當然，政區改名但不廢除的情況應除外。

〔註104〕成一農：《清、民國時期靖邊縣城選址研究》，《中國歷史地理論叢》2010 年第 2 期；《中國古代城市選址研究方法的反思》，《中國歷史地理論叢》2012 年第 1 期。

〔註105〕李嘎：《水患與山西榮河、河津二城的遷移——一項長時段視野下的過程研究》，《歷史地理》第 32 輯。

〔註106〕截至目前，學界對魚臺縣城的研究論文主要有：高源：《魚臺城址變遷析》，《西安社會科學》2011 年第 3 期；李德楠：《從地方志「八景」看區域水環境變遷——以康熙、乾隆、光緒〈魚臺縣志〉為中心》，《中國地方志》2014 年第 7 期；李健紅：《明清時期魯西地區水患對政區調整的影響》，復旦大學碩士學位論文，2016 年。其中尤其需要注意的是李健紅的碩士學位論文（指導老師：段偉）中對明清魚臺縣城址遷移的分析較為細緻，文中所引文獻給筆者以很大的指引和幫助，在此表示感謝。

圖 16　魚臺縣及其周邊的地理環境

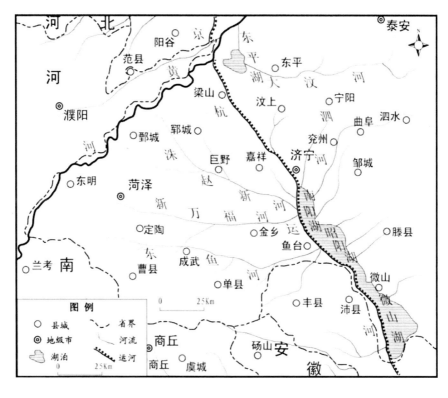

說明：底圖採自《山東省地圖冊》第 2 頁《山東省地勢圖》，
山東省地圖出版社，1997 年版。

一、明代魚臺縣城的水患

在魚臺縣城遷至黃臺市（即今魚臺舊城）〔註107〕之前，由於距黃河主河道較遠，再加之經過東漢王景治河之後，黃河經歷了一個較長的相對安流時期〔註108〕，魚臺及其周邊地區受黃河水患的影響很小。但至宋代以來，黃河頻繁在滑州、曹、單等地決口，魚臺由於地勢窪下，經常受到決溢黃水的威脅。宋真宗天禧三年（1019）六月，「河決滑州，歷鄆、濟、單，至徐州與清

〔註107〕《太平寰宇記》卷十四之《單州》中記載：「元和四年八月，淄青李師道請移縣置於黃臺市，從之」，第 286 頁。

〔註108〕譚其驤：《何以黃河在東漢以後會出現一個長期安流的局面——從歷史上論證黃河中游的土地合理利用是消弭下游水害的決定性因素》，《學術月刊》1962 年第 2 期。

河合浸，城壁不沒者四版。」〔註109〕又元至大元年（1308）七月，「濟寧大水，暴決入城，漂民廬舍。」〔註110〕這是明代之前城池受到水災破壞的直接記載。在此時期，魚臺縣城就曾因水災進行過轉移，據記載：「後城圮於水，元泰定間，縣尹孫榮祖劃築西北一隅，棄餘城為外護，今謂之郭堤。」〔註111〕由於此次縣城的遷移距離太短，我們或可將其看作是一次近距離的轉移，轉移至縣城西北角地勢較高之處〔註112〕。至此，魚臺縣城仍未達到遠遷他處的地步。但情勢至明代發生變化，黃河決溢對魚臺縣城的威脅日趨加重，遷城的呼聲也變得越來越高。

在明代，黃河頻繁決口於曹、單、豐、沛、巨野等地，魚臺縣境屢次受災，縣城多次幾乎被淹沒。嘉靖八年（1529），「河決，水及境，城幾沒，議遷中止。」〔註113〕對於此次議遷縣城的具體情況，據康熙《魚臺縣志》記載：「嘉靖八年，因河決，議遷城，堂宇拆毀，已而不果。其後知縣鄒暘復因故址構大堂五楹。」〔註114〕又記載：「新城，在治東北五十里鳳凰山麓。明嘉靖九年，因黃水沒城，議遷縣治於此城，已壘築及肩，縣堂、儒學俱已拆毀，將並移建。至十三年（1534）水退，民重故土，不果徙。」〔註115〕魚臺縣治已拆毀堂宇準備遷城，其所受水災的情形可見一斑。但面對如此嚴重的水災，議遷縣城無果而終。在此次議遷縣城的過程中，武翰的建議無疑起到重要的作用，他在《止遷城議》一文中論述到：

> 河決曹、單，洪濤直趨魚臺，城幾沒。會直指上疏，請遷城市，翰建議曰：本縣遺址數里，先因河決，已移高阜一隅。成化暨弘治、正德間，數遭大患而城無虞。今洪水自城東西已分，大患已撤，乃奏議遷徙，且本縣歷年既久，廬舍經營，孰無故土之思？兼之十室九空，烏能折運舊產以就新創，況本縣與漕巨水口相距百五十餘里，泛濫來此，不過四漫，必不為城患，而老城環繞，屹然可蔽，修其

〔註109〕山東省魚臺縣地方史志辦公室：《魚臺縣志》卷四《災祥》，中州古籍出版社，1991年版，第81頁。下文所引康熙《魚臺縣志》均參考此書，特此說明。
〔註110〕康熙《魚臺縣志》卷四《災祥》，第83頁。
〔註111〕康熙《魚臺縣志》卷七《建置·城池》，第136頁。
〔註112〕從今天魚臺縣舊城海子附近的地勢來看，舊城海子西北面的舊城村較高的地勢依然很明顯。
〔註113〕康熙《魚臺縣志》卷四《災祥》，第85頁。
〔註114〕康熙《魚臺縣志》卷七《建置·公署》，第139頁。
〔註115〕康熙《魚臺縣志》卷十《古蹟·城》，第258頁。

一二殘缺，尚可撐持。藉令必棄久宅之城市，依新刈之蓬蒿，哀鳴嗷嗷，其不堪甚矣。昔盤庚遷都，利害甚明，眾猶胥怨。蕞爾小邑，欲隔運漕，遠徙山麓，又將何所資藉，而得緩須臾之死？故城不改遷，則黃河之災僅及一邑，令城必遷，則窮疲士子，盡傷元氣。某等皆係敝民，祈蠲免糧差，厚築護堤。安受天災，以俟河變；暫止大費，以廣矜恤；托處高原，以就去來；視水緩急，以圖進止，庶官民稱便矣。〔註116〕

武翰所提到的「先因河決，已移高阜一隅」應為前述元泰定間事。而面對此次大水災，武翰提出的上述止遷城的建議無疑是很有道理的。遷城也就意味著另建新城，可是建城所需的資金從哪裏來，這是不得不考慮的事情。更何況還要將舊城拆除後的餘產轉運至新城，再加之官員、民眾等的轉移，都需要耗費不少資金。另外，鳳凰山麓新城所在地雖地勢較高，但與魚臺縣城之間距離較遠，且有運河的阻隔，這更會加重遷城的負擔。再者，魚臺縣距離黃河決口之處較遠，即使河決之水漫溢至魚臺，尚有老城的庇助，漫水退去後縣城稍加修治仍能使用，節省的銀錢又可安民築堤。雖然短短三百餘言，但武翰所述思慮周全，有理有據，這或許也是其建議被採納的主要原因之一。〔註117〕至嘉靖後期，黃河頻繁決口於豐、沛之間，魚臺受災亦較重。嘉靖四十三年（1564），「河決飛雲橋，境內漂沒，運河北徙。」〔註118〕嘉靖四十四年，「河決華山，出飛雲橋，分六大股橫貫漕渠，至湖陵城口，漫入昭

〔註116〕（明）武翰：《止遷城議》，康熙《魚臺縣志》卷十八《藝文》，第798頁。

〔註117〕除了武翰的遠見卓識，武翰背後顯耀的家族背景亦是不容忽視的。據康熙《魚臺縣志》卷十七《人物》記載：「武時傑，武英之後也。英始祖世籍宿州，為明洪武馬皇后之舅，避亂之魚臺。同母五人，姊為馬皇后母，祖一、祖三沒於亂。太祖有天下，封祖四爵世襲指揮、祀成各一，使世守太后父徐王塋。而祖二不願受爵，遂居魚城為著姓。子孫繁衍，地有武氏巷之名。至英生四子鎮、綸、銳、鉉，俱陰行善，而銳以歲貢任彭城衛經歷，升運判，褒封父母。英孫甚多，有翰、時舉、臣等俱遊太學，而翰尤具卓識大節。邑當孔道，時苦奉使中貴需索煩擾，官吏莫敢誰何，公挺然以大義責之，中貴斂咸去。嘉靖乙丑，因水沒城，議遷城，事幾成矣，公條議利害多寡，民情苦樂，上臺韙之，疏請止，其功德沐民者如此。至子時傑，事父以孝聞，而又從容鎮靜，行無過舉。嘗有人忌其成立，思暗中刺之，公知其情，蕶然不以為意，人慚而止。初由嘉靖丙午鄉薦為束鹿縣令，尋調樂平縣。會上司體訪民間甚急，公以平原無黨應之，一境無擾，民謳吟焉。迨謝政歸，官篋蕭然，不異寒素，由清操絕俗故也。子弘疆，亦以歲薦為後軍教諭，人稱世德焉。」

〔註118〕康熙《魚臺縣志》卷四《災祥》，第85頁。

陽。運道告阻，城幾沒。」〔註119〕到萬曆年間，黃河決口，魚臺縣城受災更重，遷城問題又提上議程。據記載：「（萬曆）三十二年（1604），河決太行堤十七鋪口，沖邑城，沒廬舍。縣署水深數尺。知縣呂大護報災，蠲租。覆議遷治新城，不果。」〔註120〕李戴在《修築護城堤記》一文中對此次水災有較為詳細的記載：

> 歲壬寅，河決來旺，由沛、豐漫衍及魚境。公聞即發賑施粥，嗷嗷眾賴不斃。次歲，水益至，人情訩訩，邑令呂大戶進臺謁，具陳河狀，公為惻然。遂躬臨魚，見橫流彌漫，莫睹涯涘，洪濤巨浪，箕蕩湍悍，曰：嗟哉，民其魚矣！是不在余，爾其條上便宜，毋忌毋隱。於是令具計上，公一俞，擬奏行。乃代邑完稅額一萬三千金，復裁冗費，罷冗員，所節省又不下三四千金。既集潘、臬使，計曰：魚卑沉矣，不為防援，民將焉賴？其議所以生存之。於是乎河使朱君，承命經理，再出公帑三千金，募土役三千人，計日給值，寓賑意焉。工公具歷，四旬而堤成。土取廢城，勢因舊址，高坦完堅，屹然可依。已而水大至，狂飆倏起，巨浪若山，驚濤若雷，挾伏霖暴注，漲拍幾與堤平，城卒藉以無虞。〔註121〕

從接連兩年大水災的災情來看，其嚴重程度並不次於前述嘉靖年間的那次水災。但無論是上級部門領導，還是地方官員，通力合作，積極賑災，並修築護城堤堰，最終抵抗住「挾伏霖暴注」的洪水，使得魚臺縣城「卒藉以無虞」，這也很可能成為「覆議遷治新城」無果而終的原因。當然，在此過程中，我們還需要注意的是時任魚臺縣令呂大護與山東巡撫黃克纘，如果沒有呂大護「為民赴告上憲，繼以號泣」〔註122〕，沒有黃克纘「為之動容」〔註123〕，並「代邑完稅額一萬三千金」，很難想像如何去建護城堤。

二、清代魚臺縣城的水患與遷移

時至康熙年間，魚臺縣城發生了一次較為嚴重的水災。據記載：「康熙元

〔註119〕康熙《魚臺縣志》卷四《災祥》，第85頁。

〔註120〕康熙《魚臺縣志》卷四《災祥》，第86頁。

〔註121〕（明）李戴：《修築護城堤記》，康熙《魚臺縣志》卷十八《藝文》，第766頁。

〔註122〕乾隆《魚臺縣志》卷九《職官志》。

〔註123〕乾隆《魚臺縣志》卷九《職官志》。

年（1662）八月十七日，河決牛市屯口，水漫入境。至二十三日，霾雨三晝夜，水大漲。二十六日亥時，潰北堤，灌城中，深三尺餘。市操舟行，官民署宅多圮，學宮內巨松柏百餘株，浸皆死。邑令徐公之鶴寓治谷亭書院，民向城堤高處巢棲。」〔註124〕河決漫溢之水，再加之連綿陰雨，加重了此次災情的嚴重程度。七年後，「河水溢境，至城堤下，田禾遭沒。」〔註125〕至乾隆年間，伴隨著黃河的頻繁的決口，魚臺縣城所受水災也一次次加重，縣城也就不得不進行遷移了。據記載：「乾隆七年（1742）八月，黃河決石林口，水暴至，城幾傾。」〔註126〕至乾隆二十一年（1756），前後連續三年的水災，魚臺縣城再也抵擋不住洪流的入侵，最終不得不進行搬遷。史志對此記載到：「（乾隆）二十一年七月，黃河決銅山縣，水侵城堤，至九月十三日堤潰入城，官署民舍俱圮，遷縣治於董家店集。」〔註127〕對於此次遷建新城的經過，時任魚臺知縣的馮振鴻在《新建城垣記》〔註128〕中進行了詳細的記錄：

> 新城初名董家店，踞縣境西南隅，去舊治十八里。乾隆二十一年黃決孫家集，灌入舊治，城幾傾。前巡撫楊錫紱建議遷城，遂於此立縣治焉。其脈自金鄉縣之金莎嶺迤邐而東，菜河左環，菏河右抱，而為縣境最高之所。獨基地稍窪，堪輿家所謂突中窩者是也。二十二年，鴻來蒞茲土，委修東城及東南面，其西南與西面委金令麥子淳修，北面則滕令陳鷭所承辦也。城之製，外為磚壘，內築土附之，周長六百四十八丈，高二丈三尺五寸，底寬二丈四尺，頂寬一丈。門四，各置甕城，建城樓其上，北曰通濟，南曰鎮黃，東曰控兗，西曰映莎，各指其所向也。基地壕塹買用民地七十九畝四分零，共費帑金三萬九千一百有奇。工始於二十二年三月至二十三年六月告竣，規模視舊城稍隘，而地處高原，甎壘完固，縱有水患可資捍衛矣。〔註129〕

董家店位於今天的魚城鎮，雖然偏處魚臺縣西南部，但由於其地勢較高，確為躲避水患之佳處。同時，與之前的新城相比，董家店不但人口較為集中，

〔註124〕康熙《魚臺縣志》卷四《災祥》，第88頁。
〔註125〕康熙《魚臺縣志》卷四《災祥》，第88頁。
〔註126〕乾隆《魚臺縣志》卷三《災祥志》。
〔註127〕乾隆《魚臺縣志》卷三《災祥志》。
〔註128〕此碑為殘碑，僅存上半部，現保存在魚臺縣武臺村西武棠亭遺址。
〔註129〕乾隆《魚臺縣志》卷四《建置志》。

有一定的經濟基礎〔註130〕，而且距魚臺舊縣城不遠，這就大大減輕了遷城的難度和成本。當然，此次遷城與上引馮文中所提前巡撫楊錫紱的建議有關，在朝廷批覆楊錫紱的奏摺中我們或許能加深對此次遷城的認識：

> 據楊錫紱奏稱，東省之魚臺縣土城，今秋被水淹浸，地勢低窪，現在城內尚有停水。該縣逼近微山湖，將來夏秋稍有漫漲，即難保其不再被淹，請於高阜處所，另建土城，以資保障等語。魚臺屢被水患，遷城高阜，係因時權益之計，且興建城工，亦可以工代賑，於災黎自屬有益。〔註131〕

總體來說，魚臺縣城所受水患來源主要有二：其一為曹、單、豐、沛河決漫溢之水，其二為東臨微湖漫漲之水。經過康熙以來多次水災的侵襲，魚臺縣城至此已達到堤潰城圯、不得不遷的境地。由於此次遷移的距離較近，「故土之思」可能就略顯淡薄，可是在如此的滅頂之災面前，誰又能不首先考慮保全性命呢？遷城也就成了當時魚臺難以阻擋的大趨勢。

圖 17　清代魚臺縣境簡圖

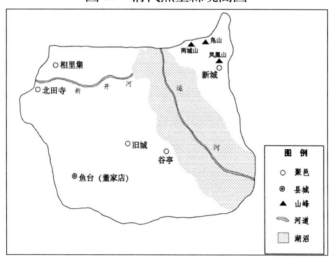

說明：底圖採自（民國）潘守廉修，袁紹昂、唐炫纂：民國《濟寧直隸州續志》卷首《圖》之《魚臺縣境圖》，《中國方志集成·山東府縣志輯》第 77 冊，南京：鳳凰出版社，2008 年，第 248 頁。

〔註130〕 在康熙《魚臺縣志》卷七《建置》（第 150 頁）中，魚臺縣境共有市集二十四處，董店集即列其中。

〔註131〕 中國第一歷史檔案館：《乾隆朝上諭檔案》第二冊，乾隆二十一年十二月十八日，檔案出版社，1991 年版，第 905 頁。

　　在批准魚臺縣城遷至高阜之「因時權宜之計」的同時，興建新縣城可以工代賑，確是利於地方百姓的好事，但這都是朝廷的考慮。於地方而言，遷城能否完成，新縣城能否順利建成才是最為關鍵的一步。從馮振鴻《新建城垣記》中對建城過程的記錄來看，董家店新縣城的建設還是較為迅速的，前後建城歷時僅一年零三個月。筆者認為這不僅與上下級政府間的通力合作有關，還有魚臺縣地勢低窪、水災頻發的地理特徵有關，若再連發水災，地方官員和百姓就再無可棲避之處。對此，從興建新縣城過程中也能看出。其一，新縣城的興築是由魚臺、金鄉、滕縣三縣令同時組織人員施工，這就大大加快了建城的速度；其二，不同於土築的舊城，新縣城外用磚砌築，大大增強了城牆本身抵禦水災的能力。不僅如此，從新縣城南門之名「鎮黃」來看，也能反映出當時魚臺地方官員急於防禦黃水的心情。

三、棄城為堤：明清魚臺縣城的堤防建設

　　在水災到來之時，堤防的好壞直接影響到城池的安危。如果堤防強固，則能使城池免於傾圮之災，也就沒有必要舉城搬遷。緣於此，我們有必要對魚臺縣城的堤防作一梳理。

　　城牆本身雖有防禦洪水的作用，但為了增強城市的防洪能力，古人往往在城外築建護城堤。對於古代城市的防洪技術，前賢已經進行過總結梳理〔註132〕，但我們不得不承認的是，每個城市因其所處的地理環境各異，從而呈現出不同的形式。對魚臺縣城來說，因城圮於水，元泰定間縣尹孫榮祖「劃築西北一隅，棄餘城為外護，今謂之郭堤。」〔註133〕這是元代魚臺縣城的堤防狀況，我們或可稱之為「棄城為堤」。這樣一來，魚臺縣城就退守至原城的西北部，即今天的舊城裏村及其附近。可即便如此，在強大的洪水面前，土築的「郭堤」也難以抵擋，於是在萬曆三十二（1604）年不得不重修護城堤。據記載，萬曆年間重築護城堤時，「土取廢城，勢因舊址」〔註134〕，這樣在多次的水患過後，城外地形漸次抬高，城內地面則相應變低。對此，史志記載說是「堤內民田五十餘頃，今沖決為潴」〔註135〕，在此基礎上，也就逐漸形成東海子、

〔註132〕吳慶洲：《中國古代城市防洪研究》，中國建築工業出版社，1995年版，第169～178頁。

〔註133〕康熙《魚臺縣志》卷七《建置》，第136頁。

〔註134〕康熙《魚臺縣志》卷七《建置》，第138頁。

〔註135〕乾隆《魚臺縣志》卷四《建置志》。

南海子、西海子及城後大片水域。〔註136〕

　　從今天的衛星地圖上，我們依然能夠看出，魚臺舊城護城堤內的地勢明顯低於四周，唯有護城堤內偏西北處的舊城村地勢較高。經測量〔註137〕，舊城護城堤的周長大約 7 千米，而以舊城村為中心的方形高地周長大約 3.5 千米，這樣一來，我們就更加清楚了：元代孫榮祖所棄之魚臺縣城的周長約為 7 千米，之後變成護城堤（郭堤），而其於原城西北隅另築之城周應約為 3.5 千米。至此，我們也就明白，舊城當地居民世代相傳的「舊城六里六長」之說應為孫榮祖於今舊城村附近所築城池之規模，後雖經多次修葺，但周長「六里六」的規模基本保持未變。據記載：「土城，周七里，高二丈二尺。……地園易潰，修葺無寧歲。門外跨壕，各以浮橋出入。壕深二丈，廣三丈。壕環以小堤，外復環以大堤，接連割棄舊城，同為保障焉。」〔註138〕其中所記土城「周七里」的規模也基本印證了筆者的前述推論，值得注意的是，為了加強縣城對水災的防禦功能，魚臺縣城形成了「壕外環以小堤，外復環以大堤，接連割棄舊城」的城防格局，水災的嚴重形勢可見一斑。

　　自魚臺縣城從舊城遷至董家店後，縣城所遭水患應大為減輕。據記載：「咸豐二年（1852）知縣陶洪昭建有碑《教諭邢銛陶公碑記》：魚邑自薔城遷徙於茲，迄今九十餘載，雖屢經黃水而地勢微高，從未浸堤。」〔註139〕筆者認為，魚臺縣城遷至董家店後，歷九十餘載而黃水從未浸堤應屬事實。據記載：「乾隆二十七年（1762）夏，伏雨暴發，新城四面皆水，（馮）振鴻捐俸募夫，築堤防範，周圍五里許，高七尺餘，厚五尺。」〔註140〕很顯然，這應是遷城後的首次築堤，至咸豐元年（1851）黃水決豐北，其間恰為九十年。〔註141〕歲久堤損，再加之「居者亦不復深為之備」〔註142〕，遂使得在黃水肆虐之時，官民倉皇失措。對此，該碑文中進行了詳細記載：「河決豐

〔註136〕劉傳銘：《舊城海子概覽及舊城遺址古六景》，魚臺縣文史資料委員會：《魚臺文史資料》第 4 輯，第 160 頁。

〔註137〕此為筆者在天地圖網站上根據舊城輪廓，用測距工具大致測得的結果。

〔註138〕康熙《魚臺縣志》卷七《建置·城池》，第 135 頁。

〔註139〕（民國）潘守廉修，袁紹昂、唐炫纂：民國《濟寧直隸州續志》卷五《建置志》，《中國方志集成·山東府縣志輯》第 77 冊，鳳凰出版社，2008 年版，第 314 頁。

〔註140〕乾隆《魚臺縣志》卷四《建置志》。

〔註141〕細梳史料，筆者未發現此九十年間魚臺縣城遭受水災的記錄。

〔註142〕民國《濟寧直隸州續志》卷五《建置志》，第 314 頁。

北，貫運溢湖，水突至城下，比戶倉皇，無可措手。……忽於工未報竣之頃，朔風陡起，狂瀾倒捲而來，擁岸沖堤，危在呼吸，公親視指揮，以船護岸。」〔註143〕可見，縣城雖遷至高處，但並非一勞永逸、高枕無憂了，加強城池堤防以應突發之災仍很有必要。

四、從魚城到谷亭：1964 年魚臺縣城的轉移

1956 年，魚臺縣併入金鄉縣，取消魚臺縣建制。〔註144〕為根治水患，改變魚臺多災的貧困面貌，中共山東省委、省人民政府於 1964 年 11 月作出決定：將 50 年代合併到金鄉縣東部八處公社、近 1000 個村莊、22 萬多人口單劃，恢復魚臺建制。〔註145〕對此，1962 年 8 月 9 日中共山東省民政廳黨組向山東省委提交的《關於恢復魚臺縣建制和將菏澤市改為菏澤縣的報告》和 1964 年 6 月 29 日山東省人民委員會向國務院提交的《關於恢復魚臺縣建制的請示

〔註143〕民國《濟寧直隸州續志》卷五《建置志》，第 314 頁。又民國《濟寧直隸州續志》卷一之《大事記》（第 251 頁）記載：「咸豐元年，秋七月豐北黃河決口，被淹及災，魚臺最重，次州境及金鄉、嘉祥。」

〔註144〕關於撤銷魚臺建制的文件參見 1956 年 3 月 6 日國務院常務會議通過的《關於撤銷山東省魚臺等 24 個縣的決定》，山東省檔案館，檔案號：A101-01-0485-003。

〔註145〕張程震：《魚臺稻改的歷史壯舉與啟示》，魚臺縣文史資料委員會編，《魚臺文史資料》第 4 輯，第 6 頁。據一九六四年七月二十日國務院全體會議第 147 次會議通過的《國務院關於恢復山東省魚臺縣的決定》中的說明：「恢復魚臺縣。以金鄉縣的魚城、李閣、王廟、老寨、谷亭、王魯、相里、羅屯八個公社為魚臺縣的行政區域。」（國務院〔62〕國議字 22 號文件：《國務院關於恢復山東省魚臺縣的決定》，山東省檔案館藏，檔案號：A101-01-0977-005）山東省人民委員會文件（64）魯民陳秘字 962 號《山東省人民委員會關於恢復魚臺縣的通知》中所說：「一九六四年七月二十日國務院全體會議第 147 次會議決定：『恢復魚臺縣。以金鄉縣的魚城、李閣、王廟、老寨、谷亭、王魯、相里、羅屯八個公社為魚臺縣的行政區域。』魚臺縣恢復後，縣領導機關駐谷亭。」（山東省人民委員會文件：《山東省人民委員會關於恢復魚臺縣的通知》，1964 年 8 月 15 日，山東省金鄉縣檔案館藏，全宗號：15；，目錄號：2；案卷號：50）又據山東省省濟寧專員公署文件（64）濟辦字第 24 號《山東省濟寧專員公署關於金鄉、魚臺縣分署辦公的通知》中說：「經過近三個月的積極籌備，現已基本就緒。定於本月十日起魚臺縣與金鄉縣分署辦公。」（山東省濟寧專員公署文件：《山東省濟寧專員公署關於金鄉、魚臺縣分署辦公的通知》，1964 年 11 月 9 日，山東省金鄉縣檔案館藏，全宗號：15；，目錄號：2；案卷號：50）據此可知，魚臺縣正式恢復建制的時間是 1964 年 7 月 20 日，金鄉、魚臺兩縣正式分屬辦公的時間是 1964 年 11 月 10 日，這與張程震所回憶的基本一致。

報告》中都明確提出分縣後魚臺縣領導機關駐地谷亭。至此，董家店（今魚城鎮）結束了 200 多年作為魚臺縣治的歷史。值得思考的是，為什麼恢復後的魚臺縣選擇谷亭鎮作為駐地，而未承繼撤縣之前的魚臺縣治魚城鎮？這需要我們對谷亭鎮的歷史地理作一回顧。

谷亭，又名谷庭。據《水經注》記載：「（泗水）又南過方與縣東，菏水從西來注之。……而（菏水）東與泗水合於湖陵縣西六十里谷庭城下，俗謂之黃水口。」〔註146〕谷亭因位於河流交匯處，水運交通較為便捷。至明代重新開通大運河，谷亭地位日趨增強，一躍而成為漕運重鎮。據記載：「自會通河開，歷為漕渠要鎮，明工部管河主事員駐之，河橋水驛在焉。南至湖陵，北至南陽，相距五十里。」〔註147〕便捷的水運交通促進了谷亭聚落的繁榮，據《谷亭鎮重修關聖廟記》記載：「谷亭乃魚臺重鎮，闤闠逶迤而列者萬家。」〔註148〕「萬家」之說恐為誇辭，繁盛景象則屬不爭之事實。又有記載說：「谷亭，居河上一大聚落，賈人陳椽其中以千百計。」〔註149〕憑藉著水運要衝之位置，明代的谷亭鎮不愧為運河重鎮，商貿繁聚之情境可見一斑。

然而，明清時期的會通河常常受到黃河決水的衝擊，谷亭附近的運河更是黃河頻繁沖襲的河段。據記載：「明嘉靖九年（1530），河決塌場口，沖谷亭，歷經三年，淹沒廬舍，水患不止。先是黃陵崗決，既塞，河由曹州雙河口東下，經嘉祥、巨野至魚臺，由塌場口入漕。至是河決，上流分為三支：一單縣曹馬集來，經城南入泥河達漕；一自金鄉來，過丞相里，經塌場口入漕。俱沖谷亭，大為民害。」〔註150〕谷亭由於地勢低下，常成為眾多決溢之水彙集之地，其所受水災之巨可見一斑。黃河泛溢之水對運河的破壞亦極為嚴重，在黃水頻繁的沖襲下，附近的運河亦不得不重新疏通。對此，史志記載道：「嘉靖四十三年（1564），河決飛雲橋，運道告阻，乃開夏鎮新河，以達南陽，

〔註146〕《水經注校證》，第 597 頁。

〔註147〕康熙《魚臺縣志》卷六《河渠志‧舊運河》，第 114 頁。

〔註148〕（明）韓襄：《谷亭鎮重修關聖廟記》，康熙《魚臺縣志》卷十八《藝文》，第 725 頁。

〔註149〕（清）顧炎武撰，譚其驤、王文楚等點校 《肇域志》之《魚臺縣》，上海古籍出版社，2004 年版，第 488 頁。又據康熙《魚臺縣志》卷九《風土志》（第 240 頁）記載：「邑有谷亭，河上一聚落也。明時賈人陳椽其中鬻曲蘗，歲以千萬。」此亦為一說法，亦可證谷亭當時的商賈繁榮之狀。

〔註150〕康熙《魚臺縣志》卷六《河渠志》，第 109 頁。

此渠不復行舟。」〔註151〕隨著漕運水道的北徙，谷亭亦隨之走向衰落。所謂「自運河北徙，市裏為墟矣」〔註152〕、「自運河北徙，市裏之業，亦稍替矣」〔註153〕。失去了優越的交通地理位置，谷亭走向衰落已是必然之勢，至1949年，此地已淪落為僅有幾家雜貨店、小飯鋪，面積0.4平方公里，居民不足5000人的小集鎮。〔註154〕

表4　明代谷亭的水患〔註155〕

時　　間	具體情形
明嘉靖八年（1529）六月	單、豐、沛三縣長堤成，是年飛雲橋水北徙魚臺谷亭。
明嘉靖九年（1530）	河決塌場口，沖谷亭，歷經三年，淹沒廬舍，水患不止。
明嘉靖九年（1530）五月	孫家渡河堤成，逾月，河決曹縣，東北經單縣長堤抵魚臺，漫為坡水傍谷亭入運河。
明嘉靖二十六年（1547）秋	河決曹縣，水入城二尺。漫金鄉、魚臺、定陶、城武，沖谷亭。

資料來源：民國《沛縣志》卷四《河渠志》。

從上面我們能看出，谷亭由於地處卑下，再加之頻繁的黃水沖決，在水災頻繁、抗洪技能較低的傳統社會，谷亭顯然不適合作為縣治所在。魚城鎮在魚臺全縣各鄉鎮中地勢最高，其作為魚臺縣治所在地，也是乾隆二十一年大水淹沒舊城後的被迫移徙之所。地勢高固然是其優勢所在，但其劣勢也較為明顯：偏處魚臺西南隅。值得注意的是，在清至民國時期，包括南四湖以

〔註151〕康熙《魚臺縣志》卷六《河渠志》，第114頁。
〔註152〕《肇域志》之《魚臺縣》，第488頁。
〔註153〕康熙《魚臺縣志》卷九《風土志》，第240頁。
〔註154〕山東省地方史志編纂委員會：《魚臺縣志》，山東人民出版社，1997年版，第55頁。
〔註155〕說明：明代谷亭的水患遠遠不止這些，此處僅為史志所載谷亭較為直接而嚴重的水患。在魚臺縣歷代方志中對谷亭水患亦有很多零散的記載，值得注意的是，筆者在魚臺考察期間從雍正十三年（1748）所立重修玉皇廟橋碑的碑文中也發現對谷亭水患的記載，因較為珍貴，特轉錄如下：「谷亭之水，故運道也。《水經》為之谷庭城，係濟、泗合流，為漕河要道。明嘉靖間河決飛雲橋，此渠湮塞，乃開夏鎮新河，而故道棄焉。適年□□（□為缺損）單、城、金泊水來自西南，鉅、鄆、陶、嘉泊水來自西北，悉沿牛頭河出釣鈎嘴，由故運道經谷亭。……雍正庚戌夏，洪水橫流，平地驟深三尺，故運橋樑沖潰殆盡矣。」此碑現保存在魚臺縣武臺村西武棠亭遺址。

東的不少土地都歸屬魚臺縣管轄，縣治偏處西南，定是不利於全縣的統一管理與行政效率的提高。但至 1964 年恢復魚臺縣時，南四湖以東已經沒有魚臺的轄地，這樣谷亭在縣境的位置遂偏處東南，亦似不宜作為縣政府駐地。

　　新恢復的魚臺縣治之所以選址於谷亭鎮，筆者認為應與當時治水的大形勢有關。在此之前，谷亭鎮雖然沒有做過縣治，但在康熙年間，當大水灌城之際，時任知縣徐之鶴曾寓治谷亭書院。〔註156〕又時至 1963 年 8 月 5 日，中共金鄉縣谷亭工作委員會成立，以加強對境內谷亭、老砦、王魯、相裏、李閣、王廟 6 處人民公社的領導，〔註157〕谷亭顯然已成為當時金鄉縣東部地區的行政管理中樞。另外，我們從恢復魚臺縣建制的報告中或許也能獲取一些信息。在 1962 年 8 月 9 日中共山東省民政廳黨組向山東省委提交的申請報告中指出：

> 魚臺縣是 1956 年撤銷併入金鄉縣的，合併後金鄉縣共轄二十一處公社，十四萬二千二百三十七戶，五十四萬四千八百七十七人。全縣東西長三十餘公里，南北寬約六十餘公里，東部為濱湖區，西部為平原區，地勢低窪，汛期到來，交通很不方便，特別是 57 年遭受水災後，又連續幾年自然災害，農業生產、群眾生活安排的任務極為繁重，在領導上深為不便，群眾一再要求分開。根據當地情況，擬仍以老縣界為基礎，……組成魚臺縣，縣機關駐谷亭。〔註158〕

　　與此報告中的內容相類似，在 1964 年 6 月 29 日山東省人民委員會向國務院提交的《關於恢復魚臺縣建制的請示報告》中亦有陳述道：

> 我省金鄉縣，係一九五六年由原金鄉、魚臺兩縣合併而成。轄二十一個公社，二千一百三十二個自然村，十四萬五千四百零八戶，五十六萬四千人，耕地一百七十五萬畝。原金鄉多是鹽鹼地，原魚臺則多是澇窪地，生產條件和地理特點有很大不同。兩縣合併後，面積大，交通又很不方便，對於領導和發展生產是不利的。幾年來該地區連遭多次自然災害，群眾在生產和生活上存有很大困難，當前恢復發展生產和生產救災的任務十分繁重。根據上述情況，為了便

〔註156〕康熙《魚臺縣志》卷四《災祥》，第 88 頁。
〔註157〕《魚臺縣志》，山東人民出版社，1997 年版，第 30 頁。
〔註158〕《中共山東省民政廳黨組關於恢復魚臺縣建制和將菏澤市改為菏澤縣的報告》，1962 年 8 月 9 日，山東省檔案館藏，檔案號：A020-01-0325-009。

於加強領導，及時正確貫徹黨的方針政策，迅速恢復與發展生產，改變該地區的自然面貌，擬恢復魚臺縣的建制。以原魚臺縣界為基礎，……縣領導機關駐谷亭。〔註159〕

　　根據以上兩則報告中的敘述，我們對於恢復魚臺縣建制的原因已經基本清楚了，但至於為什麼將魚臺縣領導機關駐地定在谷亭，仍沒有較為確定的答案。值得注意的是，上述兩個報告中均提及自然災害對群眾生產生活帶來的不利影響。至於1957年的大水及之後連續幾年的自然災害和救災情況，1997年《魚臺縣志・大事記》中就有較為詳細的記述（見表5）。魚臺縣全境地勢低窪，而境內東部的濱湖地帶是最為低窪之處，其所遭水患之重不難想像。在魚臺也流傳著這樣的民謠：「魚臺縣，靠湖邊，十年倒有九年淹；碰上一年不上水，飛賊（蝗蟲）飛滿天，秋禾全吃乾。」〔註160〕這的確反映了魚臺縣的實際情況，當然其中也暗含著澇災之重。因此，治水也就成為魚臺歷任官員所面臨的重任，而水患嚴重的濱湖地區更應是治水的重點所在。雖然恢復魚臺縣建制有利於加強領導，有利於改變自然面貌、恢復和發展生產，可要改變魚臺多災貧困的局面，治水必須與發展農業生產緊密結合起來，「稻改」〔註161〕遂成為恢復魚臺建制後的頭等大事。可以說，在這樣的形勢下，將谷亭作為魚臺縣治所在，不僅有一定的歷史淵源，更是當時治水改稻的大形勢使然。〔註162〕

〔註159〕《山東省人民委員會關於恢復魚臺縣建制的請示報告》，1964年6月29日，山東省檔案館藏，檔案號：A101-01-0934-009。

〔註160〕屆世釗，渠昌時：《魚師學潮》，《魚臺文史資料》第2輯，第82頁。

〔註161〕即改旱田為水田，改種植玉米、棉花等作物為水稻。

〔註162〕對此，筆者採訪了今天魚臺縣魚城鎮上的楊敬喜老人。（楊敬喜，男，92歲，魚臺縣魚城鎮人。）據楊先生說，當時魚城鎮上有傳言說，之所以谷亭鎮設為縣駐地，是因谷亭鎮有人與上級領導部門打通了關係。當然這只是傳言，不足為據。楊先生還講到，魚臺縣城遷到谷亭後的第二年（1965）谷亭就發生了水災，大水淹至窗口，此時魚城鎮上又有人傳言說魚臺縣城還要搬回。另據山東省民政廳（？）對張睿香、孫廣泰的提案《提請將沾化縣府遷至富國、魚臺縣府遷至谷亭》的回覆中說：「經省府民政廳與沾化、魚臺縣人民政府聯繫，如遷新址，均需新建房屋。……魚臺縣府遷谷亭，需建築費三十億元。根據國家重點建設的方針和今年國家預算的情況，及該兩縣府現在均住公房，位置雖不適中，但尚能堅持工作的情況。該兩縣駐地應暫不遷移。」（《提請將沾化縣府遷至富國、魚臺縣府遷至谷亭》，山東省檔案館藏，檔案號：A101-03-0316-013）根據該文中所說的「需建築費三十億元」可猜測此提案提出的時間約在中華人民共和國成立後不久，可惜的是筆者暫未查找到魚臺縣谷亭鎮人孫廣泰的提案原文。

表 5　1957 年至 1960 年魚臺縣境內的自然災害及災情

時　　間	災　　情
1957 年 7 月 3～24 日	境內連降大雨，集中降水量達 788.6 毫米。客水衝入，湖水泛濫，河道全部漫溢。全境水深 1 米左右，深處達 3 米，房屋絕大多數倒塌，牲畜損失殆盡。上級政府空投大批物資，組織力量救災，並有計劃地把 7 萬多名災民遷移到滕縣、鄒縣、惠民、聊城等地，做了妥善安排。
1958 年 6 月 29 日～7 月 5 日	境內連降暴雨，雨量達 500 毫米。
1960 年春	境內出現嚴重饑荒，三分之一的群眾因營養不良而患水腫和乾瘦病。政府發放救濟糧，並組織全民開展生產自救運動，大搞代食品，安排群眾生活。

資料來源：山東省魚臺縣地方史志編纂委員會編：《魚臺縣志》，山東人民出版社，1997 年版，第 80 頁。

五、從建國後的治水形勢看谷亭

　　正如前文所述，在明清以來的長期過程中，由於魚臺「地處汶、泗流域的沿運濱湖地帶，承接蘇、魯、豫、皖四省 30 多縣的客水，每逢雨季，洪水彙集，湖水蕩漾，河水不能及時入湖，坡水不能及時入河，加之土壤黏重，透水不良，湖河浸漬，形成大雨大災，小雨小災，無雨旱災，十年九災的局面。」〔註163〕而在魚臺的東部地帶，谷亭則是眾水所彙集之焦點，是受澇災最重的區域之一。可以說，這樣的水災形勢直到 1960 年仍未得到根本的轉變，排澇治水依然是地方政府的重要任務。

　　中華人民共和國成立後，經過多次河道整治，魚臺的水利局面開始發生轉變。1950 年，國務院通過了「蓄泄兼籌」、「四省共保」的治淮方針，魚臺縣首先從挖河築堤治理洪澇開始，變水害為水利。1950、1952 兩年先後對老萬福河進行了整治，1959 年至 1974 年間又新開挖了魚清河、小俞河、東魚河、幸福河，調整了水系，挖深了河道，加固了堤防，提高了防洪、排澇、灌溉能力，初步止住了大型水災，穩定了城鄉正常生產秩序。〔註164〕

〔註163〕劉廣海：《魚臺水利今昔》，《魚臺文史資料》第 4 輯，第 72 頁。
〔註164〕劉廣海：《魚臺水利今昔》，《魚臺文史資料》第 4 輯，第 73 頁。

圖 18　1964 年 11 月～1966 年 7 月魚臺縣境簡圖

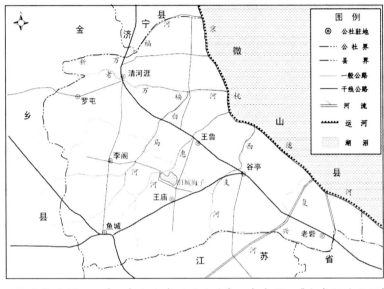

說明：底圖採自韓樹傑主編《山東省魚臺縣地名志》一書中所附《魚臺縣地名圖》之《1964
　　　年 11 月～1966 年 7 月魚臺縣行政區劃圖》，山東省地圖出版社，1996 年。

　　可以說，在這些排水渠道之中，東魚河的挖成，從根本上減輕了谷亭的
水患。東魚河係南四湖流域治理工程局設計開挖的大型排水骨幹河道，1967
年春動工，1970 年竣工，西起東明，經菏澤、曹縣、成武、單縣、金鄉，於
谷亭鎮西姚村入昭陽湖。〔註 165〕這樣，谷亭的客水之患就基本得到了解決。
對谷亭來說，除了西來的客水之患外，南來之客水亦常浸襲谷亭，從谷亭西
南而來的西支河最初就是魚臺南鄰之豐縣「以鄰為壑」的產物。西支河，清
同治三年（1864）江蘇豐縣人掘太行堤為洩水入湖，平地開挖成河，源起豐
縣徐堤口，北經十字河於周堂鄉〔註 166〕前張莊東南入境。1968 年，西支河被
東魚河截於唐馬鄉郭樓村西，〔註 167〕至此，谷亭的南來客水之患也隨著東魚
河的開挖而基本終結。〔註 168〕

〔註 165〕《魚臺縣志》，山東人民出版社，1997 年版，第 80 頁。
〔註 166〕已於 1997 年撤銷併入王廟鎮。
〔註 167〕《魚臺縣志》，山東人民出版社，1997 年版，第 80 頁。
〔註 168〕此河後來也成為魚臺縣唐馬鄉（今唐馬鎮）與王廟鎮的界河，筆者少年時代
　　　　（20 世紀 90 年代）每到暑期常與夥伴東西跨遊此河，豐水期水面寬約 50～
　　　　60 米，時常有運輸沙石的小型船隻穿梭而過。目前，谷亭以南的河段已基
　　　　本不再航船了，但谷亭以下至擺渡口河段（舊運河河道）仍是魚臺境內的重
　　　　要航段，谷亭港（碼頭）的設置也加強了其交通地位。

可以看出，二十世紀六十年代是魚臺治水非常關鍵的時期，盡快治水也是當時所面臨旱澇頻發實情的需要。1957 年 7 月 1 日至 24 日集中降雨 788.6 毫米，魚臺境內積水深者達到 3 米之多。繼而又發生 1958 年至 1960 年的旱澇災害，全縣 22 萬人口外流者達 7 萬之多。〔註 169〕至 1964 年恢復魚臺建制，我們也能看出政府對淮河及魯西地區水患治理的重視，而這其中的關鍵人物當屬時任縣委書記張程震。

張程震等從濟寧乘船到谷亭，一下船就在步步泥濘的道路中走到縣農具廠的幾間破廠房內辦公。吃著國家統銷糧的幹部和群眾，面對汪洋大水，首先想到的問題就是魚臺人民怎樣走出貧困境地。〔註 170〕經過多次的比較分析，最終選擇了治水改稻的道路，並於 1964 年冬成立縣稻改指揮部，領導全縣人民掀起大搞農田水利基本建設的熱潮。雖然稻改的路上歷經艱難，但在張程震的帶領下，至次年五月，就修幹、支等四級渠道 7296 條，全長 2753 公里，建橋、涵、閘 3500 座，梳挖河道 100 餘公里，〔註 171〕魚臺縣的農田水利事業發展取得初步勝利。從這樣的形勢看來，選擇以谷亭為魚臺縣治所在，不僅反映了上級部門對治水的重視以及地方幹部治水的決心，更是以谷亭為中心的魚境東部多發水災的地理現實的必然要求。

六、結語

城市本身就是人與自然綜合作用下的產物。對於歷史時期城址變遷的研究，我們既不能過分地「以果推因」似的去強調自然地理環境的作用，亦不能完全以人為主體，而應該全面、客觀而具體地去分析和評價。只有在此前提之下，這一研究領域才能得到進一步的深化與拓展。

在魚臺縣城發展演變的過程中，尤其是在明代以來，水患始終是一重要因素。對魚臺之水患，邑人王謙志曾說：「魚邑水患，歷世堪悲，書史所傳，十一而已。」〔註 172〕這確為魚臺水災的真實寫照。對於魚臺水患之形成，政績顯著的知縣馬得禎曾概括到：「魚邑事，勢與他邑不同，地處窪下，眾流所匯，非一濬河遂免患也。」〔註 173〕很顯然，這樣的分析亦是極為準確的。對

〔註 169〕張程震：《魚臺稻改的歷史壯舉與啟示》，《魚臺文史資料》第 4 輯，第 5 頁。
〔註 170〕張程震：《魚臺稻改的歷史壯舉與啟示》，《魚臺文史資料》第 4 輯，第 6 頁。
〔註 171〕《魚臺縣志》，山東人民出版社，1997 年版，第 30 頁。
〔註 172〕（清）王謙志：《書馬邑侯開河記後》，乾隆《魚臺縣志》卷十三《藝文》。
〔註 173〕（清）馬得禎：《新開河記》，康熙《魚臺縣志》卷六《河渠志》，第 118 頁。

此，明人王士性亦有分析總結到：「魚臺之在兗西，猶釜底然，黃河身漸高，單、沛堤日益以高，而魚臺水不出，淹處至經四五年。」〔註174〕從魚臺所處的地理大背景來分析水災之形成，這應是非常精準的概括了。而明清以來魚臺縣城堤防建設與城址遷移，不僅是邑境水災頻發的鮮活寫照，更是頻繁水災影響之下的無奈選擇。

從明代以來魚臺縣城城址變遷的過程中，我們也能看出，城址變遷是一個複雜的過程，其影響因素亦多種多樣。無論是自然或人文因素中的哪一因素，都很有可能成為影響城址變遷的決定性因素。在明清時期，黃河水患無疑是影響魚臺縣城遷移的重要因素。而在 1964 年，魚臺縣城重新選址於谷亭鎮，則與當時境內的治水形勢有很大關係。與此同時，我們也應看到，水患背景下的社會人文因素對城址變遷的影響亦較為明顯。明嘉靖年間，魚臺境內雖面臨嚴重水災，但綜合考慮遷移距離、資金、輿情、水勢變化等因素，終未進行遷城。至萬曆年間，同樣面臨極為嚴重的水災，但由於省府與地方的通力合作，最終建成護城堤，抵擋住了洪水的侵襲，不然的話魚臺縣城很可能就要另擇他處了。社會人文因素對城址變遷的重要影響可見一斑。

第三節　晚清黃河北徙影響下的治所城市水患及其應對——基於濮州、齊東、利津三城的考察

自二十世紀八十年代以來，學界圍繞中國歷史時期的城市水環境問題，形成極為豐富的研究成果。〔註175〕在這些研究論著中，作為水患頻發的典型區域之一，黃河流域水患與城址關係的議題受到眾多學者的關注。〔註176〕就晚清黃河研究而言，雖有不少學者從災害史、移民史等視角對黃河水災進行

〔註174〕（明）王士性撰，周振鶴點校：《五嶽遊草　廣志繹》，中華書局，2006 年版，第 242 頁。

〔註175〕對這一領域研究成果的總結與梳理，可參考李嘎：《旱域水潦：水患語境下山陝黃土高原城市環境史研究（1368～1979 年）》，商務印書館，2019 年版；白如鏡，李嘎：《當前中國城市水利史研究評述》，《社會史研究》第 8 輯，社會科學文獻出版社，2020 年版。

〔註176〕對該領域研究成果的總結與梳理，可參考吳朋飛，劉德新：《審視與展望：黃河變遷對城市的影響研究述論》，《雲南大學學報（社會科學版）》2020 年第 1 期；段偉、李幸：《明清時期水患對蘇北政區治所遷移的影響》，《國學學刊》2017 年第 3 期。

了考察，但從河患與城市水患應對的角度所展開的研究則較少〔註177〕，進一步加強對晚清黃河影響下的城市水患應對研究，不僅有利於拓寬城址變遷研究的路徑，亦有利於深化對晚清黃河史的認知。

　　無論是在歷史城市地理研究領域，還是在歷史政區地理的研究上，城址變遷問題一直受到學者們的關注，因此不論在理論上，還是在具體案例研究的實踐上，學界對城址變遷問題的探索均取得了一定的突破性進展。同時，伴隨著區域社會史、環境史等新興學科研究方法的滲入，城址變遷研究也呈現出新的局面。〔註178〕作為眾多城址中的典型代表，治所城市往往因其特殊性而備受學界關注，對「內力」與「外力」影響下的治所城市各種複雜境況的深入考察，將進一步拓寬城址變遷的研究路徑，推進研究理論的創新。

　　作為黃河變遷史上的最後一次大改道，清咸豐五年（1855）黃河決口北徙無疑對銅瓦廂以下的沿黃地帶產生了重大影響，治所城市水患問題即為諸多影響之一。黃河北徙後，在黃流浸犯之下，其沿岸地帶每座城池均遭到一定的衝擊，而那些位於黃水頂沖地帶的治所城市所受破壞更重。面對黃水侵擾，其沿岸治所城市水患形勢如何？地方政府又是採取哪些措施加以應對的？

　　黃河北徙後，由於當時清廷正忙於平定內亂而無暇顧及，歷經咸豐、同治，銅瓦廂以下黃水漫決嚴重，無論是築埝以防水患，還是對治所城市水患的防禦，多為地方性的自救行動。光緒初期，伴隨著山東黃河沿河大堤的建成，上游水患形勢趨於減緩，而伴隨來水增多，中下游水患則趨於嚴重。光緒中後期，清廷遂開始加強對黃河下游河道的整治。此為晚清銅瓦廂以下黃河沿岸治所城市所處時代背景，下文所述濮州、齊東、利津等治所城市水患對此均有所反映。

〔註177〕田家怡，田靜：《1855 年黃河改道大清河與下游兩座古城的湮沒探析》，《黃河文明與可持續發展》第 10 輯，河南大學出版社，2014 年版；段偉：《黃河水患對明清時期魯西地區州縣治所遷移的影響》，《中國社科院研究生院學報》2021 年第 2 期。
〔註178〕參見李嘎：《旱域水潦：水患語境下山陝黃土高原城市環境史研究（1368～1979 年）》，商務印書館，2019 年版；王聰明：《雙城記：明清清淮地區城市地理研究》，社會科學文獻出版社，2020 年版；古帥：《宋代以來山東東平城地理研究——以城址遷移和城市水環境為中心的考察》，《社會史研究》第 8 輯，社會科學文獻出版社，2020 年版；馬劍，張宇博：《洪水與戰事中的清代綿州遷治研究》，《歷史地理研究》2021 年第 2 期。

一、南北城間的徘徊：濮州城水患及其應對

濮州置於隋開皇十六年（596），領鄄城、范縣、觀城、朝城等縣。元代鄄城為濮州治。明洪武二年（1369）廢鄄城縣，濮州降為縣。明景泰三年（1452）因黃河水患，濮州徙治濮陽王村（今河南省范縣濮城鎮），屬山東東昌府。清雍正七年（1729）濮州升為直隸州，十三年降為散州，改屬山東曹州府。

早在明代，由於黃河時常北泛，濮州城的水患就較為嚴重。明正統時，黃河決口，水失其道，濮州城正當其衝，時任知州毛晟汝上奏朝廷，並於原城北三十里處的王村另建新城。〔註179〕此次黃河北徙後，由於濮州城處於黃流泛濫的頂沖地帶，故其水患之嚴重形勢可想而知。頻繁決口造成水災泛濫，更時常侵及濮州城。〔註180〕在此形勢下，濮州城已無法起到阻避洪水的作用，遂於南岸另建新治。時任山東巡撫閻敬銘在給朝廷的奏摺中對此有所描述：「竊查黃河自蘭儀漫口以來，濮州州城四面均被水浸，因南岸築圩，移徙州民，以為新治，冀可勞來安集。嗣黃流漸復南徙，新圩仍多水患，是以官兵民役，每轉移於新舊兩城之間為遷避」〔註181〕。雖然遷建新治，但在黃水頻繁的侵擾之下，濮州城官民出現了在新、舊兩城之間輾轉避難的局面，黃水泛濫給濮州城所帶來的影響可見一斑。

在晚清濮州城所遭受的諸多水患中，同治五年（1866）的水災尤為慘重。對於此次災情，閻敬銘在其奏摺中寫道：

> 本年黃流盛漲，倍於往昔，臣節次通飭沿河各屬，加意修護堤墊。惟六、七兩月，大雨滂沱，連宵徹旦，雨水廣多，從來未有。各處河湖並漲，皆成汪洋，黃流尤奔騰洶湧，……惟濮州當黃流頂沖，新舊城圩，均在巨浸之內。本月二十七日，據濮州知州葛恩榮稟，

〔註179〕（清）甘澤：《濮州新城記》，（清）高士英修，榮相鼎纂：宣統《濮州志》卷八《藝文》，《中國地方志集成·河南府縣志輯》第23冊，上海書店出版社，2013年版，第381頁。

〔註180〕對於黃河銅瓦廂決口改道以來的濮州城水患，史志中有明確記載的有：咸豐十一年（1861），河決金堤，城外大水；同治四年（1865）正月十七日，黃水入城，官民皆蕩析無定居；光緒十二年（1886）七月初三日，河決滑縣五間屋，黃流圍州城；光緒十三年（1887）五月二十七日，河決開州，城外水深丈餘；光緒二十九年（1903），「南岸河決夾堤焦廟，北岸河決開州白崗，州城外大水。」（以上均參見宣統《濮州志》卷二《年紀》）這裡只是地方志書中的相關記載，濮州城所遭實際水災次數應遠多於此。

〔註181〕中國水利水電科學院水利史研究室：《再續行水金鑒·黃河卷》，湖北人民出版社，2004年版，第1293頁。

七月初旬內大河噴淤溯注，南岸新圩四外皆水，無處取土修防。當
於十一日率領兵民，移住舊城，希圖暫避。詎十四、十五等日，霖
雨傾盆，河聲如吼。至二十二日申刻，東面水勢高出城基數尺，建
瓴直灌，城內水深丈餘，民舍官衙，同被浸沒。〔註182〕

很顯然，此次水災是由罕見的連月大雨誘發而成的。在如此巨大的水災
中，位於黃流頂沖地帶的濮州新、舊二城均遭水淹，濮州知州葛恩榮一面「率
同紳民男婦，趕避城基較高之處」，一面安置其他災民。面對這樣的大災難，
朝廷也批准了閻敬銘「補修城北堤工，以工代賑」的救災措施。〔註183〕

通過前述水患形勢，我們對濮州城所處地理環境有了更深的認識：其一，
位於黃水頂沖地帶，易受水患；其二，地勢低窪〔註184〕，易積水成災；其三，
黃河在金堤南北的頻繁遷徙，加重了濮州城的水災。顯然，由連月大雨引發
的大水災畢竟是偶發性事件，黃河在此處頻繁遷徙漫溢才是造成濮州城連年
水災的主要因素。身處這樣的地理環境之中，若要減輕黃水的危害，加強城
池建設和築建堤壩就成了必不可少的防禦措施。

對於濮州城的城池建設，山東巡撫丁寶楨在其奏文中稱：「迨同治十年
（1871），黃流漸向南移，城基復行涸出。臣當飭前濮州知州葛恩榮重新建築，
俾復舊規。以帑項支絀，經費難籌，臣督飭南運委員等竭力自行籌辦，未嘗分
毫挪動庫款。歷時幾及年餘，始將城身及外濠一律修竣，頗為堅實。」〔註185〕
不難看出，遲至同治十年，隨著黃水大溜的逐漸南移，濮州城的積水才慢慢退
去。在濮州本地經費難籌的情況下，丁寶楨「未嘗分毫挪動庫款」，並「督飭南

〔註182〕《再續行水金鑒·黃河卷》，第1293頁。

〔註183〕針對閻敬銘的奏摺，朝廷諭內閣：「山東濮州地方自黃河漫口後，州城久被
水浸，居民於南岸築圩邊避。本年陰雨兼旬，黃流盛漲，致新舊城圩均被淹
沒。該處水災蕩析離居，實屬可憫。閻敬銘見已籌款體恤，即督飭該州知州
妥為散放，務使實惠均霑，毋令一夫失所。其城北金堤歲修之費，並著寬為
籌備，趕緊興修，以工代賑。」（參見（清）王先謙編《同治朝東華續錄》，
《近代中國史料叢刊三編》第97輯，臺灣文海出版社，2006年版，第818
～819頁）

〔註184〕同治十年八月十三日，山東巡撫丁寶楨在給朝廷的奏摺中提到：「山東曹州
府屬濮州，地勢最窪，自咸豐六年（筆者注：應為五年）蘭工決口黃水為災，
迄今十數年，被災過重」（參見中國第一歷史檔案館編：《咸豐同治兩朝上
諭檔》第21冊，廣西師範大學出版社，1998年版，第226～227頁）

〔註185〕（清）羅文彬：《丁文誠公（寶楨）遺集》，臺灣文海出版社，1967年版，第
1431頁。

運委員等竭力自行籌辦」，最終將濮州城身及城外壕溝修濬完善。不過到光緒元年（1875），情況又發生了變化，濮州城所遭黃河水患形勢又緊張起來。

隨著山東黃河上游河段南岸大堤的建成，緊鄰黃河北岸且逼近黃流的濮州城，在夏秋大汛期間極易遭受黃水的浸淘。面對此情，丁寶楨遂准許了濮州地方的請求，「於司庫籌發銀一萬兩，解交該州核實辦理」，督飭該州「相度地勢，興築護城堤一道」。此次護城堤的築建，無疑具有安撫地方災民的意蘊〔註186〕，但對於防禦黃水侵擾而言，亦實為不可或缺之舉。

自濮州城池及護城堤重加修護後不久，原遷出災民陸續歸返。但自堵築黃河侯家林、石莊戶兩次決口之後，濮州城的水患形勢又有了新的變化，所謂「仍將黃河攔入濮境，向所涸為肥田者，半又付之波臣」〔註187〕。在此情形下，山東省撫計劃加高培厚位於濮州城北的金堤。這一工程不僅難度極大，而且即使修築完竣，「亦只能保全堤北莊村，而附城多里民田盡付汪洋矣」〔註188〕。濮州地方遂組織人員修建城南大堤並作為官堤，同時請求撥款加築護城堤。濮州城的水患形勢與黃河堤防建設緊密相聯，成為其水患應對中的主要特點。

雖然光緒初年山東黃河上游大堤已建成，濮州城水患亦因之而減輕，但這並不意味著其水患的徹底消除，鄰境水災的波及，亦給濮州城帶來一定的威脅。光緒十三年（1887）五月二十七日，直隸開州大、小辛莊民埝漫口，當時「兩省（直隸、山東）界址已在中洪，實難辨認，……開、濮連界之處犬牙相錯，濮州地處開州下游，漫口以後沖刷多係濮境，知州恩奎因漫水淹及城廂，遂即趕回救護，未能及時盤築裏頭，致埝身多被沖刷」〔註189〕。很顯然，犬牙交錯的政區地理格局不利於開、濮、曹一帶的黃河治理，加重了地方在黃河堤埝建設與城池水患防禦上的困難，此為濮州城水患防禦的另一特點。

〔註186〕丁寶楨在上引文中記述到：「今年為日正長，民窮力竭，更難措置。且本年春早，該州二麥無收。又係水套，素為賊匪出沒之所，深恐饑民桴腹，不堪流而為匪。」

〔註187〕（清）王希孟：《上撫憲創修夾堤護城堤狀》，宣統《濮州志》卷八《藝文》，第 434 頁。

〔註188〕（清）王希孟：《上撫憲創修夾堤護城堤狀》，宣統《濮州志》卷八《藝文》，第 434 頁。

〔註189〕中國第一歷史檔案館：《光緒朝朱批奏摺》第 98 輯，中華書局，1995 年版，第 439 頁。

二、遷址另建新城：齊東城水患及其應對

　　金代改鄒平之趙巖口為齊東鎮，自金宣宗興定年間，元兵築城於鎮，是為立城之始。至元憲宗二年（1252），升鎮為縣，以鎮城為縣城，是為齊東縣之肇端。〔註190〕

　　齊東城地勢低窪，北鄰大清河，東面和西面分別是減水河與壩水河。這三條河流讓齊東城屢遭水患之苦，「每遇秋水，大清河攻城北面，減水河受大清之旁溢圍城東南」〔註191〕。城西的壩水河也時常泛濫為災，在此情形下，「齊東一邑，大清北蕩，減溝南瀉，壩水西傾，環城患水」〔註192〕。最終出現了「民間廬舍，枕河而居，河流暴漲，煙火鱗鱗，皆宛在水中，害莫大焉」〔註193〕的局面。

　　為治理水患，鄒平縣令計劃開通漯河將澇水通過陳愷溝（即減水河）排入大清河，後經時任齊東縣令據理力爭遂告罷。後因久雨，三河交溢，導致齊東環城患水，時人董見心認為「齊東之城，不會漯河亦壞，只爭遲速，擬先徙城而後開河」〔註194〕，且不論其是否意欲以鄰為壑，齊東城及其附近的水患形勢由此可見一斑。

　　由於大清河水患的侵擾，齊東知縣覃志京曾稍移城池，同時築建二石壩，使民獲安數十年，但由於長時間受水流侵沖，石壩也早已毀壞。對於地勢低窪且有三河之患的齊東城來說，城內短距離的轉移以及在城外的築堤建壩，似均難以抵擋住持續而頻繁的水患襲擊，最終在黃河決流的覆滅之下，齊東城不得不被迫改徙他處。

　　清光緒十八年（1892），「黃河決，縣城漂沒，僅存東南一隅」〔註195〕，

〔註190〕（民國）梁中權脩，于清泮纂：民國《齊東縣志》卷二《地理志》，《中國地方志集成‧山東府縣志輯》第30冊，鳳凰出版社，2008年版，第348、362頁。

〔註191〕（清）王緝：《請罷決河議》，余為霖修，郭國琦等纂：康熙《新修齊東縣志》卷八《水患》，《中國地方志集成‧山東府縣志輯》第30冊，鳳凰出版社，2008年版，第290頁。

〔註192〕（清）劉希曾：《三河水患考》，康熙《新修齊東縣志》卷八《水患》，第291頁。

〔註193〕（清）周以勳：《頭鍾記》，康熙《新修齊東縣志》卷八《雜錄編》，第311頁。

〔註194〕（清）周以勳：《頭鍾記》，康熙《新修齊東縣志》卷八《雜錄編》，第311頁。

〔註195〕民國《齊東縣志》卷一《地理志上》，第343頁。對此次黃河水災，民國《齊東縣志》卷二《地理志下》（第348頁）中亦有記載：「清光緒十八年，因黃水灌城，衙署為墟」。

此處所說的「黃河決」即時年黃河在齊東城附近決口改道南流,而齊東城正當其衝。在此情形下,知縣王儒章「具呈省署,有遷城之請」[註196]。對地勢窪下的齊東城來說,此次河決徙流無異於一場滅頂之災。為進一步加深對當時形勢的認識,可參看時任山東巡撫福潤奏摺中的記述:

> 濟南府屬之齊東縣,三面臨河,形如釜底。每遇伏秋汛漲,水輒灌入城內,城垣大半坍塌,壇廟亦多傾圮,衙署民房十坍八九。雖連年修築護堤藉資捍衛,無如逼溜太近,一經淘刷,仍復奇險環生,勞費幾同虛擲。[註197]

黃河未決之時,齊東城因地勢低窪,且有三河之患,因此水災嚴重。經此河決,慘遭黃水侵襲的齊東城到了「非另行擇地改建城垣不可」的地步。在王儒章向山東省撫稟請遷城的第二年冬,知縣康鴻逵「奉准遷城於九扈鎮」[註198]。在省撫的委託下,齊東新城選址是由時任山東省布政使湯聘珍與賑撫局官員一起實地勘定的。新城址雖已選定,但由於經費緊張,隨後的遷城和修建新城並非易事。對此,湯聘珍等在勘察報告中稱:

> 查得該縣境內距城三十里之九扈鎮,地處高原,未經黃水,可圖改建。而修築磚城,建造壇廟衙署,需費不貲。惟有因陋就簡,將該處土圩培厚加高,並於四面量加展拓,作為土城。應修各工即以舊城內之料物,拆卸應用,不敷者量為添置,但求規模初具,崇樸黜華,撙節估計共需銀二萬兩。該縣連年災歉,滿目瘡痍,招集災民,以工代賑,洵屬一舉兩得。至舊城居民,已多給資遷徙。其未遷者,大率倚河干埠頭為生。如以後願居新城,仍照章給予遷費,不願者聽其自便。惟河干既有埠頭,商民交易,須設一分防之員,以資彈壓。該縣城汛外委未便分駐,又無額設縣丞。查同府所屬之齊河縣縣丞,政務較簡,堪以改為齊東縣分防縣丞。一切俸廉役食,原有額編可支,毋庸另議。[註199]

對一縣而言,其治所城市的遷移無疑是地方上的大事,由遷城所導致的各種後果均應加以考慮。可以說,無論是在新城地理位置的選取上,還是在

〔註196〕民國《齊東縣志》卷二《地理志下》,第348頁。
〔註197〕中國第一歷史檔案館:《光緒朝朱批奏摺》第99輯,中華書局,1996年版,第412頁。
〔註198〕民國《齊東縣志》卷二《地理志下》,第348頁。
〔註199〕《光緒朝朱批奏摺》第99輯,第412~413頁。

節省遷城費用、維護地方穩定等問題上，上述遷城方案中的考慮都是較為周全的，山東巡撫福潤亦認為此辦法「均甚妥協，需費尤為節省」。在此情勢下，福潤也已下令在賑捐款項中籌撥銀兩，同時令候補知州馮德華和齊東知縣盡快興工移建，且務必在伏汛之前竣工。

　　齊東新城於清光緒二十年（1894）四月十五日竣工，其城垣「就該鎮原有圩牆迤邐而北接連拓地修建」〔註200〕，佔用地畝「俱係購自民間」。由於建造新城時為省工省費，監修委員馮德華「苟簡從事，工料未堅」，以致「屢壞屢補，未及十年即已頹廢不堪」，且「迭次河決，流離蕩析，民不能安其居」〔註201〕。據此看來，遷址另建齊東新城為一時無奈之舉，而非一勞永逸之策，遷建後的新城仍難逃黃水侵擾。

三、「遷河」抑或「遷城」：利津城水患及其應對

　　金明昌三年（1193）升永利鎮為利津縣，屬山東東路濱州刺史郡，元明時屬山東濟南府濱州，清時屬山東武定府。黃河北徙後，利津縣境的土地開發與利用、水路運輸與商貿等均因之受到較大影響，〔註202〕頻發的水患更給緊鄰黃河的利津城帶來很大侵擾。對於當時利津城所面臨的水患形勢，地方士人有較好的總結與回顧：「咸豐五年，銅瓦廂決口，黃河北徙經直隸之東、長、開等處、山東之濮、范、壽等處，至張秋鎮入大清河循途歸海。其初，大清河以上時見橫溢，先決於濮、范，繼決於曹、鄆。厥後上游建堤，賈莊堵口，笰束甚固，由是河水愈注下游矣。利津以一縣之壞地，納千里之洪波，其城東南隅當河之衝，近灘之處淤墊日高，狀如仰釜，最稱險要。所設護城石壩、挑水壩與民堤竈壩等，此築彼潰，甚至一堤一埽有岌岌不能支終日者，冬春豫防，夏秋力御，修閉之役，無歲無之」〔註203〕。很顯然，由於緊鄰黃河，在晚清山東黃河上游大堤築成之後，伴隨來水量的大增，清光緒時期的利津城已達到「此築彼潰」，甚至到了「一堤一埽有岌岌不能支終日」的危急境地。

〔註200〕民國《齊東縣志》卷二《地理志下》，第348頁。

〔註201〕（清）袁馥春等纂修：《齊東縣鄉土志・序》，《中國方志叢書・華北地方》第7冊，臺灣成文出版社，1976年版，第4頁。

〔註202〕古帥：《黃河因素影響下的山東西部區域人文環境（1855～1911）》，《中國歷史地理論叢》2020年第3期，第44～45、55頁。

〔註203〕（清）盛讚熙修，余朝棻等纂：光緒《利津縣志》卷二《輿地圖第一》，《中國地方志集成・山東府縣志輯》第24冊，鳳凰出版社，2008年版，第300頁。

面對這一形勢，清廷與利津地方採取了哪些應對措施，其防禦效果又是怎樣的呢？

（一）咸同年間利津城水患及其防禦

清咸豐六年（1856）夏，黃水沖塌縣城東南護城石壩，並衝開城垣一百餘丈；咸豐七年、八年重修石壩；咸豐九年四月，築土壩三道於南關街心壩之西，五月修石壩；咸豐十一年春修城堤，八月搶修靠城挑水壩南壩。〔註204〕不難看出，為抵禦黃河水患，此一時期的利津城主要是加強護城堤、護城石壩、挑水壩等的建設。由於利津城東南隅距河最近，護城石壩的作用顯得極為重要，所謂「壩之所以扞鴻波者，城厓所資以為藩，田疇所賴以為衛，而廬舍人民所視以為保障也」〔註205〕。

利津城地處大清河尾閭，一旦大清河決溢，則有其魚之患，為防禦水患，邑令程士范始創護城石壩。自建壩後，享其利達七十年之久，後屢經河患，壩基被水侵蝕。在道光二十年（1840）秋間暴雨的侵襲下，大清河上游及其各支流匯水建瓴而下，沖圮石壩十餘丈，後經重修，利津城民眾享其利達二十年。〔註206〕但自黃流北徙奪大清河入海後，則幾乎每年都受到黃水決溢的威脅，每年都要對石壩進行加固修護。

至清同治時期，利津城所遭黃河水患愈演愈烈，僅靠護城石壩已難以抵禦，城池的防禦措施亦漸趨複雜，埽工、土埝、圈堤等多重防禦手段遂均加以施用。在同治初期的三年內，僅對護城堤壩或埽工進行重修，水患稍重的同治二年（1863）也只是於當年六月搶築城壩。但至同治五、六年間，黃水對利津城垣的衝擊則明顯加重。同治五年（1866）七月，「黃水沖塌城東南新壩及舊壩石橋……南門東城垣沖塌三十餘丈……自七月後，東南城續塌共五十丈」，在此情勢下，先後於利津城南門外築土埝，並於城缺口處搶築護堤。除此之外，同治六年春又築城內圈堤，並加築南北橫壩一道，東城炮臺以南至舊石壩頭，重廂護堤。同年四月，又於河東開引河並加築圈堤。雖在防禦水患上投入如此之多的財力物力，可至同治六年的汛期，「自南城至東門一帶，

〔註204〕光緒《利津縣志》卷二《輿地圖第一》，第 300 頁。

〔註205〕（清）孫慧愷：《重修護城石壩記》，光緒《利津縣志》卷二《利津文徵·碑記》，第 459 頁。

〔註206〕（清）孫慧愷：《重修護城石壩記》，光緒《利津縣志》卷二《利津文徵·碑記》，第 459 頁。

共坍塌一百五十餘丈……八月，水溢西鄉大田等莊，直灌西門」〔註207〕。在如此嚴重水災的襲擊之下，利津地方遂於其城北築橫壩，並於東門外加築大堤，同時開南門南北大壩洩積水入黃河，並築圈堤。同年十月，在圈堤潰而復築的情況下，復於圈堤上接修坯牆，並於牆外加築護堤。

由上述可以看出，除黃水對利津城的直接沖擊外，黃河於他處漫溢之水的灌入亦是不可忽視的破壞性力量。面對這種情況，單一的水患防禦措施顯然已難以抵禦黃水如此頻繁之侵襲，為此修築護城石壩、城外土塋、圈堤、埽工等多種措施在利津同時並舉，並輔之以挑挖引河、築挑水壩等多種疏導措施。這些措施均為應急性舉措，也從側面反映出當時利津城垣水患之重。

同治五年（1866），負責山東河工事宜的潘駿文對利津城及永阜、永利二鹽場進行了實地勘察，對於利津城的水患形勢，潘氏記述到：

> 自黃河灌入大清河，水勢湍激，西面日見塌寬。數年來將縣城南門外民居百餘家，漸次刷去。雖歷經修築石壩、三合土壩保護，亦並蟄塌。東岸灘嘴挺入河心，距城不過十數丈，故挑溜愈近。本年直從東南城根，潰牆而入，與城內之積水窪相連。因有城腳隔礙，故水退後，轉得掛淤。又南門迤西十餘丈，堤身迎溜之處亦有蟄塌，其勢直對城之西南隅，若此處再向裏塌，更虞奪溜。現測城外臨河一帶，多係陡崖，水深丈餘不等。惟城根外略無餘土，廟埼則無壩臺，兼有塌卸之城牆磚皮，土石壩身巨塊，橫互水中，埽亦不能到底，故王前令所擬於城牆面修做圈堤及城腳內增培土塋兩條均難得力，惟對岸挑引河一策尚屬可行。〔註208〕

據此可見，伴隨著黃水沖蝕漸趨加重，利津城蟄塌亦愈演愈烈，修築或加固石壩、土塋、圈堤等水利設施已不具備現實條件，即使將這些設施建成完工亦難奏效。在此情形之下，潘駿文提出在黃河對岸挑挖引河的應對之策。由於挑挖引河工程量大，造價高，故而潘氏又給出另一方案，即「於（利津城）南門上游豆腐店迤西三十餘丈做一挑壩」，這樣可以「逼刷對岸之灘嘴」，以達到省工省費的目的。他認為最保守的方案則是：「於南門迤西蟄塌之上游稍有嫩灘之處，就老灘做小直土壩數道，用碎石盤頭」，這樣做「亦能挑溜使

〔註207〕光緒《利津縣志》卷二《輿地圖第一》，第 300 頁。
〔註208〕（清）潘駿文：《潘方伯公遺稿》，第 589 頁。

開，不至愈往內刷，但使坐彎之處漸成背溜，自能掛淤，以後下埽築堤始可著力」。很顯然，經過實地勘察，潘駿文所提供的御水之策是極為周全且具體可行的，同時也體現出利津城在防禦水患問題上的複雜性與高難度。〔註209〕

（二）光緒年間利津城水患及其防禦

至光緒時期，水環境形勢又有所變化：其一表現在河道淤塞導致的漕運艱難；其二，山東黃河上游大堤建成，來水增多。在這樣的形勢下，要維持漕運並防禦黃河水患，對黃河下游河段的疏濬與整治勢在必行。而要疏濬山東黃河下游河段，利津城的問題是必須要解決的。從光緒元年（1875）至八年（1882），利津地方對護城堤、埽壩、石壩等御水設施的加固整修幾乎一直沒有中斷。〔註210〕

光緒五年（1879）二月，夏同善上奏請求疏治黃河下游並處理利津城的水患困局，奏文中對當時利津城所處水患形勢記述道：「利津縣城逼河太近，南門半為土埋，不能啟閉，東門關廂房屋蕩然無存，並外城亦已圮入河中。且其地當大河正沖，其下水深莫測，情形岌岌可危。丁寶楨撫東時已有遷城之議，今又相隔數年，倘不急籌善策，難保不盡付洪流，一邑財賦、數萬生靈，所關實非淺顯。」〔註211〕利津城的問題不僅關乎黃河下游的治理，更關係到「一邑財賦、數萬生靈」，該奏議無疑讓我們對利津縣城的水患形勢有了更進一步的認識。在此基礎上，夏同善提出了具體整治措施：「能遷則遷，否則必宜設法保護，或將對城河灣之處審度形勢，開之使直，以挽其沖。再於城岸險處仿照康熙年間令回空糧船裝載石塊運赴河工之法，令回空鹽船載石塊以填之，抑或作大筏盛堅土墊之以培其根」〔註212〕。其後不久，廣壽、錢寶廉亦提出防禦利津城水患的辦法，即「或沿東岸河岸，排樁築塘；或於頂溜處，作挑水壩數道」〔註213〕。很顯然，無論是夏同善的措施，還是廣壽、錢寶廉的治理主張，均未超出前述潘駿文的整治方案，在治理方案的詳細程

〔註209〕這種難度不僅僅體現利津城臨河多陡崖、取土困難等難以施工的地理條件上，亦體現在資金籌措、防禦技術等方面，比如在施工人員與技術方面，潘駿文在前引文中亦有補充說：「前二策均有樁埽工程，非調黃河汛弁不諳做法」。

〔註210〕光緒《利津縣志》卷二《輿地圖第一》，第300頁。

〔註211〕光緒《利津縣志》卷二《利津文徵·奏議》，第432頁。

〔註212〕光緒《利津縣志》卷二《利津文徵·奏議》，第432頁。

〔註213〕《再續行水金鑒·黃河卷》，第1592頁。

度上亦難與潘氏相比。在此情勢下，朝廷「先後諭令文格，妥籌覆奏」，而文格則飭令潘駿文再次前往查勘。〔註214〕潘駿文之後的周恒祺到任後，實地考察後就利津縣城問題又作了詳細彙報。

清光緒五年（1879）九月，周恒祺在奏摺中就實地踏查利津城的情況及防患措施稟報導：「該城東南門外，正當黃水坐灣。近則大溜側注東城隅，情形較重。民間曾以舟載石，填成小壩兩段。壩旁為回溜所激，日就淘深，現用埽段廂護。測量該處水深四丈，汛落亦在三丈以外。舊壩係亂石堆成，只能就勢加高。若欲展寬接長，填入深水，勢恐無從立腳。惟有於東城關廂圮處，拓平餘地數丈，排釘椿木，橫築坦坡石堤數十丈，以為保護東門之計。其東門以南土堤，一律培厚幫高，以防盛漲。再於東南角當沖處，酌建斜壩一道，以紓急溜東注之勢。倘將來河行變遷，自可相機妥辦。即將東城縮讓數丈，亦無大礙。」〔註215〕如此一來，「既省遷城建置之擾，亦免徙民安插之難」。從光緒後期的情況來看，這樣的方案似乎也只是治標不治本的權宜之計，利津縣城的水患困局依然未能根除。

至光緒後期，朝廷又有大治山東黃河的計劃，並命李鴻章進行全面勘查。若要徹底整治山東黃河，利津縣城的問題仍舊是不得不面對的一個難題。在此問題上，作為李鴻章的幕僚並隨同勘查過山東黃河的時賢朱采提出了自己的看法。他認為，若要徹底解決利津城水患問題，有「遷河」與「遷城」兩種辦法，不過二者皆存在一定的難度。其中遷河的困難有四點：其一，能不能成功遷河並無把握；其二，遷河需用經費太多；其三，遷河工程巨大；其四，易誘發民怨。遷城的難度有兩點：其一，遷城所耗費用巨大；其二遷城所帶來的遷民安置等問題難以解決。對這兩種辦法，朱采分析認為，持「遷河」之說者認為把利津城旁邊的黃河河道裁彎取直，才是永保利津城免於水患的安全之舉。而且以為開挖新的河槽並非難事，因遷河所導致的墳墓遷移數目亦不甚多。但持此論者不知另闢新地取土挖河之艱難，而開挖新河工程之巨大、耗費之多，所湮沒房屋、墳墓之多，都需要慎重考慮。而持「遷城」之論者認為「遷河費大而事險，遷城費小而事穩」。不過據朱采初步核算，利津遷城用銀當多於十萬兩，「而城內外居民數千戶，富者戀土，貧者無貲。縱勸導與津

〔註214〕《再續行水金鑒・黃河卷》，第 1592～1593 頁。
〔註215〕朱壽朋：《光緒朝東華錄》，《近代中國史料叢刊三編》第 98 輯，第 792 頁。

貼兼施，恐亦甚難措手」〔註216〕，此亦需慎重考慮。

可以看出，至光緒後期治理黃河時，在處理利津縣城的問題上，已形成「遷河」與「遷城」兩派觀點。當然，這兩種主張的提出應不是至光緒時期才出現的，黃河北徙之初似乎就已形成。而此時遷河或遷城呼聲的再次高漲，是順應朝廷意欲徹底整頓山東黃河的形勢而作出的反應。但由於工程巨大，且存在很大風險，再加上資金難籌、民戀舊土等一系列難題，無論是遷河，還是遷城，都不是最切合實際的解決方案，朱采對此也都一一予以否定。面對水患形勢的新變化，他提出了新的方案。

不同於光緒初期的水患形勢，隨著黃河溜勢轉移，利津城垣東南角處的險峻形勢已趨於減弱，東城門一帶因「正當喫緊之處」而形勢漸趨嚴峻：

> 查利津縣治東南門外正值黃流坐灣之處，上首斜對十餘里之遠有沙嘴灘斜挑河流，以致溜勢直沖城根，東南角城垣塌陷約二百丈。近來溜頭漸移向北，東門城門關王廟階前正當喫緊之處。迤南大寺廟基一帶，雖尚有回溜淘刷，而已掛新淤，再迤而南近門之處長成新灘。究其原故，頂溜坐灣之處，日久灣深，往往下移。又斜對岸之沙嘴灘，雖能斜挑溜勢，然為日已久，刷去不少，是以漸移而北。〔註217〕

顯然，水患形勢發生改變之後，若要加強利津城的水患防禦，不僅要增強東城門外的堤防建設，還需考慮黃河河道的彎曲狀況及其淤積趨勢。有鑑於此，朱采認為應在利津城東門以南黃水大溜漸趨逼近之處擇地修建一二座上窄下寬、三麵包護的壩基，同時將對岸的沙嘴灘切成「川」字形溝道以殺水勢，待石壩穩立後，再逐漸對其加固，最終達到遏制黃水怒流增加泥沙淤積的效果。這樣利津城基終將漸趨恢復，之後再修築城垣建造石塘加以鞏固。

在朱采看來，此一措施不僅「不致虛糜帑項」，且在「溜勢漸移，水勢稍定」的情形下，「果能建壩切灘，辦理得法，若非（黃河）異常盛漲之年，似可無害」〔註218〕。由此可見，位於黃河頂沖且頻遭黃水重創的利津城，始終未能走出遷城這一步，其中遷城資金問題、水患形勢的變化以及護城與治河

〔註216〕（清）朱采：《清芬閣集》，沈雲龍：《近代中國史料叢刊》第273集，臺灣文海出版社，1967年版，第191～192頁。

〔註217〕（清）朱采：《清芬閣集》，第192～193頁。

〔註218〕（清）朱采：《清芬閣集》，第191～192頁。

技術的成熟，都是不容忽視的重要因素。但朱氏方案真能徹底消彌利津縣城的水患困境呢？從其「似可無害」的語氣看，朱采本人對此亦沒有絕對把握。隨著光緒後期大治黃河計劃的夭折，利津城的水患問題最終也沒能得以根除。

四、結語

自 1855 年黃河銅瓦廂決口北徙後，黃水給沿岸治所城市均帶來很大的破壞。通過本文研究可以看出：黃河北徙後，地勢低窪且位於黃流頂沖地帶的濮州舊城，已難以抵禦大水侵擾，遂另建新城，濮州官民輾轉避難於新舊兩城之間；清光緒十八年（1892）黃河決口改道後，地勢低窪且有三河之患的齊東城因遭黃水重創，不得不擇地另建新城；由於緊鄰黃河河道，晚清時期的利津城連年遭受黃水侵襲，利津地方除通過加築城垣，修築護城堤、護城石壩、土埝、圈堤等方式增強防禦能力外，還採取加固黃河埽工、挑挖引河、築挑水壩等多種手段以減輕水患。

對於治所城市水患應對這一議題的研究，不僅需要對治所城市所處環境的「個性」進行深入挖掘，還應對水患來源及其作用形式展開細緻探究，在此前提下，再將兩者緊密結合起來，最終才能形成對治所城市水患及其應對的全面認知。本文中三座治所城市，雖同樣遭受黃水衝擊，但由於黃河水患的表現形式及其持續時間長短不同，再加之各治所城市所處地理環境與地方社會形勢各異，故而在應對黃河水患時採取的措施呈現出了較大差異，這種差異不僅表現在前述御水工程的建造上，亦體現在治所城市的遷移與否上。就濮州城而言，黃河北徙後，其主河道在治城所處的平原區域內頻繁移徙，在大雨與黃水巨流的共同襲擊下，濮州被迫另建新治。與濮州城有著相似的地勢特徵，在黃河決口改道所導致的覆滅性水災的破壞下，齊東縣亦被迫遷建新城。

光緒初年上游黃河大堤建成後，處於山東黃河上游沿岸的濮州城等治所城市所遭水患頓減，然而伴隨上游來水的增多，距離黃河最近的利津城水患形勢卻更趨嚴重，與濮州、齊東二城相比，其所遭水患侵擾時間最長。至光緒中後期，隨著清廷對黃河治理的重視，利津城水患防禦成為治河的一部分並與黃河治理緊密結合了起來。圍繞利津城水患防禦問題，朝野之間形成「遷河」與「遷城」兩種主張，但隨著大治黃河計劃的夭折，利津城沒能實施遷城，其水患問題最終亦未能消除。

第三章　黃河與區域環境研究

第一節　銅瓦廂決口後黃河下游河道沿岸區域地形與河湖環境 [註1]

地表環境的形成本身是一不斷演化的過程，若要認清現今地表環境的真面目，必須對其形成與演化的歷史進行梳理與回顧。在地表環境的營造過程中，河流無疑起到重要作用，不論是位於其上游地帶的峽谷風貌，還是位於中下游及入海口處的沖積平原、三角洲等地貌景觀，無一不是河流作用的結果。或緣於此，以河流為中心，從歷史地理與環境變遷的學術視角，學界對河流變遷及其影響下的區域環境演變展開一系列探索，並形成較為豐富的研究成果。[註2]

作為世界上含沙量最大的河流，黃河因其「善淤、善徙、善決」而著稱，並對其經流地區的地理環境產生很大影響。就區域而論，由於頻繁遷徙改道，黃河對其下游地區的影響非常巨大，華北平原的形成即為黃河不斷改道和淤積的結果。論及歷史時期黃河變遷對其下游地區的影響時，鄒逸麟曾總結：

〔註1〕說明：本文原刊於《歷史地理研究》2021年第3期，此處略有增改。

〔註2〕此方面的研究成果甚多，主要可參考中國科學院《中國自然地理》編輯委員會：《中國自然地理・歷史自然地理》，科學出版社，1980年版；譚其驤主編：《黃河史論叢》，復旦大學出版社，1986年版；史念海：《黃河流域諸河流的演變與治理》，陝西人民出版社，1999年版；張修桂：《中國歷史地貌與古地圖研究》，社會科學文獻出版社，2006年版；鄒逸麟，張修桂：《中國歷史自然地理》，科學出版社，2013年版。

「三四千年黃河的決溢和改道曾嚴重影響了下游平原地區的地理面貌：淤塞了河流，填平了湖泊，毀滅了城市，阻塞了交通；使良田變為沙荒，窪地淪為湖沼，沃土化為鹽鹼，生產遭受到破壞，社會經濟凋敝。」[註3] 在此基礎上，筆者擬以銅瓦廂以下的沿黃區域為中心，對銅瓦廂決口後黃河北徙給該區域地形與河湖環境產生的影響作進一步考察，以期深化對晚清黃河影響下的區域環境認知。[註4] 此處「地形與河湖環境」是指晚清黃河在銅瓦廂至入海口之間（即本文所指「黃河下游河道」）決溢、改道或分流導致的區域地形變化與形成的水患、水道（包括形成新的水道與原有水道的淤廢）、水景等。

清咸豐五年[註5]，黃河在銅瓦廂決口改道北流（圖22）。作為黃河變遷

〔註3〕鄒逸麟：《黃河下游河道變遷及其影響概述》，《復旦學報（歷史地理專輯）》1980 年，此處轉引自鄒逸麟著《椿廬史地論稿》，天津古籍出版社，2005 年版，第 20 頁。

〔註4〕相關研究成果主要可參考：錢寧，周文浩：《黃河下游河床演變》，科學出版社，1965 年版；鄒逸麟：《黃河下游河道變遷及其影響概述》，《復旦學報（歷史地理專輯）》1980 年；顏元亮：《清代黃河銅瓦廂決口及新河道的演變》，《人民黃河》1986 年第 2 期；錢寧：《1855 年銅瓦廂決口以後黃河下遊歷史演變過程中的若干問題》，《人民黃河》1986 年第 5 期。

〔註5〕對於黃河銅瓦廂決口改道的時間與原因，王毅通過對英國考察者愛蓮斯（又譯為艾略斯、埃利阿斯等中文名，下文統一用埃利阿斯）1868 年黃河下游新河道考察報告研究梳理後總結到：「愛蓮斯撰寫的科考報告中提出『黃河決堤改道發生於 1851～1853 年間』，而非當今中文文獻中『1855 年黃河銅瓦廂決堤改道』之說。這有助於我們重新思考 19 世紀 50 年代的黃河決堤改道歷史。中文文獻普遍以 1855 年銅瓦廂決堤為標誌，其主要原因是 1855 年河道總督蔣啟敭向咸豐皇帝遞交了關於銅瓦廂決堤的詳細奏摺，這份奏摺後被收入《再續行水金鑒》，進而成為近代以來黃河研究的首要參考文獻之一，由此確立了『1855 年銅瓦廂』這一重要時間與地點。儘管《清史稿》中對同時期黃河決堤改道也有 1851、1853 年的記載，但因過於簡略而被學界忽略，更沒有意識到 1851～1853 年黃河決堤對於改道的直接影響。所以，現在關於 19 世紀 50 年代的黃河決堤改道之論述，幾乎都認為是 1855 年銅瓦廂決堤所致。由於不暸解 1851～1853 年黃河決堤的詳情，部分學者在探究 1855 年銅瓦廂決堤的原因時往往言之不詳，且就自然原因還是人為因素出現長期爭論。愛蓮斯的科考報告可以幫助我們重新理解 1855 年的銅瓦廂決堤改道，即這次改道是 1851～1853 年的多次決堤改道的基礎上形成的，而非突然產生的；其原因是自然與人為並存、多種因素疊加的後果，而非簡單的一種原因。」（《1868 年亞洲文會黃河科考：「中國之患」形象的確立》，《自然科學史研究》2018 年第 2 期，第 211 頁）上述總結無疑深化了我們對晚清黃河銅瓦廂決口改道的時間和原因的認識，尤其是黃河銅瓦廂決口改道的時間問題。通過前述考察可以看出，黃河銅瓦廂決口改道並非一蹴而就的，而應是一個過程，需要說明的是，若從本文銅瓦廂決口後的黃河下游沿岸區域環境來看，並非發生在

史上最後一次大改道，其對銅瓦廂以下沿黃區域地理環境影響深遠。在地理環境諸要素中，與黃河緊密相關的地形地貌與河湖水系所受影響是最直接而顯著的。加強對此議題的探究是為晚清黃河史地研究的首要任務之一。

圖19　晚清黃河北徙及其下游沿岸地理形勢圖

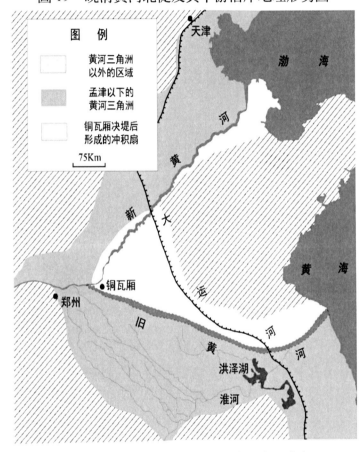

資料來源：底圖採自〔美〕戴維・艾倫・佩茲著，姜智芹譯《黃河之水：蜿蜒中的現代中國》（中國政法大學出版社2017年版，第58頁）一書所附《1855年黃河大堤決口後的黃河入海河道》一圖。

1851～1855年之間的每一次銅瓦廂河決都對整個銅瓦廂以下沿黃區環境產生較大影響，或可進一步說，其所影響區域範圍與嚴重程度的大小應是該處多次河決不斷累積的結果，而從晚清檔案史料以及相關州縣方志中的記載來看，1855年無疑是一重要的時間節點，加之本文無意於探討銅瓦廂河決時間，故而本文中仍以1855年作為給黃河下游沿岸區域環境帶來重大影響的時間起點，而在行文中仍以「1855年黃河銅瓦廂決口」等類似表述呈現，特此說明。

　　黃河銅瓦廂決口北徙後，從地理環境上看，其下游河道流入一新的境地。從影響範圍上看，除直隸、河南等省份部分地區外，山東一省所受影響最大。從地形地貌和河湖環境上看，受黃水影響的主要是魯西北沖積大平原區，但由於區內地形與河湖分布上的差異，加之所面對黃河沖襲泛溢形勢不同，湖帶西平原區、湖帶東平原區、黃河南小清河平原區、黃河北徒馬平原區等區域均受影響而發生了很大變化。〔註6〕

一、黃河銅瓦廂決口後山東運河南段以西地區的地形與河湖環境

　　這裡討論的區域包括今菏澤、濟寧轄屬的魯西南平原地帶，以及黃河銅瓦廂以下隸屬於當時直隸與河南省的部分縣區，即今金堤河流域，屬華北平原新沉降盆地的一部分，因歷史上屢受黃河影響，地貌相對單一，域內山體低矮且量少，地形主要以平原為主。魯西南平原自漢代以來，由於黃河多次決口、改道、沉積，泛道縱橫，沙化嚴重，地貌上呈現為一系列高差不大的古河道高地、決口扇形地和窪地，而泛道的自然堤、人工堤把地表切割成崗窪交錯的形態，致使排水不暢。〔註7〕隨著銅瓦廂決口後北流時間漸長，加之黃河主溜不斷沖決轉徙以及泥沙不斷淤積，區內地形與河湖環境發生較大改變。〔註8〕

　　清同治十二年（1873），李鴻章在其奏疏中說：「現在銅瓦廂決口，寬約十里，跌塘過深。水涸時深逾三丈。舊河身高決口以下水面，二丈內外，及三丈以外不等。如欲挽河復故，必挑深引河三丈餘，方能吸溜東趨。」〔註9〕這說明銅瓦廂決口處臨背河相差十分懸殊，兩者高差達 7～10 米〔註10〕。即便不論黃河含沙量高善淤，如此懸殊之高差也為黃水提供了足夠的淤積空間。

〔註 6〕此處所採用的山東地形地貌分區參考自侯春嶺，黃紹鳴等：《山東地貌區劃》，《山東師範學院學報》1959 年第 4 期。其中，魯西北沖積大平原區為山東省一級地貌區，其又可分為魯西平原區和魯北平原區，為行文方便，本文在下文中未完全對應使用湖帶西平原區等三級地貌區的稱謂，而是根據各區受黃河影響的具體情況靈活確定各區名稱。

〔註 7〕黃榮海：《魯西南平原》，世界圖書出版廣東有限公司出版社，2015 年版，第 10 頁；李彥濤：《魯西南地區環境變遷及其社會影響》，復旦大學碩士學位論文，1997 年。

〔註 8〕關於晚清黃河決口後形成的沖積扇情況，可參考孫慶基、林育真等主編《山東省地理》一書第 85 頁之《黃河沖積扇》。

〔註 9〕《再續行水金鑒・黃河卷》，第 1407 頁。

〔註 10〕《1855 年銅瓦廂決口以後黃河下遊歷史演變過程中的若干問題》，第 66 頁。

多年淤積使河床抬高，所以黃河大堤往往成為「分水嶺」，這是黃河下游河道被賦予的特殊意義。當然，銅瓦廂河決前黃河河道是被大堤束縛的，決口後黃水散漫亂流，直至光緒元年區域內的黃河兩岸大堤才初步建成。那麼，黃河銅瓦廂決口後的咸同年間，在運河以西的沖積扇形區域黃河的頻繁決徙又是怎樣影響域內地形地貌與河流水系的？其間又發生了怎樣的變化？

黃河銅瓦廂決口後，清廷忙於平定內亂而無暇顧及。水流在沖積扇上自由漫流，從沖積扇左側逐漸擺到右側。擺動過程中，幾乎沒有任何約束，水勢散漫，正溜無定，熟習山東河務的潘駿文對此曾有記述：「自口門至沙灣約四百餘里，黃水經行二十年之久，並未刷出一定河槽，下坐上提，南坍北卸，溜勢紛歧，一歲數變」〔註11〕。要更具體地理解決口後沖積扇上水流漫流、分合狀況，需要對水流流態特徵進一步討論。泥沙動力學家錢寧先生曾指出：「靠近沖積扇頂點的地區流速大，擺幅小，流勢集中，愈往下去，水流分散，擺幅加大，流速減低。決口之初，口門附近地區漫溢相當嚴重，但日久之後，水流刷出深槽，河勢就比較穩定……可以大致以東壩頭（即銅瓦廂）為圓心，通過東明縣城畫一圓弧，把弧線以上的地區看成是沖積扇頂點區，那裡的水流條件和沖積扇下游地區有所不同，使東壩頭至高村河段的河床演變特性也與高村以下的河道有一定的差別。」〔註12〕上述表達似一定程度上反映了黃河水流在區內漫流沖徙的時空變化。

銅瓦廂至陶城埠這段運河以西沖積扇形區域，在黃河大堤未築前，大致可分三個時段分析黃水的流動形勢：咸豐年間，黃河溜勢一直是或分或合，水勢散漫、正溜無定，水流基本順著沖積扇北邊線下泄；同治元年（1862）至五年（1866），黃河溜勢繼續北徙，其中同治三年（1864）黃河主溜已轉移至金堤的南面；由於受北金堤阻擋以及河床淤高，同治六年（1867）以後黃河開始向南轉移，並分別於同治七年（1868）、十年（1871）、十三年（1874）決口於紅船口、侯家林、石莊戶等處。〔註13〕值得注意的是，此時期內不管黃河溜勢怎樣分合轉徙，漫水總是朝張秋方向匯合，最終在此穿運後奪大清河道入海。

〔註11〕（清）潘駿文：《治河芻言》，《潘方伯公遺稿・卷一》，《清代詩文集彙編》編纂委員會：《清代詩文集彙編》第 732 冊，上海古籍出版社，2010 年版，第466 頁。

〔註12〕《1855 年銅瓦廂決口以後黃河下遊歷史演變過程中的若干問題》，第 68 頁。

〔註13〕《清代黃河銅瓦廂決口及新河道的演變》，第 58～59 頁。

　　本區域最靠近決口處，在地形地貌和水系環境上受黃水影響均較為顯著。除前述沖積扇繼續拓展外，隨著泥沙不斷淤積，區內地勢不斷抬高，低矮的土丘被湮沒，低窪的潭池被蕩平。對於黃河決口後的泥沙淤積狀況，英人內伊‧埃利阿斯在實地考察銅瓦廂附近黃河大堤潰決地區後記述：

> （黃河決口北面和東面的地區）是這一區段黃河（現在）流經的地區，我們看到很多村莊被半埋進淤土中，村子裏的大多數村民都離開了，留下來的則窮困潦倒，苦苦度日。房子經常被黃河淤泥堵到屋簷……舉個例子吧，當地有一個寺廟……淤土比水位高出大約 10 英尺……有一段時間，當地居民還試圖使用它，儘管這個寺廟的屋頂不斷被淤土掩埋，但是很明顯，一年前或者兩年前，村民們還是不得不放棄它……屋子裏面的淤土和外面的淤土一般高，附近村子的人說是有 12 尺高……15 年，或者說黃河 15 年的洪澇，使得村莊、房子變成了這樣。〔註14〕

　　從埃利阿斯的考察報告中能夠看出黃河北徙後的水災導致基層民眾生活困苦，同時提供了黃河決口後泥沙淤積狀況的重要信息。若引文中數字屬實，在銅瓦廂決口後的 15 年〔註15〕內，黃水所攜泥沙以每年近 30 釐米

〔註14〕Ney Elias, "Notes of a Journey to the New Course of the Yellow River, in 1868", Journal of the Royal Geographical Sociey of London, 40 (1870), p.16. 此處譯文轉引自〔美〕戴維‧艾倫‧佩茲著，姜智芹譯：《黃河之水：蜿蜒中的現代中國》，第 65～66 頁。另，埃利阿斯的晚清黃河下游河道考察報告有兩個版本，另一版本為刊登在《皇家亞洲文會北中國支會會刊》上（即 Ney Elias, "Notes of a Journey to the New Course of the Yellow River, in 1868", Proceedings of the Royal Geographical Sociey of London, 14 (1869~1870), p.20~37.），兩者稍有差異，前者在報告正文前增加了一個對黃河進行介紹的引言（王毅：《1868 年亞洲文會黃河科考：「中國之患」形象的確立》，《自然科學史研究》2018 年第 2 期，第 212 頁），本文所引用的埃利阿斯的考察報告，除了諸如此處轉引自別處的譯文需作說明外，其他各處均引自發表在《皇家地理學會會刊》上的版本。

〔註15〕按：此處埃利阿斯所說的 15 年應為從 1853 年至 1868 年實地考察時之間的 15 年的時間。因為在其調查報告的開頭部分就有說明：「在某種程度上講，決口發生的時間是一個不確定的問題，有一些官方部門將其定在 1851 年，還有一些部門將其定在 1852 年和 1853 年。但是當我於 1867 年對清江浦和黃河故道及其附近地區進行短期考察時，經過在不同時間、不同環境下對不同村民的訪問之後，使我開始相信，在某種程度上看，此次黃河改道是在 1851 年至 1853 年間逐漸完成並不斷擴大的。這一猜測在我的上一次考察中就再次被證明，在此似可作出如下總結：在 1851 年夏季洪水時，第一次決口就發

的速度在此村莊淤積。較遠地區的泥沙淤積速度稍緩，但如「屋子裏面的淤土和外面的淤土一般高」的考察記錄，無疑加強了對黃河決口後泥沙淤積狀況的形象認知。地方志書中亦提供了必要的補充：位於東明縣境的龍光山，「迨至前清咸同間兩次大水，始成平壤」〔註16〕；在菏澤縣境，位於涨河西岸、「周圍數十畝、高二仞」〔註17〕的桃花山，經咸豐五年河決，「水落後微存舊跡」；在長垣縣境內的閻家潭，銅瓦廂河決之前，附近居民多於其中「植荷取藕」〔註18〕，而自黃河銅瓦廂決口後，「屢經淤墊，潭遂平沒」。黃水淤積及其所導致的地表形態變化據此可見一斑。

　　雖然咸豐年間黃水主流基本順著沖積扇的北邊線下泄，但其分合無定的散漫水勢波及範圍較大。河決之初，水流先朝西北斜注，淹及封邱、祥符各縣村莊，再折向東北，漫注蘭儀、考城、長垣等縣後在蘭通集分為兩股，一股在東明縣分成南北兩支，大致沿著明代的黃河北道，經濮縣、范縣至張秋鎮穿運；另一股出曹州東趙王河及曹州西陶北河，遍漫定陶、曹縣、單縣、成武、金鄉五邑。至咸豐七年（1857），黃水「復由賈魯折而北，自李官營別開新河，入曹州之七里河，繞而東北」〔註19〕。咸豐八年（1858），溜勢在長垣

生在靠近河南蘭陽縣的黃河北岸，同時一部分黃水從這個缺口流出，漫流於平原之上；1852 年的洪水使這個決口不斷擴大，並大大減少了決口處以下河段的水量供應，而 1853 年決口處的再次擴大使得黃河大溜穿過低地向東北方向流去，直至在大清河上發現一條新的水道，將其引至渤海灣，就在 1853 年洪水後不久，黃河下游的新河道就已經成型，同時其舊河道趨於完全乾涸。」參見 Ney Elias，「Notes of a Journey to the New Course of the Yellow River，in 1868」，Journal of the Royal Geographical Sociey of London，40（1870），p.2. 另，關於黃河銅瓦廂決口改道的發生時間與原因，德人李希霍芬在 1869 年的考察報告中亦有提及，其中說道：「關於黃河改道，我聽到了自相矛盾的說法。在王家營的時候，人們告訴我，黃河古河道的乾涸是發生在 19 年前，而改道是在 12 年前發生的。因為當時的朝廷派出的平叛將軍為了追殺大概 300 名叛軍，下令挖開黃河灌水將叛軍淹死。」參見〔德〕費迪南德·馮·李希霍芬著，李岩、王彥會譯，華林甫、於景濤審校：《李希霍芬中國旅行日記》上冊，商務印書館 2016 年版，第 135 頁。

〔註16〕民國《東明縣新志》卷一《輿地志·經界》，《中國地方志集成·山東府縣志輯》第 86 冊，第 14 頁。
〔註17〕（清）楊兆煥等：《曹州府菏澤縣鄉土志》之《山》，成文版，清光緒三十四年石印本，《中國方志叢書·華北地方》第 22 號，第 105 頁。
〔註18〕民國《長垣縣志》卷三《地理志·河流》，第 61 頁。
〔註19〕《再續行水金鑒·黃河卷》，第 1156 頁。

縣小青集附近向北偏移，自邢莊一帶與另一股匯合後入七里河，這時溜勢主要分為四股，分別走洪河、七里河、趙王河，另一股由考城分支漫注定陶、曹、單等五縣。咸豐九年（1859），考城一支淤塞。咸豐十年（1860），水入開州（今濮陽）南界。十一年（1861），河決金堤，水圍濮州城，大水汪漫延一百四十餘里，漫水已經向北發展到金堤。〔註20〕黃河此時期的散漫亂流，無論對沖積扇頂點地區還是分支經流區的河湖環境均產生了不小的影響。在沖積扇頂點地區，特別是在銅瓦廂口門下游，由於河道較快達到穩定，兩岸遺留的舊水道也特別多，造成這一地區堤河深窄、串溝縱橫交錯的情況。〔註21〕在距銅瓦廂決口處較近的長垣境內，河道受淤情形較重，每遇黃河泛濫，漫水即由淘北河〔註22〕北行。咸豐五年黃河北徙，淘北河被沖斷，咸豐八年與同治二年（1863）黃河又兩次西徙，「泛濫沉澱，淘北河在黃河東西兩岸者多無河形，其支流亦同被沖沒，益以河床高澱，地勢高仰，伏泛時每有倒溢之患」〔註23〕。至民國時期，黃河雖已移徙別處，淘北河地勢「仍東高西低云」。與淘北河相似，長垣境內的文明渠在河決後亦呈現「下流淤澱，不堪宣洩」的局面。在黃水分支經流的地區，區內河道難以容納突如其來的大水，河流漫溢決口現象較為嚴重。比如在定陶，銅瓦廂決口後的第二天「城南北三河皆溢，二十六，米口河又決，城南一帶汪洋」〔註24〕。

　　同治元年（1862）至同治五年（1866），黃河溜勢繼續北徙。黃水於同治二年衝入東明縣城，旋即西移，由李連莊趨高村，沿皇莊、臨濮、箕山一線而下。同治三年，主溜移到金堤的南面。順金堤「自西南斜趨東北，濮州直當其衝，由濮而范，又東北過壽張境，至張秋穿運」〔註25〕。同是在定陶縣，同

〔註20〕以上參見《1855年銅瓦廂決口以後黃河下遊歷史演變過程中的若干問題》，第66～67頁；《清代黃河銅瓦廂決口及新河道的演變》，第58頁。

〔註21〕《1855年銅瓦廂決口以後黃河下遊歷史演變過程中的若干問題》，第68頁。

〔註22〕據民國《長垣縣志》卷三《地理志·河流》（第60頁）記載：「淘北河計三段，接河南蘭陽、考城，工共長八千九百八十七丈，河面寬四五丈至二十丈不等，深二三尺至八九尺不等。乾隆五十二年東河總督蘭公第錫奏請借項抽溝挑挖，工竣後攤入地糧分作二年帶微歸款，按故道考之由封邱縣淘北村北行，復與沙河天然渠相匯，直至大車堤南折而東，與舊太行堤平行入河」。

〔註23〕民國《長垣縣志》卷三《地理志·河流》，第60頁。

〔註24〕民國《定陶縣志》卷九《雜稽志·災祥》，《中國地方志集成·山東府縣志輯》第85冊，第459頁。

〔註25〕《再續行水金鑒·黃河卷》，第1280頁。

治二年五月因「河自龍門口決」,「城南北河水皆溢」〔註26〕;在滑縣,自同治二年黃河西移後,「老岸、桑村、小渠一帶,皆成澤國,人多巢居」〔註27〕;在鄆城、巨野一帶,「同光間兩次河決,鄆、巨半成澤國」〔註28〕。在此時期,金堤以南黃水主溜經行地區是遭侵擾最嚴重地帶,開州、濮、范一帶都受到洪水淹浸。同治五年,水灌濮州城,以致官署遷徙流蕩數年之久。

值得注意的是,在濮陽以下,經范縣、壽張、東阿至張秋鎮止,有綿亙75千米的北金堤。堤壩以東地區,由於地勢低窪,自漢代以來黃河決溢漫流之水就時常侵及此,尤其地勢最為低下的張秋一帶黃河水患更重。至五代、北宋時期「河復南決,百餘年中凡四決楊劉,七泛鄆、濮,而張秋非當其津口,則首受其下流,被害尤極」〔註29〕。元代開通會通河後,張秋成為大運河之襟喉重地,雖然此時黃河已南流入海,但遇北決亦會侵及張秋,明正統十三年(1448)河決滎陽與弘治二年(1492)河決金龍口後黃水均經曹、濮直沖張秋即為明證。劉大夏築太行堤後,黃河故道雖已湮廢,但地勢比周圍地區仍較低窪,形成散亂的小水網,總的方向仍朝張秋鎮傾斜。銅瓦廂河決後的咸豐年間,黃水的一股支流沿濮、范至張秋穿運。至同治三年,黃水主溜又轉移至此線,同樣證明金堤以南至張秋一帶地勢低窪。黃水所到之處,遇河即奪,遇渠即灌,將濮陽東南諸水聯成一片,大部分都被填平,剩下一些斷河殘流在南北大堤建成以後,也都成了匯入黃河的串溝和堤河。〔註30〕

〔註26〕民國《定陶縣志》卷九《雜稽志・災祥》,第459頁。

〔註27〕民國《重修滑縣志》卷二十《大事記》,《中國地方志集成・河南府縣志輯》第24輯,第765頁。

〔註28〕民國《續修巨野縣志》卷五上《人物志》,《中國地方志集成・山東府縣志輯》第83冊,第597頁。

〔註29〕(清)顧炎武著,黃坤等校點:《天下郡國利病書》,上海古籍出版社,2012年版,第1511頁。

〔註30〕張含英:《治河論叢》,黃河水利出版社,2013年版,第93～96頁;錢寧:《1855年銅瓦廂決口以後黃河下遊歷史演變過程中的若干問題》,第68頁。對於張秋以西地區的河道情況,《天下郡國利病書》中記載:「嘗考安平以西諸州邑水利,其源自黑羊山、澶淵等坡而入濮者,為魏河;其源自澶滑、青龍等坡而入濮之董家橋者,為洪河;其源自曹州而入濮者,為小流河。三河合流於濮之東南,出楊二莊橋,入范縣竹口,又東逕張秋城南,過道人橋,達月河,其溢出者,則由通源閘俱入運河。又有源自曹、濮,逕范縣回龍廟而來者,為清河,亦名水保河;有源自定陶,逕曹州新集而來者,為天鵝坡之水;有源自鄆城,出五岔口而來者,為廩丘坡之水,俱入西里河,逕黑虎廟、楊家橋至沙灣小閘,入運河。方張秋之未決也,津流逕通,直抵運道,

　　隨著黃水所到之處地面不斷淤高，河道又開始醞釀新的變化。沖積扇一側淤高以後，水流必然朝另一側擺動。同治六年，大河開始向南轉移；七年，決趙王河之紅船口，繼續東行沖鄆城，灌入濟河，大溜漸移安山，由安山穿運入大清河。同治十年，黃水由沮河東岸侯家林，沖決民堰，並由趙王、牛頭等河漸趨東南，波及南陽、昭陽等湖。同治十一年（1872），河決於趙王河東岸張家支門；十二年，決於東明岳新莊、石莊戶，約分大河二三分溜勢，漫水悉注東南。同治十三年，石莊戶口門奪溜，大溜由嘉祥、魚臺趨南陽湖入運河波及蘇北。〔註 31〕光緒元年（1875）賈莊堵口後，大溜歸臨濮、箕山一線而下。總的來看，同治時期黃水大溜向地勢低窪的東南方向傾斜，泛溢之水最終順河注入南陽、昭陽等湖，穿運的位置也有所南移。同治十年正月，漕運總督張兆棟、河東河道總督蘇廷魁與時任山東巡撫丁寶楨為保護運道會勘築堤束水事宜時，就對當時黃水的沖決形勢進行總結並預測：

> 查現在黃水正溜，洪川口實當其衝。由此逐漸南移坐灣，偏向東流，大溜已在安山之三里舖，奔入大清河而下，與前年所查形勢迥別。若當伏秋盛漲，水勢即由洪川口，漫入趙王河，倒漾沮河。或由沮河溢入濟河，衝開民墊，直注東南之牛頭河。而南旺、南陽、昭陽等湖，亦將以次受水。是鄆城縣之沮河，為黃水浸溢東南必由之路，而沮河頭之娘娘廟、七里舖、王家垓、車家樓、梅家莊等處，又為河流趨注東南必由之路。〔註 32〕

及張秋屢決，高築堤堰，扼其下流，而故渠亦往往湮廢，故開、濮、曹、濟之間遂苦水患。」（《天下郡國利病書》，第 1527 頁）又，張含英在《治河論叢》中有記述：「又考長垣、東明、濮陽、菏澤、濮縣一帶，故河之遺跡極多。若濮河之自封丘流經長垣縣北，又東經東明縣南，又東經濮陽縣東南以入濮縣界者，其一也。灉河自東明縣南，折而東北入菏澤界者，其二也。漆河在東明縣北門外，東合於濮水者，其三也。浮水故瀆（一說即澶水）在觀城縣南，自濮陽流入者，其四也。古濟水北支在東明、長垣二縣，南流入菏澤，南支自儀封流入曹縣定陶者，其五也。瓠子故瀆，自濮陽縣南流入濮縣南者，其六也。魏水自濮陽流入濮縣南者，其七也。洪河自東明縣流入濮縣南者，其八也。小流河自菏澤縣流入濮縣東南者，其九也。趙王河自考城流經東明入菏澤者，其十也。」（《治河論叢》，第 94 頁）

〔註 31〕《再續行水金鑒‧黃河卷》，第 1311、1327、1349、1384、1424、1445～1446 頁。

〔註 32〕《再續行水金鑒‧黃河卷》，第 1345 頁。

　　雖然同治十年以後黃水沖決的具體地點與線路與預測並不一致，但朝東南方向沖決的總趨勢則是較為明顯的，趙王河、沮河、牛頭河等河流將遭沖襲的估測也得以證實。值得進一步追問的是，隨著黃水主溜向沖積扇東南方向逼近，魯西南平原的趙王河、沮河、牛頭河諸河流又遭受了怎樣的侵襲，水文情勢又發生了怎樣的變化？

　　歷史時期魯西南平原河湖水系變化很大，不論是巨野澤、梁山泊的淤廢還是濟水等河道的廢棄，都與黃河的決溢、改道和淤積有關。自金元以降，黃河南流入海，歷經明清，一旦黃河下游河道北決，區內河道水系均會因之改變。受泥沙淤積影響，區內形成一系列古道高地，而這些古河道高地之間的低平地帶則分布有窪地地貌。每逢黃河汛期，洪河水泛濫沖溢出河床，匯流低處，即漫延成大型積水窪地。清咸豐之前，區內趙王、牛頭諸河均與宋元以後的黃河決溢大有關係，而晚清黃河銅瓦廂決口又給這些河道帶來不小的影響。

　　宋代黃河多次由今清豐縣決口，大溜東南行，經巨野、濟寧匯泗水，此即趙王河之前身。明洪武元年（1368），河決雙河口，分水東流，經巨野、嘉祥南至魚臺東部塌場入運河，成為趙王河的雛形。明宣德五年（1430），由於棗林河分黃濟運，導致黃河屢決金龍口，棗林河自金龍口東北流至長垣、東明，至菏澤雙河口分為二支，北支東北流，經鄆城閫什口、紅船口、梁山縣李家橋、黑虎廟，北至張秋鎮注入運河，至此，趙王河的行道完全定型。據民國《長垣縣志》中記述：「即古之瀍水，俗稱趙王河，出山東曹縣西北境，經長垣之李龍莊、牛集東北流至菏澤與沮水合，又東北至壽張縣南入黃河……舊志稱趙王河上接陶北河，自山東曹縣交界起，下入菏澤縣境，乾隆五十二年（1787）河督蘭公第錫奏請挑挖，工竣後攤徵歸款，蓋因趙王河故道挑挖，用以引水者也。」〔註33〕咸豐銅瓦廂河決後，黃水一股即「由趙王河下注，經山東曹州府迤南，至張秋鎮穿運」〔註34〕；至咸豐八年黃

〔註33〕民國《長垣縣志》卷三《地理志·河流》，第 60 頁。另，據（清）凌壽柏修，葉道源纂：光緒《新修菏澤縣志》卷十八《雜記》（《中國地方志集成·山東府縣志輯》第 78 冊，第 529 頁）中記載：「乾隆五十二年有秋，運河水潤。河督蘭（第錫）奏請重開趙王河，上由陶北經長垣、東明、曹縣，自安陵入縣境，至城東雙河口。」

〔註34〕《再續行水金鑒·黃河卷》，第 1129 頁。

河西移後，趙王河故道則「盡為流沙，遍生蘆葦」〔註35〕，其河道淤積據此可見一斑。光緒元年，河決司馬口，「灘水下流至菏之閻什口，河身淤塞」〔註36〕，在趙王河道難容的情況下，「水遂東出，巨鄆間湮沒田廬，被害尤甚」。

至於牛頭河，舊志中記載較為清晰：「自直隸東明縣流入山東菏澤縣，於（濟寧）縣西南四十里由嘉祥入境，有塔張河、舊黃河、永通河、趙王河、正明河諸異名，其實即元末黃河之故道也。」〔註37〕從河道形成上看，牛頭河本身即為元末黃河故道，功能上又起到將坡水及窪地積水向東排泄入湖的重要作用。清同治七年，河決紅船口；同治十年，又決於侯家林。決水東侵，均給牛頭河河道造成很大破壞。據蘇廷魁奏文中稱：「黃水由王家橋地方竄入牛頭河，將芒生閘月壩衝開，南旺湖西北兩岸旱石橋、趙家口等處均漫水入湖。土地廟、元帝廟二閘衝開，倒流入運，西岸天仙人廟等處亦均漫水入運，東岸情形吃緊，趙王河水又灌入牛頭河，北岸村莊悉被淹沒。現在南旺湖水已深至七尺餘，倒漾入運，清濁並流，已成大患。」〔註38〕不難看出，黃河決水不僅竄入牛頭河，還將其沿途閘壩一體沖毀，更產生一系列連鎖反應，運河、南旺湖等均受不小影響，而趙王河漫水的灌入，更加重沿岸水患程度。

自黃河北徙穿運後，汶河下游入運河段即匯入黃河，由於雨水得不到及時排泄，泛濫加重。對此，山東巡撫丁寶楨曾述及：「東省汶河一道，原係由曹州境內流入東平州境匯入運河，自黃水穿運以後，汶河自東平州境蘆莊以下即歸入黃河，合流頻年，夏秋之時，每虞泛濫，沿河民地八九百頃全

〔註35〕民國《長垣縣志》卷三《地理志・河流》，第60頁。
〔註36〕民國《續修巨野縣志》卷五上《人物志》，第601頁。
〔註37〕（民國）潘守廉修，袁紹昂纂：民國《濟寧縣志》卷一《疆域略・山川篇》，《中國地方志集成・山東府縣志輯》第78冊，第11頁。據（清）趙英祚纂修光緒《魚臺縣志》卷一《山川志・河》（《中國地方志集成・山東府縣志輯》第79冊，第39頁）中記載：「牛頭河，亦濟水故瀆也，自菏邑之寶珠寺入巨野為安興墓河。入鄆界有北行故道為土壩所塞，過之東流。入嘉祥界左接芒生閘，南流入濟界至新挑河，有永通閘淺水入之。又東南入耐勞坡至王貴屯為牛頭河，南會首蓿、顧兒二河之水，入魚境至塌場口開廣運閘而出入於舊渠，蓋黃河故道也。」
〔註38〕中國第一歷史檔案館編：《咸豐同治兩朝上諭檔》第21冊，廣西師範大學出版社1998年版，第244頁。

行淹沒。本年新築南堤，跨壓河身，雖黃水不虞倒灌，而沮河苦無出路，為害仍甚。」〔註39〕黃河北徙對沮河的影響可見一斑。此外，由於黃河北徙後的再次沖決，在洪水沖擊力之下，往往會衝出新的河道，例如巨野太平新河的形成。同治十二年六月，「河決蘭口，太平適當其衝，遂沖為新河。西由康家集，東至太平集，計十餘里，寬一里許，深數丈，南北行人需船以渡。」〔註40〕

最後，黃河銅瓦廂決口後，因黃水在此區內散漫亂流，形成了所謂「水套」地帶（圖23）。直隸、山東兩省州縣官員在奏摺中有稱：「東阿縣境李連橋以西，上至東明，河勢散漫，支幹分流，時復變遷，或分或合，深淺不一。如遇水漲，一片汪洋，寬至十餘里至三四十里不等。」〔註41〕英人埃利阿斯亦有記載：「這個地點的黃河沒有明確的河道，只是在中國的土地上呈帶狀漫流，寬度大約有10～12英里，人們看到的僅是一片受洪水淹沒的平坦地區。」〔註42〕舊志的記載是：「黃河支流分歧，廣數十里……其高原新柳蔽天，茂草沒人」〔註43〕。顯然，「廣數十里」的黃河水套應是從其最大寬幅來說的，此水套在不同地段寬窄不一，「濮、范被水之地，寬處二、三十里，窄處亦五、六里及七、八里」〔註44〕。至於水套中的具體情形，譚廷驤在其奏摺中提到：「黃流衰延往復……有隔泥沙一、二道者，有隔泥沙四、五道者，水漲則淪漣數里，水落則曲折千條。」〔註45〕不難看出，「水套」實為一寬窄深淺不定、錯落交織而成的特殊水網景觀，其形成過程中，平坦的地形是決定性因素，而黃河在此區域內的頻繁移徙及其徑流的不穩定性，亦是促成此種景觀形成的重要原因。

〔註39〕丁寶楨：《疏浚沮河修築挑壩片》，羅文彬編：《丁文誠公（寶楨）遺集》，《中國近代史料叢刊》第74冊，第1403頁。

〔註40〕民國《續修巨野縣志》卷一《山川志》，第549頁。

〔註41〕《再續行水金鑒・黃河卷》，第1205頁。

〔註42〕〔美〕戴維・艾倫・佩茲著，姜智芹譯：《黃河之水：蜿蜒中的現代中國》，第65頁。

〔註43〕（清）王廷贊：《劉公瀾平墓表》，（清）郁濬生纂修：《續修巨野縣志》卷七《藝文志・墓表》，成文版，民國十年刊本，《中國方志叢書・華北地方》第31號，第637頁。

〔註44〕（清）張曜：《山東軍興紀略》卷十一《土匪四》，沈雲龍主編《近代中國史料叢刊》第543號，臺灣文海出版社，1970年版，第678頁。

〔註45〕《山東軍興紀略》卷十一《土匪四》，第693頁。

圖 20　清光緒三十三年（1907）黃河下游的「水套」地帶

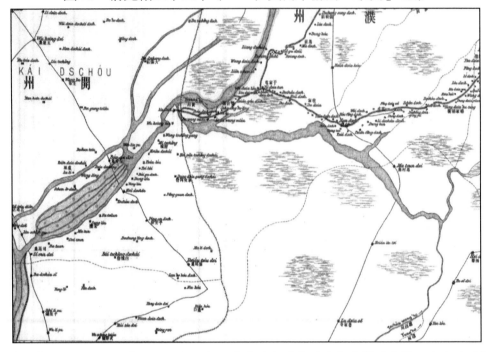

資料來源：此圖採自清光緒三十三年大德陸軍參謀處測量部繪製《直隸山東輿地圖》
　　　　　之《濮州》圖。

二、黃河銅瓦廂決口後運河以東沿黃地區的地形與河湖環境

　　運河以西的沖積扇地帶，黃水呈現頻繁決徙、散漫亂流的局面，而在運
河以東，黃水則奪大清河道入海，無論是經流地區的地貌形勢還是黃河自身
的河道水文態勢均發生了很大變化。正如研究者所總結的：「光緒元年張秋鎮
以上開始築堤以後，河道淤積的位置下移到張秋鎮以下，除了陶城埠至齊東
以上兩岸為山脈土嶺，不可能發生決口以外，齊東以下處處生險，歲歲決口。」
〔註46〕當然，此期間陶城埠至齊東的黃河河段並非不曾決口，只是受兩岸山
嶺地形限制決口次數相對較少。另外，運河以東黃河河道水文態勢變化也受
運河以西黃流局勢影響，據山東巡撫李秉衡在奏摺中稱：「自咸豐五年銅瓦廂
東決以來，二十年中上游侯家林、賈莊一再決口，而大清河以下尚無大害，
然河底逐年淤墊，日積日高，迨光緒八年桃園決口以後遂無歲不決，無歲不
數決，雖加修兩岸堤墊，仍難抵禦，今距桃園決口又十五年矣，昔之水行地

─────────────────────
〔註46〕《1855 年銅瓦廂決口以後黃河下遊歷史演變過程中的若干問題》，第 71 頁。

中者，今已水行地上，現在河底高於平地，俯視堤外則形如釜底，一有漫決則勢若建瓴。」〔註47〕不難看出，咸豐同治年間，由於黃水主要在銅瓦廂至陶成埠之間的沖積扇地帶漫流決口，加之上游來水多為清水，運河以東的大清河水患並不嚴重，而光緒元年運河以西黃河大堤建成後至光緒八年（1882），則河道淤積加速、河床迅速抬升，在此之後，此段河道決溢日趨頻繁，兩岸水患也越發嚴重。

（一）汶、泗二河及東平湖區

泛言之，這一區域亦屬於魯西南平原的一部分，但因與運河以西平原區域地理形勢有所差異，加之黃河銅瓦廂決口北徙後對域內河湖環境的影響不同於運河以西地區，故分述之。如前所述，中新生代燕山運動與喜馬拉雅運動所引起的近東西與近南北兩組斷層構造，是魯中地區泰山、魯山、沂山等諸多山嶺的主要形成因素，而從山地輻射流出的河流則都具有寬廣的谷地，汶河谷地、泗水谷地就屬於其中一部分。作為由魯中山地向魯西（華北）平原的過渡地帶，區域內的河流在徑流特徵上與運西平原區有明顯差異，由於距離黃河相對較遠，在歷史時期遭受黃水侵擾程度也相對較小。但因其水流均向西注入地勢低窪的運河，而運道在黃河決溢後時常淤患，區內排水問題突出。黃河銅瓦廂決口北徙後，本域的區水患問題更趨加重。對此，水利學者李儀祉在《免除山東水患議》一文中就有論述：

> 魯西一帶，向苦昏墊。就山東全勢而論，東為山東半島所厄，南為淤黃河高床所障，北為今河所阻，於是泰山諸水，若汶若泗若鄒滕諸小水，皆西歸大運。曹州府諸水，若洙、若五福、若順堤，益以黃河決口之水，皆東匯於運。此眾流之所歸所恃以入海者，北為黃河之口，南為灌河、瓜州、三江營諸口。而黃河之床，本濟河故道，在黃河北徙以前，河床深下，排水順利。自黃河北徙而後，河床淤高，堤頂已高出背河地面四公尺以上，於是大運以西，今舊黃堤與運堤，形成一三角式匣，所恃以為水之出路者，僅微山湖一雙閘耳。於是運西九縣，平時亦苦水患，大水之年，昏墊不堪矣。其在運河以東者，以地勢較高，為患較輕。而東平一縣，則為汶水所浸，水

〔註47〕民國《續修歷城縣志》卷九《山川考五·水一》，《中國地方志集成·山東府縣志輯》第 5 冊，鳳凰出版社，2008 年版，第 104～105 頁。

為巨泊。姜家溝清水口以黃河床高，平時瀉汶之支派已不暢，若河
水漲則倒灌焉。〔註48〕

不難看出，魯西水患形成與黃河密不可分，所謂「山東水患難題，厥在
黃河之南。且其致患之由，咎不在運，前因後因，都在於黃」〔註49〕。以運
河西側地勢低窪的魚臺為例，明人王士性對其水患形勢就有總結：「魚臺之在
兗西，猶釜底然，黃河身漸高，單、沛堤日益以高，而魚臺水不出，淹處至經
四五年。」〔註50〕在黃河南流入海時期，魯西地區就已苦於排水之難，至銅
瓦廂決口北流後，「泗歸淮入海之道，既為黃淤，濟歸海入海之道，亦被黃奪」
〔註51〕，因無處排水，運河東側汶泗流域的水患更趨加重，區內地勢低窪的
東平湖一帶受黃、汶二水交互影響，更是山東水患之「難題」〔註52〕。

黃河銅瓦廂決口北徙奪大清河後，「自東來會者莫大於汶河」〔註53〕。
汶河發源於萊蕪縣原山，「經泰安之南至汶上縣北而入故濟道以入黃河」。
黃河北徙之前，汶河注入大清河，即為大清河上源，但北徙後，「橫截汶水
入海之路，又增一層障礙，流域已見縮短，規制又廢因循，水患災情日以彌
烈」〔註54〕。當然，黃河北徙對汶河的影響不僅體現在上述「流域」「規制」
等方面，汶河入黃口門的日益抬高才是最直接的影響。汶水與大清河的交
匯處即清河門，據記載：「清河門為清水入黃咽喉，亦即宣洩東平積水之重
要門戶，年來黃水淤墊，清河門逐漸增高，以致東平積水無路宣洩，淪為重
大災患」〔註55〕。概言之，黃河北徙後其不斷淤高的河床阻擋了汶河的出
路，其南流入運的流路亦多被淤塞，故汶河幾成為一內流河，伴隨汶河水在

〔註48〕 李儀祉：《免除山東水患議》，《李儀祉水利論著》，水利電力出版社，1988 年
版，第 59 頁。
〔註49〕 李儀祉：《李儀祉水利論著》，第 60 頁。
〔註50〕 （明）王士性撰，周振鶴點校：《廣志繹》，中華書局，2006 年版，第 242 頁。
〔註51〕 李儀祉：《李儀祉水利論著》，第 60 頁。
〔註52〕 關於東平地區的水環境變遷，可參考喻宗仁、竇素珍等：《山東東平湖的變遷
與黃河改道的關係》，《古地理學報》2004 年第 4 期；古帥：《宋代以來山東
東平城地理研究——以城址遷移和城市水環境為中心的考察》，《社會史研
究》第 8 輯，社科文獻出版社，2020 年版。
〔註53〕 國家圖書館地方志和家譜文獻中心：《鄉土志抄稿本選編》（三），清末抄本：
《山東風土記》，線裝書局，2002 年版，第 213～214 頁。
〔註54〕 民國《濟寧縣志》，成文版，民國十六年鉛本，第 30 頁。
〔註55〕 民國《東平縣志》卷七《政務》，《中國地方志集成·山東府縣志輯》第 66 冊，
鳳凰出版社，2008 年版，第 72 頁。

東平西部低窪地帶的滯積，東平湖初步形成。〔註56〕

　　除汶河外，本區內還有其他一些河流，如宋金河、柳長河等，在黃河北徙之前，它們均北流入運河或安山湖，北徙後淤高的河床同樣阻滯了其泄路。或可打個比方，受淤高河床阻滯，東平湖周邊各河流均難泄餘水，像在東平湖附近打了個「死結」，成為近現代山東水患難題中的「難題」，而東平湖的形成及擴張即為其結果與表現。現代志書中對東平湖的形成有述：「1855 年黃河改走大清河入海河道後，由於大清河原河道『深闊均不及黃河三分之一，尋常大水，業已漫溢堪虞』。漫水增加了這一帶窪地的補給水源，抬高了匯入窪地河流的尾閭水位，使廣大乾涸的土地又漫溢成巨澤，以致在原梁山泊東北部大清河、龍拱河、大運河等匯流處兩岸一帶窪地造成新的積水區，形成了現在的東平湖老湖區。」〔註57〕河水難泄導致漫水增加，促成新的積水區域，而黃河漫溢之水的侵入，更加速了東平湖區的擴張。

　　黃河泛水彙集，至宋代在今東平湖附近形成梁山泊，後黃河南流，湖水失去水源補給，加之泥沙淤積和屯田墾種，湖泊面積日趨縮小，明代的安山湖、南旺湖即為其遺存。明永樂年間，為保證漕運的安全，朝廷將運道沿線的安山諸湖置為「水櫃」，在汶河及部分坡水的補給下，安山湖區雖被開墾但仍有積水區得以延存。〔註58〕清咸豐五年，銅瓦廂決口黃河北徙，匯入安山

〔註56〕關於東平湖的具體情況可參考孫慶基、林育真等主編《山東省地理》第 151～152 頁之《東平湖》部分，其中（第 152 頁）亦提及黃河銅瓦廂北徙對汶河流域的影響：「1855 年黃河奪大清河入海，大汶河成為黃河的支流，隨著黃河河床日益淤高，大汶河水入河受阻，汶河水滯留於運河以北窪地之中，擴大了湖面面積，東平湖已初具規模。」

〔註57〕山東省黃河位山工程局東平湖志編纂委員會：《東平湖志》，山東大學出版社，1993 年版，第 6 頁。

〔註58〕受黃河決水及坡水影響，安山湖補給水源多不穩定，致使明清時期的安山湖亦變遷無常。據蔣作錦《安山湖考》：「安山湖，在安民山北，舊小洞庭湖也，明貫小洞庭開會通河，置湖岸南以濟運，周圍八十三里有奇，與南旺、馬場、昭陽稱四大水櫃，時荊隆口支流未塞，引由濟瀆入柳長河為湖源，蓄水最盛，北至臨清三百餘里資為灌輸，稱水櫃第一。而濟瀆源分河流，河因屢決，弘治六年，劉大夏築黃陵岡以塞荊隆口，濟瀆源絕，湖無所受，只匯堤南陂水並運河餘漲，所蓄甚少，不堪作櫃，頻受荊隆淤墊，漸成平陸。康熙六年，議開柳長河引魚營陂水，復設水櫃，旋議停止，疏稱以無源之水蓄之有漏之湖，進水易而出水難，縱高築堤岸，於運何濟，奏定招墾納租，泄運水入湖，以保運堤，放陂水入湖，以保民田。蘭陽河決，湖淤益高，百里沮汝變為膏壤。」（蔣作錦：《東原考古錄》，山東文獻集成編纂委員會編：《山東文獻集成》第 3 輯，山東大學出版社，2009 年版，第 795 頁）

一帶諸河流尾閭被頂托，地勢窪下的安山一帶因水源補給增大而排泄困難，遂形成新的積水區。〔註59〕據舊志記載：「自清咸豐乙卯河決蘭儀，灌入縣境，安民山屹立洪波中二十年。光緒紀元，堤工告成，民慶再生，未十年而東岸堤沖，不復修築，水漲則流入縣境，水過沙填，諸水尾閭俱被頂抗，旁流四出，縱橫數十里，民田匯為巨澤。」〔註60〕時至民國時期，東平「西南及西北一帶，地勢窪下，歷年頻受水患，且終年積水不涸，良田變為湖泊者區域逐漸擴大」，黃河北徙所導致的區域環境變遷可見一斑。

此外，東阿縣大鬐山之西的地勢窪下地帶，「汶濟之水匯為大清河自西南而來，夏秋之間大雨之後，泰岱徂徠諸山水亦注於此，東平州戴村壩以下南北數十里東西十餘里一帶汪洋，盡成湖景，賈舟魚艇俱可往來，雖時界霜降，水勢稍減，而仍不能涸，推原其由本境龐家口北黃河自西南來，大清河入焉，當黃河漲發之時，清不能敵黃，每年淤墊愈積愈高，故上游之水不能泄」〔註61〕。顯然，黃河河床不斷淤高，此區域排水也趨困難，汪洋之水雖「盡成湖景」，賈舟魚艇亦「俱可往來」，但對附近以農墾為生的百姓來說卻是災難。

除汶水與安山湖一帶的環境變遷，由於黃河決溢侵壞運河兩岸堤壩，注入引河的泗河流路亦受很大影響。同汶河一樣，泗河亦發源於魯中山區，山東巡撫丁寶楨曾在奏摺中記述其具體流路：「東省舊有泗河一道，發源於陪尾山，經曲阜、滋陽、鄒縣，迤邐入濟寧州境，至瓜團分為二股：東股為新泗河，歷鄒縣而南，至濟寧州再折而西；西股為舊泗河，由瓜團分溜西行，再折而南。均由沙洲寺之泗河口入運，匯河汶水南流入海。又沙洲寺南七八里有接新泗河分溜一道，名曰新河，會白馬河水直入獨山湖。」〔註62〕可是，自

〔註59〕汪洪祿：《歷史上的梁山水泊》，載濟寧市水利局、濟寧市政協文史委員會編：《命脈（水利建設專輯）》（內部資料），1994年印，第74頁。

〔註60〕民國《東平縣志》卷二《山川》，第25頁。

〔註61〕（清）姜漢章纂修：光緒《東阿縣鄉土志》卷之七《山水》，北京大學圖書館編：《北京大學圖書館藏稀見方志叢刊》第94冊，國家圖書館出版社，2013年版，第476頁。

〔註62〕朱壽朋：《光緒朝東華錄（一）》，《近代中國史料叢刊三編》第98輯，臺灣文海出版社，2006年版，第217頁。據清光緒《魚臺縣志》卷一之《山川志》（《中國地方志集成·山東府縣志輯》第79冊，第頁）中的記載：「泗河，濟寧州東四十里，自兗州府滋陽縣來，至南灘集入州境，南流四十里至姬家莊北屈而西流，歷新泗河口，過張家橋，至仙官莊屈而南流，至魯橋沙洲寺入運河。乾隆十四年開新泗河，南流過董家壩，歷鄒縣大牙地，又入境會白馬

咸豐豐工河決，再繼之以黃河銅瓦廂決口北徙，「黃河橫流，二十餘年來，泗河口迤南迤北曰五十里運河堤岸，至今全行沖毀，張家橋至泗河口舊泗河約二十里河身，淤如平陸，其間有河形者不過十之二三。每逢夏秋泗水盛漲，漫溢滂趨，並頂托奔騰之汾水倒漾分流：一由石佛閘缺口入濟寧州東鄉之黑土店、登封里等處；一由新店入坡，全注於濟寧南鄉各地方，以致該州境內三百數十村莊悉成澤國」〔註63〕。黃河北徙後，運河堤岸受到沖毀破壞，受大水頂托，泗河入運尾閭地帶亦被淤平，每值夏秋多雨時節，泗河下游河道遂呈現多股漫流的紛亂局面。

（二）魯中丘陵西側地區

對流經魯中丘陵西部平原區的黃河河道來說，多年泥沙淤積，河床不斷抬高，該區所受黃水威脅亦隨之加重。據李希霍芬 1869 年（清同治八年）4月9日對濼口黃河的考察：「此地的黃河大概寬 250 米，河水呈黃色，有很多沉積物。水流速度大概 1.5 節，目前堤岸高出水面 7 米左右，一旦發水的話，河水很容易就達到堤岸的高度，甚至發生決口。」〔註64〕自光緒初山東黃河上游大堤建成後，中下游遂來水增多，隨著黃河河床的不斷淤高，不僅加重河決的風險，更阻礙了沿岸支流的匯入。

黃河銅瓦廂北徙之前，發源於魯中山區的河流中，除前述汶河注入大清河外，還有一些河流，如長清境內的南沙河和北沙河、歷城境內的玉符河、章丘境內的繡江河等。自黃河改道奪大清河入海後，隨著泥沙淤積河床升高，在這些河流的入黃口處難以排泄，均出現積水成災的局面。對此，舊志記載：「至咸豐五年，黃河北徙由大清河入海，河身淤墊，向入大清河之水為黃堤所阻，無所宣洩。歷城之巨野河，章邱、齊東交界之繡江河兩岸水淹，半成澤國」〔註65〕。此景象亦被時人秦奎良記錄下來：「清咸同之際，余所及見者，

河，曲折出孟家橋入南陽湖。又乾隆三十二年新挑引河，亦引泗河水入新河以取直。」另據《山東南運湖河疏濬事宜籌辦處第一屆報告》中記載：「泗河發源於陪尾山，匯流歧出至泗水之下橋東為一流，由下橋至兗州約長一百數十里，地勢平衍，河面寬闊，北高南下，長流易於下注，兗州以上無極端之利害。迨兗州以下，歷滋陽，經鄒縣、濟寧，河身既狹，水勢彌盛，歲之災浸，為害最烈。」

〔註63〕朱壽朋：《光緒朝東華錄（一）》，《近代中國史料叢刊三編》第 98 輯，第 217頁。

〔註64〕《李希霍芬中國旅行日記》上冊，第 134 頁。

〔註65〕民國《續修歷城縣志》卷九《山川考·水》，第 112 頁。

大清河已為黃河經流，而歷城、長清南山之水，由玉符河至長清之北店子入之。濟南七十二泉之水，由濼口堰頭分道入之。章丘之繡江河、鄒平之孫鎮河，由齊東之東西境內入之。迨光緒之初，黃河濁流，淤墊日以高仰，各水入口之處時虞倒灌。歲甲申，新寧陳公俊丞撫東，興築黃河大堤，各水口盡行堵塞。」〔註66〕在此之前，東河總督文斌與山東巡撫丁寶楨在其奏摺中也指出：「大清河南岸，近接泰山之麓。山陰之水，悉向北注。除小清淄彌諸河，均可自行入海。其餘大小溪河，胥以大清河為尾閭。置堤束黃以後，水勢抬高。向所泄水之處，留閘則虞其倒灌，堵遏則水無所歸。」〔註67〕曾親自主持小清河疏濬的盛宣懷亦有記：「自銅瓦廂決口，黃流併入大清河，積沙淤墊，歲歲漫溢，沿河築堤防守，歷、章諸水北流，無可宣洩。」〔註68〕

顯然，自咸豐五年至光緒初期，二十多年的淤積使魯中地區注入黃河的前述河流受黃水倒灌的情況日趨加重，光緒十年（1884），新任山東巡撫陳士傑開始組織興築黃河中游大堤，上述諸河遂徹底失去下游泄水出路，每至夏秋多雨時節，魯中山區大量來水不能及時得以宣洩，水患遂愈加嚴重。

由於各河流所處地理環境上的差異和特徵，黃河北徙對區內各河道影響亦不同。流經長清境內的玉符河，「本入大清，後因黃河奪溜，玉符水不能入，乃於光緒辛卯開新河，導水東北至歷東」〔註69〕。作為繡江河的北段，其在齊東縣境被稱作礓河，開鑿於明成化年間，「南自小郭家莊西入縣境，經孟家橋西、於家店東過曹家碼頭，西經潘家橋、張家橋東，曲折二十五里，北至延安鎮西入大清河。自咸豐五年黃河入濟，礓河因水屢溢，曾築堤防之。至光緒七年，大清河道淤填漸高，礓水逆流為患甚巨，復將河口截塞，計免黃水之災，而礓河下築終無所歸，為害尤烈。迨光緒十一年，遙堤既成，新河復開，歷、章諸水皆由小清河入海，礓河遂涸」〔註70〕。齊東境內減河與礓河有類似境遇（圖24）。減河於明成化間由陳愷倡議開濬，「引章丘白雲湖之水

〔註66〕（清）秦奎良：《疏鑿新清河始末》，民國《重修博興縣志》卷二《河渠》，《中國地方志集成・山東府縣志輯》第 27 冊，鳳凰出版社，2008 年版，第 55 頁。

〔註67〕《再續行水金鑒・黃河卷》，第 1393 頁。

〔註68〕（清）盛宣懷：《修濬小清河記》，此處轉引自任寶禎編：《小清河歷代文匯》，濟南出版社，2008 年版，第 117 頁。

〔註69〕民國《樂安縣志》卷之一《輿地志》，《中國地方志集成・山東府縣志輯》第 30 冊，鳳凰出版社，2008 年版，第 26 頁。

〔註70〕民國《齊東縣志》卷二《地理志》，《中國地方志集成・山東府縣志輯》第 30 冊，鳳凰出版社，2008 年版，第 360 頁。

至菅家廟入境，經梁家橋東，至麻姑堂西，北經魏家橋，東過齊家橋、王家橋，紆回四十餘里至舊治東門外，由永濟橋下入大清河。自黃水入濟，常從橋下溢出為災，後竟塞橋口築堤防，而減河遂廢。迨清光緒間，黃河決口，境內連年患水，即河道亦迷漫無跡」〔註71〕。黃河奪大清河後的淤積與泛濫給此區域的水環境帶來的影響可見一斑。

圖 21　晚清齊東縣境及其附近水系分布及淤塞情況示意圖

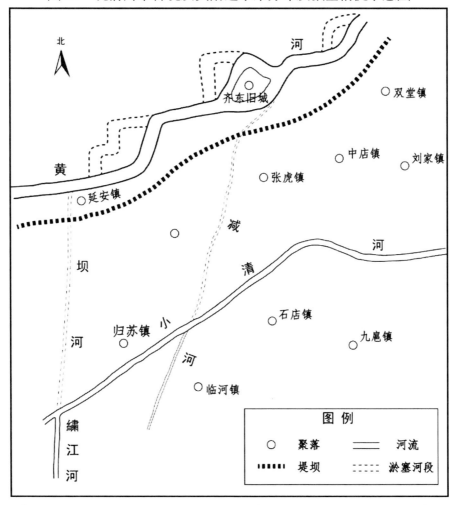

資料來源：底圖採自華林甫、李誠、周磊著：《德國普魯士文化遺產圖書館藏晚清直隸山東縣級輿圖整理與研究》（下）之《呈閱阜縣全境地輿圖》，齊魯書社2015 年版，第 342 頁。

〔註71〕民國《齊東縣志》卷二《地理志》，第 360 頁。

　　山東省城濟南北部地區因黃水倒灌，山泉之水彙集於此無從宣洩，成為重災區。對此，光緒九年（1883）歷城知縣陶錫祺稟稱：「小清河在省垣以北承納各處泉水，向皆會歸大清河，東趨於海。自黃流北徙，大清河日淤日高，不但泉水不能下注，且有黃水倒灌之虞，以致東北數十村莊悉成澤國，現在一片汪洋，難期涸復。」〔註72〕熟悉省城泉湖水系的地方士人也有記述：「按省城泉湖水向分三路，向北順流。趵突泉水與省泉湖水並與五龍潭水，至城西北老鸛橋相會，出響河口，入大清河。東南諸泉之水，由城東北沿路引河灌溉北面稻田，仍回折向西，至響河焉。其由華山入大清河者，不過十分之三四耳。今大清河而入黃流，均將入河口門壅淤不通，而灤水無由宣洩，故挖小清河以泄之。」〔註73〕此外，精於河防的潘駿文對此區域的水患形勢考察更為細緻：

> 竊查省垣內外之泉源，山水向來匯於北園，分注西北灤口鎮之香河口，東北堰頭鎮之小清河口，均入大清河。自黃水歷年倒灌，河口淤墊日高，內水漸不得出，惟冬令黃水歸槽，始無頂托之患。八年，於各河口特建東西兩閘，意在御黃泄清，未經測量，閘底既形高仰，引河更未深挑，是年冬令北園仍一片汪洋不能宣洩。本年夏間復有上游之大魯莊、劉七溝漫溢之水下注，北園受害益重。現在漫口雖已先後堵合，節屆小雪，積水未消，查看灤口西閘內之河身業已淤成平陸，如欲挑通，宣洩工費較巨，惟堰頭東閘之河口每遇大河水勢消落，內水尚能外出。論從前地勢，本係東高於西，分注之水亦西多東少，而現在情形稍異者，則以黃水自西而東，故以西之受淤較重也。〔註74〕

　　黃河北徙後，黃水歷年倒灌，以往注入大清河的濟南城北部諸泉水由於入黃口處不斷淤高受阻匯積於北園一帶。後雖興建水閘以「御黃泄清」，但因用工草率，不但未能起到應有的效能，每值上游漫溢之水下注時，北園水患反而更趨加重。黃水消落之時，積水雖能通過堰頭東閘排出，但閘座附近的泥沙淤積更是為驚人，僅靠閘壩以宣洩積水顯然已不是長久之計。

〔註72〕民國《續修歷城縣志》卷九《山川考·水》，第113頁。

〔註73〕任寶禎：《小清河史志輯存》，濟南出版社，2008年版，第172頁。

〔註74〕（清）潘駿文：《濟南省垣泉水議》，載《潘方伯公遺稿》，《清代詩文集彙編》編纂委員會編：《清代詩文集彙編》第732冊，上海古籍出版社，2010年版，第475頁。

圖 22　晚清大、小清河圖

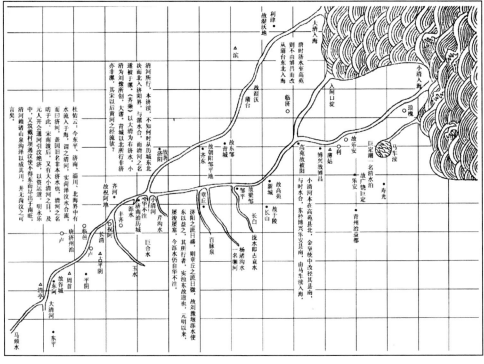

資料來源：光緒《東平州志·全圖》之《大小清河圖》，《中國地方志集成·山東府縣志輯》第 70 冊，鳳凰出版社 2004 年版，第 31 頁。

　　山東省府及魯中沿黃各縣努力尋找新的泄水出路，新清河的開關即為重要舉措。新清河為重新疏濬後的小清河〔註 75〕，它的再次疏通不僅為上述魯中地區積水的排泄開關了通道，更是此區域內水系的一次重大調整。為更好地認識黃河對此區域水系的影響，有必要對黃河北徙之前大、小清河與魯中地區水道變遷的關係進行梳理與回顧。

　　對於大清河與小清河（圖 25），舊志中記載：「本為濟水入海古道，前明以來，濟分為二：自魚山導源經東阿、長清，會濟南七十二泉之水，東北流由利津入海者，謂之大清河；由章邱繡江河之水東流，會鄒平、長山、新城諸縣水，經樂安之淄河門入海者，謂之小清河。嗣大清河日益深通，章丘東迄鄒、

〔註 75〕關於小清河的具體情況，可參考孫慶基、林育真等主編《山東省地理》一書第 145～146 頁之《小清河》；張祖陸，轟曉紅等：《山東小清河流域湖泊的環境變遷》，《古地理學報》2004 年第 2 期；李嘎：《河患與官方應對：康雍乾時期的山東小清河治理及啟示》，《中國歷史地理論叢》2007 年第 3 期。

長之水均入之，樂安小清河惟受新城孝婦河之水東入於海。」〔註76〕不論大、小清河分流格局的形成是否發生於明季〔註77〕，至少在明代魯中地區諸水在匯流於大清河抑或小清河之間出現過較大變化。據記載：

> 明永樂時，小清河水失其經，壞民廬舍。弘治九年，參政唐源潔嘗濬治之。嘉靖十二年，乃復濬博興以西達於歷城幾三百里。至嘉靖以後，灤水自歷城東北之堰頭北決入大清，龍山之巨合、芹溝，章丘之淯水亦皆北決入大清。於是，小清自章丘以西遂無上流，而自歷城經鄒平以東入海之舊道終微矣。〔註78〕

小清河為古濟水經流之地，受歷史時期黃河決流影響，遂形成大、小清河之分流。〔註79〕大、小清河均經流於地勢低平的魯西北平原地帶，且幾乎平行入海，與大清河相比，小清河水流更為平穩，更易於淤塞。受二者水文變化影響，加之發源於魯中山區的前述諸河時常發生沖決，濟南至鄒平、長山一帶的河流注入大清河抑或小清河，呈現出「循環改注」現象〔註80〕。可以說，這種極其罕見的河道變遷景象，不啻為河流變遷史上的一大奇觀。

宋金時期，在黃河決流的侵襲下形成大、小清河分流的局面，自金元至

〔註76〕（清）秦奎良：《疏鑿新清河始末》，民國《重修博興縣志》卷二《河渠》，第55頁。

〔註77〕據下文可以看出，大、小清河分流局面之形成應在宋金之際。

〔註78〕民國《齊東縣志》卷一《地理志》，第336頁。又另據民國《鄒平縣志》（成文版，《中國方志叢書·華北地方》第358號，第554～555頁）卷七《山水考下》之《小清舊河考》一文所考：「小清自金元及明之嘉靖，雖時有通塞，而尚屬通流，成化以後，十一場支河乾涸，商旅不行，……嘉靖以後，灤水自歷程東北之堰頭，北決入大清。龍山之巨合、芹溝，章邱之淯水，亦皆北決入大清。於是，小清自章邱以西遂無上流，而自歷城逕鄒平至樂安入海之舊道終廢矣。」

〔註79〕據民國《鄒平縣志》卷七《山水考下》之《小清舊河考》（第552～553頁）一文中記載：「宋熙寧十年，大河決水匯梁山泊分二派：其北派流入北清河（即濟水），至歷城東北又捨北清河渠，挾北清河水走灤水故渠，中至濟陽、齊東、青城、濱州以下，又捨灤渠入大河舊道注海。金明昌五年，大河決，又循此道，於是北清河水終由灤渠，而章丘、鄒平界中濟水之經流微矣。經流既微，劉豫堰灤水東行濟渠，合巨合、芹溝、百脈、楊緒溝諸水以成川，於是人謂行濟陽、齊東者為大清，謂行章丘、鄒平者為小清矣。」

〔註80〕自宋金以來，對於濟南城北部至章丘間的魯中諸河，呈現交替注入大清河與小清河的情形，之所以會形成此一景觀，既有地形、氣候等自然原因，也有對小清河道進行人工疏濬等人為原因，這既非類似於因溯源侵蝕而發生的河道改變，亦非因河流劫奪而形成的河道變遷，在此，筆者且將其稱為河流的「循環改注」現象，這一地理現象在地表環境中是極為罕見的。

明嘉靖時期，經過多次疏治的小清河「尚屬通流」，但至嘉靖以後章丘以西的
灤水、巨合水諸河決入大清河，小清河遂失其上源，區域水系格局為之一變。
對於此處魯中諸河而言，由於夏秋季節降水集中，加之河流較短小、比降較
大，這無疑都是導致其沖決改歸的重要因素，而大清河道的「日益深通」，更
加速上述水系格局的形成。之所以出現前述「循環改注」現象，區內氣候與
地形等方面的自然因素起到重要作用，地方政府對小清河道的多次疏濬也不
容忽視。時至晚清，在黃河北徙奪大清河道的影響下歷、章諸水難以下泄之
時，山東地方再次疏通小清河，章丘以西直至省城北部諸水改注新清河（即
小清河），是為區內水系再次大改變。

（三）徙馬平原地區

　　徙馬平原區亦為華北大拗陷的一部分，第三紀喜馬拉雅運動後開始接受
新生代的沉積，其地形地貌更接近現代形態。〔註81〕宋代以前的黃河北流入
海時期，此區域較為頻繁地受到黃河決徙沖積影響，區內沉積物分布和微地
貌變化亦多受黃河移徙制約。總體地勢平坦，坡度較小，由西南向東北微傾，
地表崗、坡、窪地交錯分布，微地貌複雜。〔註82〕

　　黃河北徙改道對本區內的地形與河流產生較大影響。齊河緊鄰黃河且頻
遭黃水衝擊，境內土地被沙壓現象較嚴重，地形隨之發生改變。研究者指出：
「清咸豐五年至咸豐六年，黃河在齊河李家岸、濟陽廓紙坊、桑家渡多次決
口泛濫，水勢極大，在黃河北岸淤積了上百萬畝的沙地，即為齊河、濟陽南
部現在大面積沙地、沙丘和沙崗地所在。」〔註83〕同時，據舊志，清光緒十
一年（1885），「河自李家岸決口，上自裴莊柳屯，下至趙良錢官井莊，綿互四
十餘里，盡被沙壓，約計八百餘頃……又李家岸決口時，衝入西北一股，自
興隆屯起，曲折至胡店西北偏，約三十餘里，亦盡被沙壓，惟此經過村莊，地
勢高下不等」〔註84〕。顯然，黃河北決後帶來的大量泥沙淤積，不僅形成沙

〔註81〕侯春嶺，黃紹鳴等：《山東地貌區劃》，《山東師範學院學報》1959年第4期，
　　　　第7～8頁。
〔註82〕山東師範大學地理系：《山東省地域分區、用地區域劃分專題研究》（內部資
　　　　料），1991年，第68頁。
〔註83〕巴音，彭斌等：《齊河縣土壤鹽漬化及其特徵》，載許越先主編《魯西北平原
　　　　自然條件與農業發展》，科學出版社，1993年版，第71頁。
〔註84〕民國《齊河縣志》卷十二《戶口志》，《中國地方志集成·山東府縣志輯》第
　　　　13冊，第74～75頁。

丘、沙崗等地貌景觀，更使局部地區地勢起伏不平。

徒駭河發源於河南清豐縣境，由西南向東北流，於沾化縣注入渤海。宋金以後，黃河南徙，為排泄區內積水，明中葉貫通土河逐步形成徒駭河。因地面平緩，發育在緩坡上的徒駭、馬頰諸河比降很小，排水不暢，再加之夏秋季節洪水多發，不僅內澇嚴重，河道淤積及改道亂流的情況亦屬常見。至晚清時，當地士人已難分辨清楚區內河道的源流。據光緒《高唐州鄉土志》記載：「州境之水，東南有徒駭，西有馬頰故瀆，為昔日最大之流域，經年既久，河身亦間多淤塞，其鳴瀆、漯水二流，當年禹跡，今已就湮。或以為大河之支流，或以為與徒駭為一，眾說紛紜，莫衷一是」〔註85〕。對於鳴瀆河，志書亦載：「在州南三十五里古靈城縣，東北入蓨縣，與屯氏河合流入海，或以為徒駭河之上游，或以為與徒駭河為一，年久河身淤平，不可考已。」〔註86〕晚清對魯西北地區「眾說紛紜，莫衷一是」甚至「不可考」的水系認知狀況可以理解，此區域內地理環境的變化似已超出傳統時代地方士人的活動範圍乃至知識結構。這些河流河道較長，跨越不同政區，同一河流在不同區段有不同稱謂，更增加了人們認知上的難度。黃河北徙後中下游河段的頻繁決口或改道無疑更擾亂了區內河流水系，使之趨於複雜。

由於地勢平坦，呈建瓴之勢而下的黃河決水在魯西北地區的漫流範圍很廣，向西能夠直抵鉤盤河、馬頰河流域，所以距離黃河最近的徒駭河流域是受影響最重的區域。仍以齊河縣為例：「有溫聰、趙牛、倪倫三河，自南而北，毗處其間，為夏秋泄水之所」〔註87〕，銅瓦廂河決之初，黃河漫溢之水通過平陰、長清等處灌入此三河，後隨著黃河下游河床淤高、決口加劇，溫聰、趙牛等河多被淤積，甚至被淤填廢棄。據民國《齊河縣志》記載：「境內河流以大清河為經，以徒駭、趙牛、溫聰、倪倫為緯。自清咸豐五年，黃河北徙奪濟水故道入海，而黃河遂為境內巨川矣。迨後屢決為患，賑濟蠲免幾於無歲無之。至光緒初年設三遊河工防營……築堤愈峻，河身愈高，而危險愈甚。十五、六兩年，張村曹營決口，全境被淹，地被沙壓，為古來未有之奇災，趙牛、溫聰、倪倫、徒駭多被淤墊，此河流一大變遷也。」〔註88〕可以說，自

〔註85〕（清）周家齊纂修：《高唐州鄉土志》之《山水》，成文版，清光緒三十二年手抄本，《中國方志叢書·華北地方》第42號，第113～114頁。

〔註86〕《高唐州鄉土志》之《山水》，第116頁。

〔註87〕《再續行水金鑒·黃河卷》，第1154頁。

〔註88〕民國《齊河縣志》卷之五《河道》，第43～44頁。

黃河銅瓦廂北徙後，尤其是在光緒時期，頻繁的河決不僅淤沒趙牛、溫聰等徒駭河支流，徒駭河本身亦受到黃水很大的影響。

圖 23　清光緒三十年（1904）徒駭河下游地理形勢示意圖

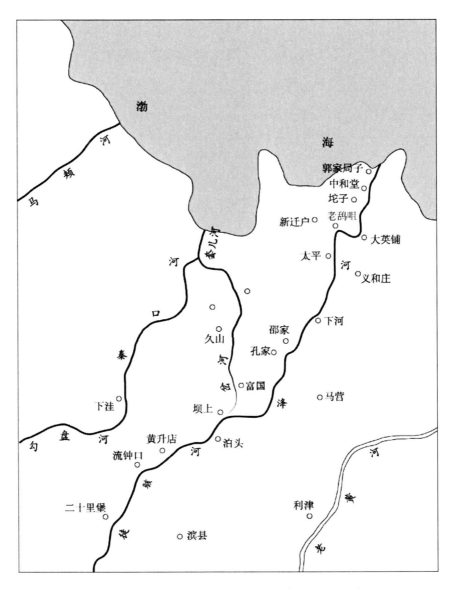

資料來源：本圖以《1904 年洚河位置示意圖》為底圖，參見王勤山：

《徒駭河尾閭的變遷》（內部資料）。

　　黃河北徙前，徒駭河徑流總量很小，季節變化很大，「河道窄淺，春冬之際，不過潺潺之水而已。至夏秋間，盈涸無常」〔註89〕。北徙後至同治年間，泥沙淤積則不斷加重，沿岸水災加劇，「近年淤澱太甚，每遇夏秋黃溜盛漲時，不能宣洩，又有坡水分注匯歸，以致濱河之地，動遭淹沒，災歉頻仍」〔註90〕。其尾閭地帶由於黃水彙集，「徒駭河上游，大溜直趨，滾滾東下……沾境殆成澤國」。經過黃河洪流的衝擊，徒駭河「河道即冲刷深且寬矣，且日有潮汐之流」，水運交通遂愈見發達，呈現「帆船如梭，商賈雲集」的繁盛景象。清光緒三十年（1904），黃河在利津境內發生兩次決口，黃水大溜皆直注洚河，造成該段嚴重淤積，迫使徒駭河尾閭西移。〔註91〕光緒三十三年，黃河在利津縣薄家莊決口，「洪水橫流，遂將徒駭河下游自孔家莊至海口一段，被水淤澱」（圖26）。黃河決溢影響下的徒駭河道變遷據此可見一斑。

三、結語

　　論及地理與歷史的關係時，英國歷史地理學者達比曾談到：「我們今天看到的景觀，是過去遺物的總和，有些遺物是地質時代的，有些遺物是歷史時代的。所以有時候，我認為地形學和歷史地理學是地理學研究的基礎，這些就是地理學科的基本要素。」〔註92〕達比從「地理中的歷史要素」來說明地形學與歷史地理學對於地理學研究的重要性，而筆者想強調，某種程度上在歷史地理學的研究中地形（地貌）學亦可看作「基本要素」。只有將其他要素系統性地建立在地形這一基礎之上，才能推動更加科學的現代歷史地理學的形成與發展。當然，強調地形的重要性並不是將其孤立起來，而應結合聯繫的觀點去考慮地形之塑造過程及其影響。

　　作為自然地理環境的重要組成，地形、氣候、水文、土壤等各種因素相互聯繫、相互作用，共同促進著自然地理環境整體之形成。而作為其中的一

〔註89〕（民國）李錫峰：《徒駭河沿革考》，民國《沾化縣志》卷八《藝文志》，《中國方志集成・山東府縣志輯》第25冊，第511頁。

〔註90〕《再續行水金鑒・黃河卷》，第1402頁。

〔註91〕王勤山：《徒駭河尾閭的變遷》（內部資料）。

〔註92〕〔英〕H・C・達比著，姜道章譯：《論地理與歷史的關係》，載中國地理學會歷史地理專業委員會編《歷史地理》第13輯，上海人民出版社，1996年版，第251頁。

部分，河流與地形之間的關係是十分密切的。地形的高低起伏對河流的走向、徑流速度等起決定性作用，反過來，河流的侵蝕與堆積功能亦對地形地貌的塑造產生重要影響。在歷史時期，黃河源源不斷地將中游的泥沙攜帶至下游，淤積成為今日之華北大平原，在華北平原的形成過程中，黃河下游的每一次決溢或改道，都或多或少地影響和改變著華北平原內部的地形地貌與河湖水系格局。

　　時至晚清，黃河於銅瓦廂決口北徙，對其下游沿岸區域地形與河湖環境造成很大影響。雖同屬華北大平原，但區內地理環境的差異導致黃河對地形與河湖環境造成的影響存在不同表現。山東南運河以西的平原地帶距離決口處較近，泥沙淤積較多，地形抬高幅度明顯。黃河在此區內漫流，擾亂了原有水系，趙王河、沮河、牛頭河諸河流不是被黃水淤沒，就是被黃河頂托而難以排泄。南四湖東側的汶、泗下游地帶，因受黃河淤高河床的頂托，亦出現排水困難的局面，東平湖的形成與擴大即為區內積水不斷增多的結果。魯中丘陵西側平原地帶，受黃河淤高河床的阻擋或黃水倒灌影響，長清至齊東各縣境內入黃各河均難以宣洩，促成新清河的開闢，區內水系格局為之大變。徒馬平原地帶，受黃河沖決或改道的影響，靠近黃河河道的徒駭河諸多支流被淤沒，徒駭河則被黃水沖寬刷深，清光緒三十三年黃河利津決口後，其尾閭河段亦被淤沒。

　　除此之外，晚清黃河北徙對地形與河湖環境的影響對近代黃河三角洲之形成、大運河的淤塞等也緊密相關〔註93〕，繼續加強對此議題的研究，仍是當前晚清黃河史地研究之要務。尤其光緒中期以後，清廷與地方政府對黃河治理力度增強，使黃河影響下的下游沿岸區域地形與河湖環境變遷滲入不少人為因素，如堤埝與閘壩的修築、新的泄水渠道的開闢等，這些人為因素與自然意義上的黃河共同促進了黃河下游近現代地形與河湖環境的最終形成。

〔註93〕對於晚清黃河北徙給包括黃河三角洲、運河在內下游沿岸區域帶來的影響，可參考古帥：《黃河因素影響下的山東西部區域人文環境（1855～1911）》，《中國歷史地理論叢》2020 年第 3 期；古帥：《1855 年黃河北徙對山東運河漕運的影響與社會應對——以黃運交匯處和山東運河北段為中心的考察》，《運河學研究》第 5 輯，社會科學文獻出版社，2020 年版。

第二節　黃河因素影響下的晚清山東西部區域人文環境〔註94〕

　　黃河是中華民族的母親河，被看作是中華民族的象徵。同時，作為世界上含沙量最高的河流，黃河也以其「善淤、善徙、善決」而聞名於世。在地形地勢上，黃河跨越了我國的三級階梯，自西向東依次穿越了青藏高原、黃土高原和華北平原三大地形單元區，這樣的地理形勢也決定了其經流於上中游峽谷之中的河段難以發生較大的遷徙，而一旦流出峽谷進入華北大平原，其頻繁決溢改道的序幕也就隨之拉開，所謂「河入中國，行太行西，曲折山間，不能為大患。既出大岯，東走赴海，更平地二千餘里，禹跡既湮，河並為一，特以堤防為之限。夏秋霖潦，百川眾流所會，不免決溢之憂」〔註95〕。

　　據統計，在 1946 年以前的三、四千年中，黃河決口泛濫達 1500 餘次，其中較大的改道有 26 次。從黃河改道的空間範圍上看，最北的經海河出大沽口，最南的經淮河入長江，北至天津、南至長江下游近 25 萬平方千米的廣大區域均受其波及。〔註96〕對於歷史時期黃河的大改道，由於統計標準不一，不同學者遂給出不同的次數〔註97〕，但不可否認的是，在歷次黃河的大改道中，清咸豐五年的銅瓦廂改道大都被認為是一次重大改道。

　　目前，學術界關於晚清黃河銅瓦廂改道及其影響的研究成果已相當豐富。〔註98〕然而，具體看來，這些研究多集中在河道變遷、河政、水患應對

〔註94〕說明：本文原刊於《中國歷史地理論叢》2020 年第 3 期。本文所說的「山東西部區域」並不是一般區域劃分上的「魯西地區」，而主要指相對於東部半島區域而言地理位置偏西的山東省境內的沿黃區域。

〔註95〕（元）脫脫等：《宋史》卷九十一《志第四十四・河渠一・黃河上》，中華書局，1977 年版，第 2256 頁。

〔註96〕水利電力部黃河水利委員會編：《人民黃河》，水利電力出版社，1960 年版，第 32～33 頁。

〔註97〕與前引《人民黃河》中黃河 26 次大改道的統計次數不同，清人胡渭在其《禹貢錐指》一書中首先提出黃河五大遷徙說，即周定王五年（前 602）、王莽始建國三年（11）、北宋慶曆八年（1048）、金明昌五年（1194）、元至元二十六年（1289）；鄭肇經在《中國水利史》一書中認為黃河有六次大徙，即周定王五年、王莽始建國三年、北宋慶曆八年、金明昌五年、明弘治七年（1494）、清咸豐五年；徐福齡在《黃河下游河道的歷史演變》一文中提出黃河五次大改道說，即周定王五年、王莽始建國三年、北宋慶曆八年、南宋建炎二年（1128）、清咸豐五年（1855）。

〔註98〕關於晚清黃河銅瓦廂改道的研究成果參見：顏元亮：《清代黃河銅瓦廂決口

等方面，對於黃河此次大改道給銅瓦廂以下河段沿岸區域具體帶來哪些影響這樣的基本性問題反而研究甚少。在本文中，筆者沿著黃河銅瓦廂改道後的新流路（圖22），從土壤與民生、水患與水利、民風民俗等多個方面對晚清黃河銅瓦廂改道後對下游沿岸區域人文環境變遷的影響進行一番梳理，並在此基礎上對黃河影響下的區域人地關係進行初步探討。

一、黃河因素影響下的區域人文環境

在中國歷史發展的進程中，黃河變遷無疑是始終伴隨並對其產生重大影響的事件之一。在論及黃河變遷的影響時，鄒逸麟先生曾總結到：「三四千年黃河的決溢和改道曾影響了下游平原地區的地理面貌：淤塞了河流，填平了湖泊，毀滅了城市，阻塞了交通；使良田變為沙荒，窪地淪為湖沼，沃土化為鹽鹼，生產遭受到破壞，社會經濟凋敝」〔註99〕。可以說，此一總結無疑是較為全面的，而在鄒先生研究的基礎上，筆者亦擬從多個方面對黃河銅瓦廂北徙後給沿線區域（圖27）人文環境帶來的具體影響作一分析。

及新河道的演變》，《人民黃河》1986 年第 2 期；錢寧：《1855 年銅瓦廂決口以後黃河下遊歷史演變過程中的若干問題》，《人民黃河》1986 年第 5 期；顏元亮：《黃河銅瓦廂決口後改新道與復故道的爭論》，《黃河史志資料》1988 年第 3 期；夏明方：《銅瓦廂改道後清政府對黃河的治理》，《清史研究》1995 年第 4 期；董龍凱：《清光緒年間黃河變遷與山東人口遷移》，《中國歷史地理論叢》1998 年第 1 期；董龍凱：《1855～1874 年黃河漫流與山東人口遷移》，《文史哲》1998 年第 3 期；董龍凱：《山東段黃河災害與人口遷移（1855～1947）》，復旦大學博士學位論文，1999 年；王林，王金鳳：《黃河銅瓦廂決口與清政府內部的複道與改道之爭》，《山東師範大學學報（人文社會科學版）》2003 年第 4 期；賈國靜：《黃河銅瓦廂決口改道與晚清政局》，中國人民大學博士學位論文，2008 年；唐博：《銅瓦廂改道後清廷的施政及其得失》，《歷史教學（高校版）》2008 年第 4 期；賈國靜：《大災之下眾生相——黃河銅瓦廂改道後水患治理中的官、紳、民》，《史林》2009 年第 3 期；賈國靜：《黃河銅瓦廂改道後的新舊河道之爭》，《史學月刊》2009 年第 12 期；賈國靜：《黃河銅瓦廂決口後清廷的應對》，《西南大學學報（社會科學版）》2010 年第 3 期；席會東：《晚清黃河改道與河政變革——以「黃河改道圖」的繪製運用為中心》，《中國歷史地理論叢》2013 年第 3 期等。

〔註99〕鄒逸麟：《黃河下游河道變遷及其影響概述》，原載《復旦大學學報（歷史地理專輯）》（1980 年），此次引自鄒逸麟：《椿廬史地論稿》，天津古籍出版社，2005 年版，第 20 頁。

圖 24　清代山東西部區域圖

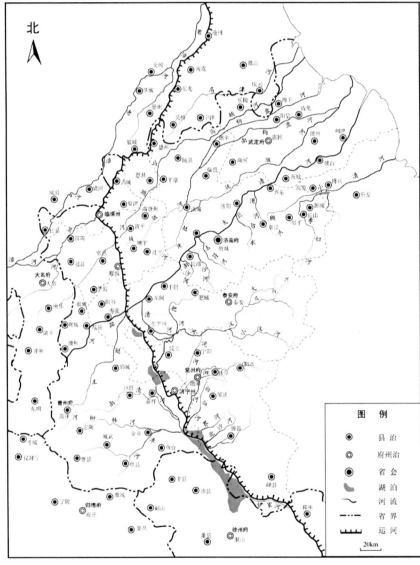

說明：此圖以譚其驤主編《中國歷史地圖集》第八冊第 22～23 頁
《山東》圖（中國地圖出版社，1996 年版）為底圖。

（一）土壤與民生

　　黃河改道後的淤積對沿岸地帶土壤的影響無疑是最直接的。作為自然環
境變遷中的一個重要表現，土質的變化無疑又給傳統社會緊緊依附於土地的
農民生活帶來重大影響。對於晚清時期黃河泛濫影響下的土壤變遷，前人已

進行了不少研究〔註100〕，但與其不同之處在於，筆者主要以黃河為線，集中探討 1855 年黃河北徙後給銅瓦廂以下河段沿岸黃河沿岸區域土壤帶來哪些影響？其在不同地區又有哪些表現？這些影響又對當地民眾生活產生怎樣的影響，而沿岸民眾又是如何應對的呢？

　　在黃河進入山東省境之前，作為黃河漫水經流的重要縣份，長垣所遭受的影響無疑是較重的，「黃河自河南銅瓦廂決口，洪流檔貫全境二次，又復遷徙，經過地方盡成淤沙，更時常東灘西刷，兩岸民田多變為飛沙不毛。同光之際屢經查勘，僅將河身佔地免去田賦，而兩岸灘地尚仍故也」〔註101〕，黃河銅瓦廂北徙給長垣境內土壤與民生帶來的影響可見一斑。不僅僅是長垣，東明縣境內土壤所遭黃水影響亦非常嚴重，所謂「地接大河，河之遷徙靡定，而土質優劣亦因之無常。本沙也而忽為淤，本塗泥也而忽為飛沙，甚至毛葦彌望之田一經水淤，數月間即可桑麻遍野，故東明之土質極難言也。」〔註102〕即使黃河泛濫致使東明縣境土質達到「極難言」的地步，但地方士人仍將境內的土壤分成五類〔註103〕，我們可以先看看沙地質與不毛地質這兩類土質。從面積上看，這兩類土質共占東明縣總田畝的百分之三十五六，其中沙地質約占百分之三十，不毛地質約占百分之五六；從土壤性質與農作耕植上看，沙地質，「在田地中亦下品也，其色白而黃，其性塗而散。近百年來迭受河害者，大率此質為多，不過較強於不毛者耳。若值秋澇之年，則收貨較斥鹵者為愈，秋禾中如菽、粱、黍、稷之類，均可播植；若不潤以肥料，則所得極少，至於二麥之獲尤稱寥寥，謂之比歲不登也。」至於土質最差的不毛地質，「此地幾不成質，鄉人所謂飛沙不毛者也。近百年來，每於大河遷徙時，而大溜所經之地率遭此種飛沙，其色白，其性散而碎，即以水摻和亦不成泥，且其質中往往見星星之點，為黃白色，古人謂淘沙得金殆此類歟。偶值狂風大作則飛沙石走，撲面擊鼻，避之不及也。五穀之播殖無一可者，即茅葦亦

〔註100〕可參考李慶華：《魯西地區的災荒、變亂與地方應對（1855～1937）》，齊魯書社，2008 年版，第 43～51 頁；王建革：《傳統社會末期華北的生態與社會》，生活‧讀書‧新知 三聯書店，2009 年版，第 63～67 頁。

〔註101〕民國《長垣縣志》卷五《財政志》，第 83 頁。

〔註102〕民國《東明縣新志》卷一《土質》，《中國地方志集成‧山東府縣志輯》第 86 冊，第 19 頁。

〔註103〕即淤地質、青沙地質、斥鹵地質、沙地質、不毛地質五類土壤，淤地質占百分之十，青沙地質約占百分之四十，斥鹵地質約占百分之十四五。

多半枯。鄉人或於界域間植金簪菜等物,若不資以肥料,亦屬苗而不秀,即資矣,而值亢旱之時,依然秀而不實也。」很顯然,這兩類土質均為黃河遷徙改道淤積而成,土質含沙量高而保水性差,土壤肥力低下,必須「資以肥料」才可能有所收成。當然並不是黃河泛濫都會形成前述「飛沙」,在流速較緩的河段,其近河處則易形成肥力較高、宜於耕種的淤地質。此類土壤「在田地中為上品,其色赤而黃,其性堅而硬,近河濱者率以是質為多,蓋因河水既漲,流之緩速不同,其挾帶泥沙大抵在急流處所遺者為沙質,而緩衝之地所遺者屬淤質。每值水漲不驟之際,僅可漫衍於兩岸之旁,故近河者,此質為多也,宜種二麥及菽黃豆等」。

在東平,自黃河北徙後,低窪地帶由於常年積水,「良田變為湖泊者區域逐漸擴大,收貨之減更不待言」〔註104〕,但局部地區經過黃水淤積,土壤肥力則大為提高,反而成為民人爭種的對象。這種沙淤地,「坐落西鄉安民山前,何官莊以南,西與梁山相望,向來寸草不生,並無糧賦。自被黃水之後,地漸淤涸,轉瘠為腴,居民爭種,搆訟不休」,為了平息此類土地紛爭,「清同治年間,經東平州牧蔣慶篪移會壽張縣請委同丈出劃界,分段散給居民墾種,並請仿照湖田租例徵收。」與此相類似的民間土地糾紛亦出現在鄆城,「同治十年,濟河東岸侯林決口,沙荒填淤,皆可耕種,附近村莊並聖屯軍戶紛興訟端,徐公大容甫卸鄆篆,奉憲劄委丈量此項地畝,得三十六頃,議歸書院而未行。瑞公詳請上憲批歸書院,公親查丈量,實得地二十頃有奇,按地之肥磽分為上、中、下三則,招佃納租,永作書院經費。」〔註105〕除此之外,鄆城「邑城南鹽場舊有無主荒田約五十畝,經黃水淤成膏壤,光緒間歸入書院,嗣經莊長呈明開除八畝,餘田四十一畝有奇,佃戶按年納租,作書院經費」。通過東平與鄆城的上述事例,不難發現,黃河淤積過後,與難以墾種的不毛之地恰恰相反,在局部地帶反而會產生非常適宜耕墾的膏腴之壤,成為民間爭奪的對象,而官方為平息土地糾紛而作出相應處理,無疑為我們瞭解晚清地方土地糾紛提供了很好的案例。

在魯中地區,由於黃河河身不斷抬高,瀕河地帶雨潦難以排泄,給農業

〔註104〕（民國）張志熙修,劉靖宇纂:《東平縣志》,《中國地方志集成·山東府縣志輯》第66冊,第19頁。

〔註105〕（清）畢炳炎、胡建樞修,趙翰鑾、李承先纂:《鄆城縣志》卷二《書院》,《中國地方志集成·山東府縣志輯》第85冊,第45頁。

種植帶來不利影響。在平陰,「地境夾河南北,南多山石,童岡起伏,居民雜墾其中……北多沙鹻,河堤卑薄……自河身日高,瀕河之民為閘以御水,七八月之間雨集山水內注者不得出,河水外溢者,復慮其入,常惴惴然,以故坿城之西北之地每不得耕種。」〔註106〕水閘的築就雖能在一定程度上起到抵禦黃水的效用,但同時也阻擋了夏秋山區來水的下泄,最終導致田地長期被淹而得不到耕種。類似情況也出現在長清縣八里窪地帶,在八里窪,「每當夏秋間,東南山水皆匯於此,田畝變為澤國,禾稼易為淹沒,冬則冰結數里,農民謑嗟無可如何,是宜講明溝洫之法,以期消納此水,或播種不畏潦之谷以與水抗,否則,雖有閘口期將此水洩於黃河,無奈河身太高,往往倒灌,非至秋後河水低落不能宣洩,故應別籌良策也。」〔註107〕很顯然,與平陰不同的是,長清縣八里窪地帶在積水難以排泄的情況下,已試圖嘗試採取改變耕種方式或選擇耐澇農作物品種,來適應這種新的環境。毫無疑問,在黃水頻繁為患的瀕河地帶,毋寧被動地任其肆虐,不如主動地採取措施加以改善,濱臨黃河的齊河縣的例子就很好地說明了這一點。

由於緊鄰黃河且頻受黃河泛濫的衝擊,齊河縣境土地被沙壓的現象較為嚴重。研究者指出:「清咸豐五年至咸豐六年,黃河在齊河李家岸、濟陽郭紙坊、桑家渡多次決口泛濫,水勢極大,在黃河北岸淤積了上百萬畝的沙地,即為齊河、濟陽南部現在大面積沙地、沙丘和沙崗地所在。」〔註108〕據方志記載,光緒十一年(1885),「河自李家岸決口,上自裴莊柳屯,下至趙良錢官井莊,綿亙四十餘里,盡被沙壓,約計八百餘頃。地名郝家窪,一經微風彌漫,不辨行徑,五穀不生,野無青草,厥田下下。又李家岸決口時,衝入西北一股,自興隆屯起,曲折至胡店西北偏,約三十餘里,亦盡被沙壓,惟此經過村莊,地勢高下不等,故積沙有深淺之分,其間肥磽互見,非如郝家窪之寸草不生也。」〔註109〕受黃河影響,齊河縣境局部地區的土壤受到很大破壞,

〔註106〕　(清)黃篤瓚修,朱焯纂:光緒《平陰縣鄉土志》之《序》,北京大學圖書館:《北京大學圖書館藏稀見方志叢刊》第 87 冊,國家圖書館出版社,2013年版,第 3 頁。

〔註107〕　(民國)李起元修,王連儒纂:《長清縣志》卷一《地輿志上》,《中國地方志集成‧山東府縣志輯》第 60 冊,第 140 頁。

〔註108〕　巴音、彭斌等:《齊河縣土壤鹽漬化及其特徵》,載許越先主編《魯西北平原自然條件與農業發展》,科學出版社,1993 年版,第 71 頁。

〔註109〕　(民國)楊豫修等修,郝金章、孫秀堃纂:《齊河縣志》卷十二《戶口志》,《中國地方志集成‧山東府縣志輯》第 13 冊,第 74～75 頁。

甚至已經達到「五穀不生，野無青草」的嚴重地步，但同時我們也能看出，由於地勢起伏不同致使被壓沙層在深淺程度上呈現出不均勻分布的特點，這樣，在沙層較薄之處遂仍有可墾之田。值得注意的是齊河境內的那些被沙覆蓋較淺的地方，經過民眾翻耕則變成了膏腴之地。

下面具體看看這一過程。在齊河，「自黃流漂蕩，田畝變遷，其沙壓較淺之地計四百餘頃」〔註110〕，從時間上來看，翻墾被沙所壓田地的試行與推廣應在光緒二十年（1894）前後。光緒十五年（1889），「河決張村、紙營等處，水深丈餘，自十里堡、馬坊屯衝開遙堤後，上自賈市、十槐樹，下至蔣屯，約有數十村亦被沙壓。經十餘年，雖麥穀莫登，比戶仰屋，但積沙較淺，居民將黃淤翻上，流沙填下，遂成膏腴，用工愚拙，為術不奇，利自倍焉。」〔註111〕對此，民國《齊河縣志》亦有記載到：「光緒十五六年間，黃河屢決，被災各村地盡沙壓，淺者四五尺，深者至丈餘，一白無際，道途迷漫之如煙瘴如流水，即寸草亦不生殖，一班居民無不待炊，仰屋相向而嗟。越七八年，忽有翻淤土以築墉者，所遺赤埴，試植蔬菜，異常暢茂，沿村傳聞，始知翻地之利益。近則爭相取效，化沙瘠為沃壤矣」〔註112〕。齊河縣通過翻土的辦法，「將黃淤翻上，流沙填下」，最終「化沙瘠為沃壤」。〔註113〕可能這種做法並不適宜於其他沿黃縣區，也可能這僅僅是一個可遇而不可求的偶然性事件，但對緊鄰黃河、頻遭水災的齊河縣民眾來說，不啻為民生之福音。

（二）黃河北徙影響下的齊東地方社會

在晚清山東黃河中游地帶，黃河河道的遷徙及其河床的淤積抬高，亦給其沿岸地帶社會環境產生較大影響。其一，由於黃河在此段的遷徙改道，不僅使得原先以黃河為政區邊界的局面被打破，新淤積而成的黃河灘地更加重

〔註110〕民國《齊河縣志》卷17《實業》，第132頁。
〔註111〕民國《齊河縣志》卷12《戶口志》，第75頁。
〔註112〕民國《齊河縣志》卷三十四《藝文 雜錄》，第537頁。
〔註113〕除此辦法外，沿河水滂地帶還有改種水稻、編製葦席等謀生方式。據民國《齊河縣志》卷十七《實業》部分（《中國地方志集成·山東府縣志輯》第13冊，第131頁）記載：「水稻，稻有秈、糯二種，舊志所載乃秔也。現濱黃河之處，終年積水，多有芟除蘆葦試種水稻者，春晚分秧，秋末成熟，經礱軋成米，不亞於南省所出。……葦席，沿黃河一帶，蘆葦叢生，土人但編製為箔，作為建房之具。惟城西蓮紅附近等村多用此制為臥席，男女老稚類以此為業，銷售甚多，獲利亦厚。」此部分記錄的雖是民國時期的濱河民生狀況，但這樣的民生狀態似可追溯至晚清時期，故附錄於此。

了沿岸各縣之間的土地糾紛；其二，自黃河改道奪大清河入海後，伴隨著泥沙淤積及河床抬升，發源於魯中山區的一些河流，像長清境內的南沙河和北沙河、歷城境內的玉符河、齊東縣境的壩河等，均在其入黃口處發生黃水倒灌的現象，所謂「黃河北徙由大清河入海，河身淤墊，向入大清河之水為黃堤所阻，無所宣洩。歷城之巨野河，章邱、齊東交界之繡江河兩岸水淹，半成澤國」〔註114〕，不僅加重了此一地帶的水患，更激化了這些河流兩岸民眾間的矛盾。在因黃河而產生的上述兩方面的影響上，齊東縣無疑都是較為典型的。

1. 黃河水患與邊界糾紛

不管是在古代，還是在現代，人們常常會因「山川形便」來分疆劃界。當然，由巨大山川的天然阻隔所帶來的交通與行政管理上的不便，再加之其所導致的區域文化等方面的差異，使得這種劃分疆界的方法在一定程度上有其合理性。但是，在看到因「山川形便」來進行疆界劃分的優越性的同時，也應該看到其不利的一面，〔註115〕黃河或許就是一個很好的例子。無論是戰國時代列國之間的「以河為境（即邊界）」，還是在傳統時代作為其流經地區沿岸各府州縣之間的政區界線，黃河都憑藉其寬廣的河面而扮演者重要的政治角色。但由於高含沙量的黃河在其下游河段善決、善淤、善徙，這樣，頻繁的遷徙改道則使其失去作為邊界的穩定性，新淤而成的沙灘地亦往往致使邊界線變得模糊不清，最終遂造成兩岸歸屬於不同政區的民眾間的土地糾紛，晚清黃河在流經齊東、濟陽、惠民三縣附近時就出現了這種情況。

光緒十年（1884），黃河在齊東、濟陽二縣附近發生一次較小的改道，民間土地糾紛遂起。至於兩縣土地糾紛之起因，始於濟陽刁民霸種齊東高家圈五莊地（圖28），時任齊東知縣孫紹曾於光緒二十七年（1901）到任後即

〔註114〕 民國《續修歷城縣志》卷九《山川考·水》，《中國地方志集成·山東府縣志輯》第 5 冊，第 112 頁。

〔註115〕 對此，波蘭地理學家尤琴紐什·羅梅爾就駁斥河流應當用作國界的說法，他說河流是居民點的軸心，不是它的疆界。（參見〔美〕普雷斯頓·詹姆斯著，李旭旦譯：《地理學思想史》，商務印書館，1982 年版，第 309 頁）筆者認為在考慮河流的疆（邊）界屬性時，由於其所徑流區域的自然與人文狀各異，且各河流的徑流特徵差別亦較大，故而對能否以河流為界來劃分疆（邊）界應作具體分析。

「請委會勘，並同濟陽縣知縣丈量明白，立定界址」〔註116〕。至於兩縣土地糾紛的具體情況，光緒二十八年（1902）三月初六日所立的兩縣界碑上有著較詳細的記錄：「查本縣（齊東縣）第四區高家圈、孫家、蕭家、大小張博士家，及閻家、郭家寺、方家、時家圈等莊，原在黃河東岸及南岸，與濟陽縣之馬圈、桑家渡、徐家道口等莊隔河為界。清光緒十年，黃河決口，河流遷徙時，將高家圈等莊房田拋於河西及河北，此後齊、濟兩縣直接連界，附近居民屢為爭地興訟。自光緒二十二年（1896）至三十年（1904），迭經府縣及省委菠縣會勘劃界，立碑以舊河中心為斷，而疆界始定。」〔註117〕若再進一步看，「此次三面會勘訊斷，由舊河中心栽柳築堰，劃分齊、濟界限，上至時、秦二圈起，下至大張博士家、桑家渡止，共柳一百三十株，各分六十五株，如遇枯萎，各自補栽」。經過如此細緻而明確的縣界勘劃，兩縣民人是不是真的就能「毋為此判」而「永息訟端」了呢？事情遠沒有這麼簡單。此後不久，由於黃河新淤地畝對老百姓具有很大的誘惑力，拔柳毀堰鋌而走險的大有人在，兩縣間土地爭端紛紛再起。鑒於此，齊東、濟陽兩縣遂不得不重立界碑。對於這一次劃界的詳細經過，光緒三十年正月重立界碑的碑文中有記述到：「竊齊、濟高、馬等莊控爭河淤地畝，去年三月已蒙前候補府憲督飭，栽柳築堰，立碑分界，因有拔毀情事，蒙上憲飭委勘辦。查原堰高二尺，底寬四尺，長一千三百丈，每十丈栽柳一株，兩縣均分，濟上齊下，濟三莊中畝地九頃三畝零，齊五莊中畝地八頃八十三畝零。又東接堰二百丈，栽柳二十株，係案外新淤之地，因連控地，一併分地立界，界歸齊管。茲定堰高四尺，底寬五尺，頂寬二尺，兩面挑溝，堰下每五十丈埋灰一處，照舊栽柳，此皆稟上辦理，後再拔毀，即照盜伐官柳、毀棄官物，例嚴懲辦，如自枯自坍，各按段補好。」如此詳細的記錄，不僅深化了我們對傳統社會縣界劃分與爭端問題的認知，其似乎更顯示著當時兩縣土地爭訟的激烈程度。

〔註116〕（清）袁馥春等纂修：《齊東縣鄉土志》卷上之《政績錄》，成文版，清宣統二年刊本，《中國方志叢書·華北地方》第 7 冊，第 20 頁。

〔註117〕民國《齊東縣志》卷二《地理志下》，第 346 頁。

圖 25　清光緒時期齊東縣境略圖

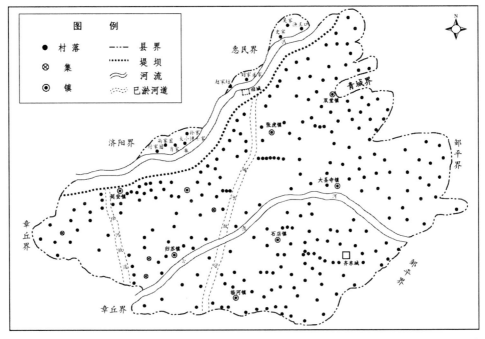

說明：底圖採自（清）袁馥村等纂修：《齊東縣鄉土志》上卷目錄後面所附地圖，成
　　　文版，清宣統二年刊本，《中國方志叢書‧華北地方》第 7 號，第 8～9 頁。

　　不僅是與濟陽縣，與臨近的惠民縣之間，也存在類似的邊界土地糾紛，
雖然齊、惠兩縣交界處土地糾紛的激烈程度不如前述齊、濟二縣，但亦能豐
富我們對黃河影響下的邊界土地糾紛的認知。對於齊、惠兩縣間的邊界土
地紛爭，《齊東、惠民兩縣界碑》中記錄到：「查兩縣縣界曾於光緒二十八年
（1902）經兩縣縣長會同勘定，以惠民大堤為清丈根據……嗣因黃河東遷，
漸有淤地，雙方互爭，涉訟多年，以致縣界發生問題。茲經兩縣縣長呈請
（民政、建設）兩廳派委會同勘丈清晰，製立永久界石，仍以光緒二十八年
原界為準。」〔註 118〕雖然此次界碑的確立已經是民國二十一年（1932）的

〔註 118〕民國《齊東縣志》卷二《地理志》，第 346～347 頁。關於光緒二十八年
　　　　（1902）齊東、惠民兩縣會勘邊界的具體案文，由於較為珍貴，特附錄於
　　　　此：「（1）（此編號為筆者所加）齊東于王口與惠民于王口分界：惠民于王
　　　　口（即漁王口）自行宮廟東山向西，至堤根五十五步，又自東山向東，除
　　　　于王口（漁王口）廟基六十三步，又量一百一十九步二分五釐為惠、齊交
　　　　界，界西歸惠民于王口（漁王口）管業。又自界向東至齊東于王口關帝廟
　　　　西山止，計一百一十九步二分五釐，歸齊東于王口管業；（2）齊東于王口
　　　　與惠民毛家口分界：惠民毛家口自三官廟東山向西至堤根，計二百七十一

事情，但似乎不難判斷，至少從光緒二十八年之前至民國二十一年止，齊、惠兩縣間對黃河淤地的民間爭奪就沒有間斷過。

2. 水利糾紛

前文說過，由於黃河北徙奪大清河入海，隨著河床不斷淤高，原先注入大清河的那些支流遂失去泄水出路，水患頻發，當時齊東縣境內的𪳖河就屬於這種情況。𪳖河位於齊東縣城西約四十里，其上源為章丘境內的繡江河。「自清咸豐五年，黃河入濟，𪳖河因水屢溢，曾築堤防之。至光緒七年（1881），大清河道淤填漸高，𪳖水逆流，為患甚巨。復將河口截塞，計免黃水之災，而𪳖河下注終無所歸，為害尤烈。」〔註119〕面對如此嚴重的災情，地方官員率民築堤加以防範，對此我們從黃河北徙時的齊河知縣蘇銘顯的事蹟上就能看出。是時，「（𪳖河）山水漲發，沿河被災，公晝夜住鄉，督勸災民，兩岸築堤」〔註120〕，在築堤的過程中，蘇銘顯委派李觀海為總董，率眾築堤，「南接章境，北至延安鎮」〔註121〕。𪳖河堤修成之後，齊東縣「得免沈災者幾二十年」，後人為紀念知縣蘇銘顯，將此堤命名為「蘇公堤」。但至秦浩然任齊東知縣時，𪳖河堤就已遭到嚴重破壞，具體來看，當時「因𪳖河年久淤塞，兩岸順堤猶存，夏秋間山洪暴發，水由繡江河建瓴而下，無所宣洩，西堤遂圮，𪳖河以西，彌望汪洋，幸

步，又自該東山向東丈一百三十五步，為惠、齊交界，界西歸惠民毛家口管業，界東歸齊東于王口管業，自交界向東北斜丈二百五十二步，由北首再向西丈至堤根四百六是步；（3）齊東吳家與惠民毛家口地界：惠民毛家口毛成讓按，現走南北道向西退出，東西闊四十步，為惠、齊交界。南自齊東于王口，北界起至王思建所退地南界止，計南北闊一百七十六步，南首自界向西至堤根，計東西闊三百九十步，界西歸惠民毛家口管業，界東盡歸齊東吳家管業；（4）齊東吳家與惠民王棗家地界：惠民王思建按，現走南北道向西退出，東西闊二十步，為惠、齊交界，南自毛家口毛成讓所退地界起，北至王元普所退地界止，計南北闊一百八十一步。南首自界向西至堤根，計東西闊四十步，北首自界向西至堤根，計東西闊三百六十五步六分，界西歸惠民人管業，界東盡歸齊東吳家管業；（5）齊東史家與惠民王棗家地界：惠民王棗家，按現走南北道向西退出十步為惠、齊交界，南首接王思建所退地界起，北至河岸為界，計南北闊三百十六步。南首自惠、齊交界向西至堤根，計東西闊三百七十五步六分，自南首向北丈出二百零三步作一中間，向西至堤根，計東西闊二百八十二步，界西、界北均歸惠民王棗家管業，界東盡歸齊東史家管業。」（民國《齊東縣志》卷二《地理志》，第347～348頁。）

〔註119〕民國《齊東縣志》卷二《地理志》，第360頁。
〔註120〕民國《齊東縣志》卷三《政治志》，第410頁。
〔註121〕民國《齊東縣志》卷五《人物志》，第486頁。

東堤尚完，足以保障全境，但亦岌岌可危」〔註122〕。面對此情，知縣秦浩然「乃親歷周視，督民築守，卒使危堤鞏固，得免漂沒」。值得注意的是，危堤暫時得以鞏固並不意味著沿岸水患的徹底消除，光緒七年至十年間，堤岸以西地區受災依然很重，堤東、西兩岸在洩水問題上的爭端亦隨之愈演愈烈。

「光緒七年，黃河淤淺，壩水逆流，河防局將壩水入河之口截塞，由是水無所歸，漫溢為災，與歷、章諸泉同時泛濫。堤西各村議去堤以洩水，呈請數次，上憲未準，因造槍炮等物強行拆毀，知縣秦浩然請兵彈壓。八年，大清河決水出，將堤沖壞。九年，知縣張洪鈞飭邑人重行修築，壩西水勢仍然為災，於是，壩西乃共議扒壩，定於某月某夜實行。壩東各村聞之，即約齊八十三莊共守東岸。越日，官軍亦至。六月二十四日傍晚，壩西船隻百餘艘，載眾而來，鳴鼓吶喊，槍炮齊開，直向東岸進攻。東岸亦張號鳴金，施槍以應之，一時電光四射，霹靂連天，不啻兩軍對敵，官軍無法制止，僅從煙波黑暗處奪得一船而已。明日，壩西方退，壩東守堤如故，是自東西時有衝突，卻無大害。」〔註123〕據上引文不難看出，除黃河河床淤高致使泛濫山水難以排泄外，黃河決水亦給壩河堤岸帶來很大的破壞，故而我們不難想見當時壩西地帶水患之嚴重情形。在屢次呈請開壩泄水無望的情況下，壩西民人採取了扒壩放水的過激措施，與壩東村民之間展開了一場異常激烈的槍炮之戰，其激烈程度「不啻兩軍對敵」，使得「官軍無法制止，僅從煙波黑暗處奪得一船而已」。很可能是寡不敵眾，再加之壩東村民早有防範，壩西民人在初次激戰後不久即退回。但至光緒十年（1884），「壩西民眾復大糾民眾，由濟陽渡河而來，濟陽知縣亦請兵彈壓，當時無事，不意兵甫調回，壩西人即乘機登岸，連決數口，又將史公河口之月牙壩拆決幾盡。」在這次開壩泄水的過程中，壩西村民可謂有備而來，不僅「大糾民眾」，還乘官軍「兵甫調回」之際決口拆壩，鮮活地呈現出晚清壩河水災影響下地方社會的真面孔。壩河東西兩岸村民間如此反覆的激烈爭鬥，更反映了當時災情之嚴峻局面。

除壩河水災誘發的扒壩爭鬥外，光緒年間齊東縣境順水堰南北民眾間也存在較為激烈的械鬥。光緒年間，「黃河決口，水漫溢而東，武舉吳殿元、貢生袁馥村、舉人伊化南等約集數十莊，從油馬家坡南，築一順水堰，高二三尺，東西長二十餘里，所以防水之北溢也。堰南諸村之北來者，船泊堰下，人畜時損

〔註122〕民國《齊東縣志》卷三《政治志》，第410頁。
〔註123〕《壩岸之爭》，民國《齊東縣志》卷六《藝文志》，第589～590頁。

崖岸，北人見之即以惡言相加，南人大憤，約集數十莊前來毀堰，堰北人聞之，備軍械以待，堰南楊四官莊郭應禹、桑王莊鄭敬才等架三炮二尊，率千餘人涉水挑戰，炮彈橫飛，不顧人畜，堰北人發槍還擊，堰南人連發山炮，北人不支遂敗退，南人乘勝追擊至三官廟，短兵相接，死傷甚多，一時人聲、槍聲聞數里外」〔註124〕。很顯然，這又是一起因堤堰而起的充滿血腥的民間戰鬥，其激烈程度似不當於前述壩河東西兩岸間的鬥爭，在此之後，「兩造興訟，數歲不結」，最後「獄上刑部」，並由朝廷下旨，將「郭應禹論絞，鄭敬才論徒，革武殿元武舉」，肇事者最終得到應有的懲罰，順水堰也於案結後被削平。

3. 荒地開發與利津地方社會

在黃河尾閭地帶，由於黃河頻繁改道，再加之潮流與河汊的相互作用，地勢窪下的沾化、利津二縣遂形成較大面積的淤地。對此，從當時沾化縣境地理環境就能看出。沾化一縣，「渤海環繞東北，為黃河尾閭，縣境窪下，時有海溢河決之患。境內大川向有徒駭、鉤盤二河，均由縣西南部流入，迤邐向東北流，橫貫全境、以至於海。鉤盤河故道，湮塞日久，今已作廢，徒駭河下游，亦為黃河所淤，現雖挑濬新河，而河身淺狹，仍不足以利航運。至沿海一帶，縱橫百餘里，淤地既多，水產亦富，天府寶藏，正待開發」〔註125〕。毫無疑問，日趨增長的土地資源確為沾邑之獨特區位優勢，但同時亦應清楚，若要有效開發利用這些淤地資源，必須要有較為豐富的勞動力做支撐，更何況這些淤地「地濱河海，半多荒鹼」〔註126〕。

就晚清利、沾二縣的新淤土地來說，移民墾荒確為其開發之重要措施，辦理墾務遂隨之成為政府的重要職責。於此，可以看看當時利津縣境的墾務情況。對於利津境內的墾荒情況，李鴻章在其奏摺中有記載到：「距城六十餘里之陳家莊迤北一帶，向係海灘無主之地，自黃水泛溢海灘淤積，漸可耕種。前任知縣朱慶元創議招墾收租，俟一律成熟再請升科，未及舉辦，博山縣知縣錢鑠調署該缺，因汛官王國柱久任該處，熟習民情，委令丈量，共約大地六千餘畝，租於附近居民開墾，每畝約納租錢一千數百文及兩千文不等」〔註127〕，同時，

〔註124〕《扒堰械鬥》，民國《齊東縣志》卷六《藝文志》，第 590 頁。

〔註125〕（民國）梁建章修，于清泮纂：《沾化縣志》卷一《疆域志》，《中國地方志集成·山東府縣志輯》第 25 冊，第 237 頁。

〔註126〕（民國）于清泮：《續修沾化縣志序》，民國《沾化縣志》卷首，第 200 頁。

〔註127〕（清）李鴻章：《查明山東巡撫知縣等官被參各款摺》，國家清史編纂委員會編：《李鴻章全集》第 15 冊，安徽教育出版社，2008 年版，第 298 頁。

利津地志亦對境內墾荒墾務的進程有較為詳細的記述：「縣境瀕臨渤海，大部為退海灘荒，不堪耕種。自黃河改道由利津入海，連年淤墊，多可種植，各縣人民爭先墾殖。彼時縣署僅發給領單、驗單，每畝收費甚微，意在提倡墾務，任人拓地開荒。清光緒中葉，全省墾務總局成立，由藩屬兼理，乃改領單、驗單為司照，飭縣設司，照房按戶填發，每畝收租一角，並定歲租、押租兩種辦法。光緒三十一年（1905），外來墾戶漸多，墾務日見發展，遂於利津縣鹽窩鎮設立墾務分局，別為仁、義、禮、智、信五路一併清丈，同時又在無棣縣設立分局。光緒三十二年（1906），以沾化新淤之地二萬餘頃亟須丈放，遂於沾化縣之利國鎮設立分局，委派專員管理沾化墾務，並參照利津墾務章程辦理，宣統元年（1909），全省墾務歸併勸業道公署內，並於沾化分局設正辦委員」〔註128〕。

　　據上引文不難看出，退海荒灘由於含鹽較高，不適宜耕種，而經過黃水淤墊後形成的地畝則利於墾作。政府墾務總局與分局的先後增設，不僅反映出淤地面積及農墾人口的增長勢頭，更是有利可圖的淤地逐漸納入地方行政管轄的鮮活寫照。但不得不提出質疑的是，與墾荒相始終的墾務工作之進展，真的像上引文獻中所說的那麼順利嗎？要回答這樣的問題，必須要弄清楚當時的淤地墾荒究竟是怎樣具體推進的。於此，或可從當時利津縣第五區（圖29）的建設過程中去窺知一二。

　　利津縣第五區內的墾荒活動似應始於光緒八、九年間。當時黃河在南北嶺子決口，海灘鹽場多處被淹沒，決口合龍後，「地被河淤，竈地之外亦有堪種之田，蘆葦深處始有墾戶出入。」〔註129〕至光緒十七年（1891），利津縣西境連遭水災，在撫院派員協同堪驗海灘後，知縣錢鎔在邑紳岳廷棟、徐紹陵的陪同下，「指定界址，自割草窩以下，順舊河道以北至柳樹林子而止，以次安置他鄉之民」，後又有部分生活窘迫的民人赴蕭聖廟、二河蓋等處，搭蓋窩棚以專事墾荒。至光緒十八年（1892），知縣吳兆鎔又將南陽家災民遷於紅頭子塢，「災民受地後墾荒成熟，連年收貨，借資衣食者不少」〔註130〕，利津墾荒初顯成效。譚其驤在論述浙江省各地區開發過程時，提出了「一地方創建

〔註128〕（民國）王廷彥修，蓋爾佶纂：《利津縣續志》第一卷《輿地圖第一》，《中國地方志集成・山東府縣志輯》第 24 冊，第 510～511 頁。

〔註129〕《第五區建設記略》，民國《利津縣續志》第一卷《輿地圖第一》，第 492 頁。

〔註130〕（清）李鴻章：《查明山東巡撫知縣等官被參各款摺》，《李鴻章全集》第 15 冊，第 298～299 頁。

縣治即標誌著該地開發已臻成熟」的觀點〔註131〕，這一觀點也得到了多數學者的贊同。若依此類推，對於某縣境內的荒地來說，鄉鎮的創設或可看作是其開發成熟的標誌。在利津縣第五區境內，鄉鎮之創設似始於光緒二十八年（1902），當年遷羅蓋十莊於汪二河的同時，遷崔畢莊於汀河西，「畢家莊首事李丹亭、東宋莊首事胡士先為便利辦公起見，每村或二十戶或三十戶不等，編為十鄉，總名新安鄉，遇有要公約同各村首事赴羅家集商議，懋遷有無，具有鄉鎮雛形。」〔註132〕後至光緒三十四年（1908），「棣州公學與利津縣學同崔衍芳四分臥坨子地，該處始有居人」。至宣統二年（1910），知縣寧繼光為增加縣財政收入，在利津當地邑紳的偕同下，「勘定麵條溝荒地數百頃，作為公產，學堂各機關酌量分配，招佃交納押款以充公用」，最終使得「墾地之戶紛至沓來，聚族而居，幾無曠土」，利津縣第五區的墾荒遂告一段落。

圖26　清末民初利津縣第五區行政區劃示意圖

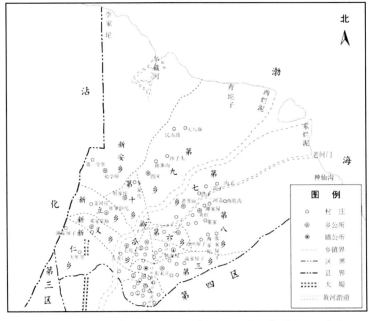

說明：底圖採自民國《利津縣續志》卷一之《輿地圖第一》中所附《第五區疆域圖》，《中國地方志叢書·華北地方》第 8 號，成文版，第 20～21 頁。其中①為第一鄉，②為第二鄉，③為羅家鎮，④為第四鄉，⑤為第五鄉。

〔註131〕譚其驤：《浙江省歷代行政區域——兼論浙江各地區的開發過程》，原載杭州《東南日報》，1947 年 10 月 4 日，收入《長水集》（上），人民出版社，1987 年版。

〔註132〕《第五區建設記略》，民國《利津縣續志》第一卷《輿地圖第一》，第 492 頁。

　　值得注意的是，墾荒的進程並非一帆風順，其本身就意味著要與惡劣的自然環境相抗爭，這絕不是衣食豐裕之民所願加入進來的，真正走上墾荒道路的則是那些生活極度困窘的災民和「冒險家」。對此，舊志記載到：「鐵門關以下至海，廣袤約各六十餘里，猶係洪荒世界，蘆葦蔽天，杳無居人。相傳蚊大如蠅，本縣窮民或冒險前往刈葦作燃料，亦賣作河工修埽之用」。如果靠刈葦捕撈能夠生存下去還好，但有時則要為之付出生命。時在光緒十八年（1892）十月，海潮漲發，「淹斃災民不計其數，亦有全家覆沒者」，面對此情，時人亦發出「此開闢海灘之一大打擊也」之慨歎〔註133〕，墾荒之艱難可見一斑。

　　毫無疑問，不管是利、沾境內新淤荒地之形成，還是墾荒的漸趨推進，黃河漫決均為其背後的重要推手。在此一地帶荒灘開闢的過程中，地方政府無疑發揮著主導作用，新淤荒地次第開發的進程亦為地方政府安置災民的過程。從表面上看，對災民的這種安置是省府與地方積極應對黃河水災的表現，其實亦為山東省撫與利津地方在災民安置上的無奈之舉。早在張曜任山東巡撫時，面對黃河水災，利津地方士紳徐逢源就稟稱，若將災民遷至大堤以外，需買地修房，用費甚巨且災民仍無地可種，遂建議省撫將城東災民遷至海濱新淤地畝，此提議最終被張曜採納，並飭令時任利津知縣錢鎔酌情辦理。至於接下來的遷民，先於光緒十七年春遷出西宋、王莊等四十一村，又於十八年秋續遷韓家垣等十二村，每人撥給荒地一二畝不等。在遷民安置的問題上，錢鎔的辦理較為有條理，可至其繼任知縣吳兆鎔時，情況則發生逆轉。

　　當時由於新淤灘地距海較近且環境惡劣，故而對災民來說，政府的命令式安置並不一定是其所樂於接受的，故而對這類遷民事務的處理無疑是對地方政府官員行政能力與綜合素養的考驗。但在面對省府下達的任務時，往往有不少地方官員為及時完成省任務而不擇手段，繼錢鎔之後的利津知縣吳兆鎔就是一典型例子。當吳兆鎔續辦遷民之事時，因所遷之地距海較近，且又時值秋末而非耕種之際，災民多不願即刻前往，在此情況下，吳兆鎔仍限令

────────

〔註133〕據李鴻章在《查明山東巡撫知縣等官被參各款摺》中對此次風暴潮災的記載：「適值十月初五日風潮大作，海水泛溢，濱海村莊均被淹灌。南陽莊地勢低窪，淹斃人口較多，此外二道溝、三道溝地方割草捕魚及外境客民亦有淹斃之人。該令（指吳兆鎔）稟報六七名係指災民之有屍身者而言，其漂沒無存、莫可稽考者實不止此數，詳加查訪，並無千餘口之多」，參見《李鴻章全集》第 15 冊，第 298 頁。

災民於當年（1892）十月初完成遷移，甚至採取縱使差役逼迫災民前往的卑劣手段，最終導致前文所說風暴潮淹死不少民眾的慘況。〔註134〕這不僅啟發我們對晚清黃河三角洲地帶地方政府應對水災的舉措進行重新認識，更使我們清晰地看到，在一定程度上，利、沾境內新淤荒地之開發，實為地方政府對部分民眾利益乃至生命的犧牲。

4. 民風民俗之嬗變

研究者指出：「人類文化與地理條件有著密切的關係，一方面，任何文化的創造與發展都離不開特定的空間範圍，受到地理環境的深刻影響；另一方面，文化一經形成，便具有明顯的地域特徵，並構成人類環境的人為部分」〔註135〕。同時，仍需注意的是，「文化不僅具有地域性，同時還具有顯著的歷史承襲性」〔註136〕。作為文化的一部分，一地民風民俗的形成無疑是人們對當地環境適應的結果，其往往表現為衣、食、住、行等各個方面與環境之間相互影響而成的穩定的且獨具特色的人文景觀。當然，我們在承認一地民風民俗具有承襲性的同時，也必須看到地理環境變遷給其帶來的影響。一旦環境發生變化，民俗亦往往隨之而改變。對於其沿岸地區來說，黃河銅瓦廂改道北徙，不啻是一場環境巨變，而經此巨變後，其下游沿岸地帶的民風民俗又發生怎樣的變化呢？

（1）黃河水患與民居

黃河北徙後，隨著兩岸大堤的建成，在大堤內外便形成不同的生活習俗。對於居住在黃河灘區的村民來說，「洪水給他們造就了肥沃的田地，使他們獲得豐收，因此他們期盼洪水；洪水又常給他們帶來巨大的損失，他們不得不與洪水周旋」〔註137〕。對於此點，可以看看東明縣黃河灘內的情況。在東明，「至濱臨黃河內灘人家多架木為屋，四圍牆壁每以秫杆為之，一遇水漲即拔宅他徙，家無定居；沿堤一帶直以堤為街衢，其住屋多搭蓋蓬茅蘆席等類，皆柴門蓽竇云」〔註138〕。很顯然，對於東明黃河灘區的這些民眾來說，其對居住方式的選

〔註134〕（清）李鴻章：《查明山東巡撫知縣等官被參各款摺》，《李鴻章全集》第15
　　　　冊，第298～299頁。

〔註135〕盧云：《漢晉文化地理》，陝西人民教育出版社，1991年版，第2頁。

〔註136〕盧云：《漢晉文化地理》，陝西人民教育出版社，1991年版，第3頁。

〔註137〕山曼，喬方輝等：《山東黃河民俗》，濟南出版社，2005年版，第137頁。

〔註138〕（民國）佚名：《東明縣志料》，北京大學圖書館：《北京大學圖書館藏稀見
　　　　方志叢刊》第94冊，第91頁。

擇本身就是出於防禦黃河洪災的考慮，雖說「家無定居」，但其在安家地點的選擇上不外乎距離較近且地勢較高的河堤一帶，這不僅與黃水過後所淤積的肥沃土地的吸引力有關，更受傳統社會安土重遷的民眾心理的影響。〔註139〕

　　當然，相對於長期而穩定的民居形式，上述東明縣境黃河灘區的民居狀況或許只能看作是局部地帶的特例。對於魯西南和魯西北地區整體而言，兩者雖「同屬黃河泛濫造成的沖積地帶，但一南一北建築樣式迥然不同。魯西北以土坯築牆，笆磚或灰土蓋頂的囤形屋，至今古風不改。而魯西南則以四根磚柱頂著兩面坡的屋蓋，以籬笆牆擋風寒雨露。黃河泛濫時沖掉籬笆泥牆，減弱洪水對房屋的衝擊力，保住了房體，盡量減少損失，災後立牆又可居住」〔註140〕，很顯然，在黃河泛濫的影響下，魯西南與魯西北地區在民居的表現形式上呈現出較大差異，但又不得不承認的是，前述差異的出現亦是適應地理環境的結果。在魯西沿黃地區，為應對黃河水災，亦有不少民人在堤壩之間築土臺而居，至於此一表現，從晚清以來的濟陽縣史家塢村就能看出來。濟陽「屬黃河沖積平原，地勢由西南向東北傾斜，黃河在它的地界邊緣有五十公里長。歷史上這一帶年年到汛期必泛濫成災」〔註141〕。毫無疑問，對於濟陽沿黃地帶來說，黃河銅瓦廂決口北流之後，近乎「年年到汛期必泛濫成災」的災象才成為定局。對於史家塢村來說，其「在一道壩和二道壩之間建村，並築二米高的一個個土檯子，在上面建院蓋屋。臺地上的每戶人家都備有一個小劃子（木船）當黃河泛濫時紛紛將細軟和家人陸續渡到大堰上，住到臨時搭的小棚裏，或是到地勢高一些的親戚家，避過這十天半個月的汛期再返回家園。也有些勇敢者，在幾棵樹之間架上檁條，築屋避風雨安然入睡的。這些人所以因在這土臺上，是不捨得這苦心經營的家業，怕有人趁大水打家劫舍」（圖30）〔註142〕。除此之外，在築房用材上，史家塢村的做法亦為我們提供了很好的認知素材。為了使屋面更為牢固，在黃河淤土層之上「用石灰加粗沙，表面上撒細沙，用泥板拍出漿來」〔註143〕，再者，「這石

〔註139〕　對於山東沿黃地帶居民選擇高地居住的成因，可參考李博文、張卡等：《黃河三角洲高臺民居形成的原因探析》，《中國石油大學學報（社會科學版）》2018年第2期。
〔註140〕　孫運久：《山東民居》，山東文化音像出版社，1999年版，第4頁。
〔註141〕　《山東民居》，第108頁。
〔註142〕　《山東民居》，第108～109頁。
〔註143〕　《山東民居》，第109頁。

灰裏還摻上麥穰，所以相當牢固。因其微微起脊，屋蓋的重力分散到前後簷牆，所以不易坍陷」。在築房技巧上，為在黃水洪災之際保住屋蓋部分，「當地人往往用磚在房的四個角砌磚垛，在上面架屋頂以土坯填充牆體」〔註144〕，除此方法外，還有另一種更為簡易的方法，「在兩山牆以土坯填充，其前後牆則以秫秸或玉米秸紮成籬笆，裏外抹上約三指厚的泥」。之所以採用這樣的築屋方式，是因為「當洪水泛濫時，經水浸泡的土坯極易被滾滾的黃水衝垮，籬笆牆也是一樣，它減少了水對屋體的衝擊力，四個磚垛支撐的屋頂保留下來了。當洪峰來臨時，人們還可以登上屋頂，以待救援，待洪水退後人們返回家園。在保住的屋架的基礎上又可壘土和加上籬笆牆。節省了災後重建的費用」〔註145〕。

圖27　濟陽沿黃民居

說明：底圖採自孫運久著《山東民居》（山東文化音像出版社，1999年）一書第108～
　　　109頁所附圖88與圖89。

　　在看到黃河水災給沿岸風俗帶來影響的同時，亦理應看到沿河民眾對地理環境變遷的適應，上述濟陽縣史家塢村土臺築屋的風俗即為這一適應的具體體現。當然，這裡只是通過濟陽縣史家塢村的土臺民居這一個案來看黃河水災給沿岸帶來的影響，但毫無疑問，於高臺之上築屋的這一獨特民居形式在晚清山東沿黃兩岸似乎並不罕見。另外在此需要說明的是，由於前引史料大多來自於上世紀八、九十年代的實地調訪，它們雖對晚清山東沿黃民居特徵之形成並沒有直接的說服力，但鑒於民風民俗這一文化現象的承繼性與相對穩定性，故其對我們認知晚清山東沿黃地帶民居仍具有

〔註144〕《山東民居》，第110頁。
〔註145〕《山東民居》，第110頁。

重要的參考意義。

（2）蒲臺縣境風俗之變遷

　　除民居外，晚清山東黃河水災對沿岸地區婚喪禮俗的變遷也有較為明顯的影響。於此，我們從蒲臺縣的情形就能看出來。在明代，「蒲於濟屬三十中號小邑，然濟水環之，秦堤拱之，地漸迤東北而近海矣。戶有鹽利，人習漁農」〔註146〕，對於蒲境民生與民風，李化龍在蒲臺舊志中亦記述到：「其地近海，其土產鹽，其民織嗇而力農，其士勁特而勇於義，有泱泱大風之遺焉」〔註147〕。值得注意的是，明代的蒲臺境內頻繁遭受寇匪劫掠，其力事漁鹽耕織之樸素民風也隨之漸趨消失〔註148〕，至清代，蒲境「積之四十載，宜恢乎復舊，然災祲頻告，僅得保聚。恆產不給，因無恒心，苟且剽爭，非齊舊矣」〔註149〕，很顯然，在頻繁災荒的侵擾之下，明初蒲臺舊俗在清代未能得以恢復，所謂「雞鳴四境，且為澤中鴻號矣。況聞土風，今復澆漓，竊掠攻剽，至親相仇，民頑吏黠，砦竄偷生，鮮知禮讓」〔註150〕。

　　歷經明代至清代，在匪寇與旱蝗災荒的頻繁侵擾下，樸實而知禮明義的蒲臺民風已難以恢復。至清乾隆時期，由於大清河的淤積及水陸商貿經濟的衰落，「蒲人生計惟恃耕織，富室無田連阡陌者，多不及十餘頃，次則頃餘或數十畝及數畝而已。東北一帶地苦斥鹵，且窪下積水，一遇陰雨，盡付波臣。農家終歲勤動，不免菜根糠麩，僅供朝夕」〔註151〕，在如此貧困的情勢下，蒲境民人「被服不尚華麗，雖饒裕不過布素，有炫耀者，眾共挪揄之」。同時，僅就婚喪禮俗來看，蒲境「婚禮儀節多遵古制……喪禮稱家有無，豐儉不拘

〔註146〕（清）孔興玢：《邑志舊序》，（清）嚴文典修，任相纂：乾隆《蒲臺縣志》，《中國地方志集成・山東府縣志輯》第 28 冊，第 413 頁。

〔註147〕（清）李化龍：《邑志舊序》，乾隆《蒲臺縣志》，第 409 頁。

〔註148〕對此，孔興玢在《邑志舊序》中對此有記述到：「城池空虛，廬舍頹廢，進諸生而質之，僉曰：噫，城小數被寇也。蓋茲邑戶版盛於明初，至嘉靖凋過半，隆慶中最削。端由女嫛山寇蟠據蹂躪，元氣未甦」（乾隆《蒲臺縣志》，第 413 頁）；嚴曾業於《邑志舊序》中對此亦有記載說：「明季闖氛蔓延，俗左世歷三紀，元元（應為「氣」）未甦。衽幈汗雨之盛，未可卒觀」（乾隆《蒲臺縣志》，第 410 頁）；李楠在《邑志舊序》中對此也記述到：「自鼎革兵燹以來，田野荒蕪，生理鮮少，又屢遭旱蝗，流離相繼，桑梓之區凋敝日甚」（乾隆《蒲臺縣志》，第 415 頁）。

〔註149〕（清）孔興玢：《邑志舊序》，乾隆《蒲臺縣志》，第 413 頁。

〔註150〕（清）嚴曾業：《邑志舊序》，乾隆《蒲臺縣志》，第 410 頁。

〔註151〕乾隆《蒲臺縣志》卷二之《風俗》，第 451 頁。

一轍……祭禮四時舉行，量豐儉為隆殺」〔註152〕。

值得注意的是，時至清光緒時期，蒲臺境內的婚喪習俗雖仍表現出一定的承繼性，所謂「婚禮、祭禮與結社之助吉凶、濟緩急者，一如前志所載」〔註153〕，但同時也應看到，此時蒲臺境內的境婚喪習俗亦發生不小的改變，所謂「婚娶之儀仗，喪葬之陳設，筵會之飲食較前倍加奢靡」。至於是什麼原因導致這種改變，雖然筆者尚未找到直接的史料記載，但我們似乎可作進一步推測。無庸置疑，奢靡婚喪禮俗的形成應是建立在一定的經濟基礎之上的。雖至乾隆時大清河由於淤積較重，東南沿海的商貿船隻已難以溯大清河而抵蒲境，但作為山東省內的一條重要的水陸通道，其仍承擔著省內水運的重要職責，漕鹽及東北地區的糧食漁產仍於蒲境臨河之北鎮進行交易轉運。〔註154〕因此之故，在清乾隆至光緒之間的一百二十多年裏，擁有優越地理位置的蒲臺，其商貿經濟的發展在一定條件下無疑能夠對其境內風俗起到一定的刺激作用。當然，在看到蒲臺便利的水路交通的同時，亦不應忽視其在山東省內陸路交通上的重要地位，「北枕清河，南仰長白，舟車之會；東走登、萊，西通京畿，亦海濟視為區聚，而淄、青借為咽喉者也」〔註155〕，正是憑藉著如此優越的水陸咽喉之交通區位，蒲邑商貿經濟才有繁盛之可能，基於經濟之上的婚喪禮俗才有可能發生轉變。值得注意的是，自黃河銅瓦廂改道北徙後，在頻繁水災的侵擾下，蒲邑婚喪禮俗中的奢靡之風又因之而改變，「黃水比年為患，邑西南自閻家莊，東至曹家店，一百零四村盡隨波蕩然，無一完善之家，以故大堤以內戶口之凋敝，人民之流離，欲稽其數而難悉」〔註156〕，蒲邑婚喪之奢靡遂「頗為少減」〔註157〕。此雖為黃河水災所導致的婚喪民風轉變的之一例，但似乎又是對筆者前述基於地方經濟與民風民俗之關係的推測的佐證與補充。

〔註152〕乾隆《蒲臺縣志》卷二之《風俗》，第 450 頁。

〔註153〕（清）張朝瑋修，孫叔梓等纂：光緒《重修蒲臺縣志》之《風俗》，南京大學圖書館：《南京大學圖書館藏稀見方志叢刊》第 13 冊，第 115 頁。

〔註154〕具體參見乾隆《蒲臺縣志》卷二之《風俗》，第 451 頁。

〔註155〕（清）李柟：《邑志舊序》，乾隆《蒲臺縣志》，第 415 頁。

〔註156〕光緒《重修蒲臺縣志》之《戶口》，第 77 頁。另，張朝瑋在《續修蒲臺縣志序》中亦對此記載到：「蒲邑距大清河一里，枕河而城。自黃水竄入河，而瀕河居民受昏墊，自河堤潰決，而夾河內一百四村悉離蕩」（見光緒《重修蒲臺縣志》第 13 頁）。

〔註157〕光緒《重修蒲臺縣志》之《風俗》，第 115 頁。

（3）魯西匪患與民生

　　作為首先受到黃河北徙衝擊的地帶，魯西南及其鄰近區域的社會環境亦受到很大影響，除前述黃河水災對民居的影響外，匪患頻發亦為其重要表現之一。對於魯西地區的匪亂，明人王士性曾記述到：「武（城）、德（州）亦多盜之地，以北直、河南三界往來，易於竄匿」〔註158〕。很顯然，王士性主要強調了武、德等地地處三省交界這一適宜盜匪活動地理環境，但值得注意的是，與武、德兩地相比，直隸東明縣更是絕對處於三省交界之地，所謂「東明為畿輔東南界，疆域錯繡，東連曹、濮、陶、單，南逼祥、考、蘭、儀，地不一省，省不一縣，不獨開州、長、滑土壤雜綸而已，以故逋逃易匿，崔苻時警，蓋操長吏之權，僅及所部，踰尋尺則不得過而問矣，亡羊之路多歧，狡兔之穴三窟，良難控制」〔註159〕。政區交錯地帶即為行政管轄的邊緣地帶，由於各省府在此地區的行政控制力度均較弱，故而使得這一交錯雜處的地理格局更易於被盜匪所利用，並成為其往來逃竄的「保護傘」。不僅給地方行政管理帶來極大不便，更易促成不良民風之形成。

　　對於魯西地區犬牙交錯的政區疆界格局之形成，黃河頻繁的決口漫溢及其遷徙改道無疑發揮著重要作用，其不僅加重了地方行政管理的難度，更進而促使民風發生轉變。在東明縣，自明代以來，黃河決溢就對其境內風俗變遷產生很大影響，「庚寅（清順治七年）荊隆河決，百姓為魚，後先數載，刑政失平，剛柔愆節，此人心之所以日變，風俗之所以日移也」〔註160〕，黃河水患對地方行政與民風民俗之影響據此可見一斑。自清咸豐五年黃河銅瓦廂北徙後，在黃河的影響下，魯西地區亦出現類似東明縣的上述情形，於此，僧格林沁在其奏摺中就述說到：「黃河改道以來，西至考城，東至利津，各州縣犬牙相錯，被水隔絕，土匪四起，州縣難以稽查，不能即行捕緝，以致釀成巨患」〔註161〕，當時為鎮壓匪亂，朝廷甚至派員「帶領黑龍江及京旗官兵駐紮直東交界」進行彈壓。在壽張梁山一帶，「黃水以南河面漫溢數十里，該管

〔註158〕（明）王士性撰，周振鶴點校：《五嶽遊草　廣志繹》，中華書局，2006 年版，第 242 頁。

〔註159〕乾隆《東明縣志》卷一《輿地志·沿革》，第 545 頁。

〔註160〕（清）儲元升纂修：乾隆《東明縣志》卷一《輿地志·風俗》，《中國地方志集成·山東府縣志集》第 85 冊，第 558 頁。

〔註161〕（清）王先謙：《同治朝東華續錄（一）》卷二十六《同治二年九月》，《近代中國史料叢刊三編》第 97 輯，臺灣文海出版社，2006 年，第 411b 頁。

地方官即稽查難周，其請將新黃河以南地方歸以南各州縣管理，以北地方歸以北各州縣管理」。地處壽張邊界附近的白蓮池一帶，「亦屬犬牙交錯，向為藏奸之所，應即改為一州縣管理，以便稽查而專責成……如一州縣官職尚輕，不足以資統統攝，應否升設直隸州廳稍重事權，以資鎮壓」。在晚清黃河水患的影響下，面對犬牙交錯的政區地理格局與盜匪橫行的社會環境，當局已考慮是否應採用設置直隸州廳的手段對其進行鎮壓，黃河水患背景下的地理環境對地方民風與社會之影響竟達到如此地步。

「倉廩實而知禮節，衣食足而知榮辱」，在晚清黃河水災的誘發之下，災民為匪的情形不難想見，前述曹州民風亦極易一觸即發〔註162〕，何況黃河在此區域漫流所形成的「水套」，更為賊匪的藏匿提供了天然的「庇護所」。所謂「水套」，簡而言之，即為河道多股汊流交織而成的水網地帶。對此，英國旅行者埃利阿斯曾描述到：「這個地點的黃河沒有明確的河道，只是在中國的土地上呈帶狀漫流，寬度大約有 10～12 英里，人們看到的僅是一片受洪水淹沒的平坦地區」〔註163〕。舊志中對此亦有記載說：「黃河支流分歧，廣數十里，其間村民咸避去，其高原新柳蔽天，茂草沒人，而巨匪惡賊悉匿其中」〔註164〕。很顯然，「廣數十里」的黃河水套應是從其最大寬幅來看的，但此一水套在不同河段寬窄不一，「濮、范被水之地，寬處二、三十里，窄處亦五、六里及七、八里」〔註165〕。至於此一水套及其中的具體情形，譚廷驤在其奏摺中也有較為詳細的介紹：「查濮、范河東水套屯匪，大抵皆黃流浸灌失業窮民，雖數逾鉅萬，只因逃匪數十人潛入，為之渠率，窮民無識，從以謀生，故焚掠之情，究與畔民有間。惟逋逃日眾，每外匪麕至，則接引渡河，倚其凶

〔註162〕據林修竹編《山東各縣鄉土調查錄》（見宮楚涵、齊希編《中國稀見地方史料集成》第 3 集（全 100 冊），第 7 冊，學苑出版社，2014 年版，第 317 頁）一書中對濮縣境內東南鄉民民風的記載，「東南鄉民，性情強悍，喜尚遊惰，恒流為匪類。故一遇歲歉，伏莽時起」，而黃河北徙所帶來的巨大水災對農業生產無疑是一巨災，有些地帶甚至會出現顆粒無收的情況，極易出現「伏莽時起」災民為匪的局面。

〔註163〕〔美〕戴維・艾倫・佩茲著，姜智芹譯：《黃河之水：蜿蜒中的現代中國》，中國政法大學出版社，2017 年版，第 65 頁。

〔註164〕（清）王廷贊：《劉公瀾平墓表》，（民國）郁濬生纂修：《續修巨野縣志》卷七《藝文志・墓表》，成文版，民國十年刊本，《中國方志叢書・華北地方》第 31 號，第 637 頁。

〔註165〕（清）張曜：《山東軍興紀略》卷十一《土匪四》，沈雲龍主編《近代中國史料叢刊》第 543 號，臺灣文海出版社，1970 年版，第 678 頁。

銰，不得不勒兵捕斬。又以黃流橐延往復，其藏匿最深之處，有隔泥沙一、二道者，有隔泥沙四、五道者，水漲則淪漣數里，水落則曲折千條，必土人方識其徑路」〔註166〕。除災民與外來賊匪的進入外，此一水套亦被本地長槍會匪所利用，其「來往於鄆、鉅沿河之安興墓、新興集，濮、范之洪川口、羅河口與水南群匪相翕闘，勝則馳驅焚掠，敗則遁入水套」〔註167〕。晚清魯西南地區的黃河水套地帶，憑藉其天然的河道汊流及黃水漲落影響下的複雜多變的地理環境，成為數以萬計災民流匪的天然「根據地」。仍需注意的是，此一水套區域不僅對直、東、豫三省交界附近的災民與賊匪具有很大的吸引力，對於外境匪徒來說，亦有著較強的誘惑力，一旦內、外災民賊匪聯起手來，其後果將不堪設想，故而此區域亦成為朝廷集中兵力圍剿的對象。時至同治元年（1862）三月，「附近賊悉平，惟菏北、濮南水套中，賊尚潛伏」〔註168〕，黃河水套對於賊匪的自我防禦與保護所起到的作用據此可見一斑。

5. 交通、市鎮與商貿

黃河銅瓦廂北徙奪大清河入海，給原大清河兩側的水陸交通帶來重大影響，從陸路看，黃水北徙沖斷道路，沖毀橋樑和渡口，這無疑對原大清河東西兩側的陸路交通造成阻滯；從水路上看，黃河北徙不僅意味著大清河淤積的加速，更使其北側的運河河段失去水源補給。在黃河的影響下，水陸運輸格局的轉變又對沿線地區市鎮與商貿興衰產生鏈條式影響，這種影響在局部地區雖曾（比如徒駭河下游）起到過一定的積極作用，但總的來看，黃河北徙對沿岸市鎮與商貿發展帶來的主要是破壞。

（1）黃河北徙與水陸交通

毫無疑問，傳統時代的市鎮繁榮與商貿發展離不開便捷的水陸交通，而晚清黃河北徙則給沿岸水陸交通帶來很大的衝擊與破壞，遭到侵壞後的水陸交通反過來又影響到沿岸地區市鎮與商貿業的發展。至於晚清黃河北徙對山東區域交通與經濟產生的影響，侯仁之先生在其碩士論文《續〈天下郡國利病書〉山東之部》中就進行了較好的總結：「咸豐五年，黃河北徙，遂奪大清入海。雒口以下之航路既漸廢棄，貫通南北之運河，亦遭淤斷。數百年來內

〔註166〕《山東軍興紀略》卷十一《土匪四》，第 693 頁。
〔註167〕《山東軍興紀略》卷十一《土匪四》，第 677 頁。
〔註168〕（清）王廷贊：《劉公瀾平墓表》，民國《續修巨野縣志》卷七《藝文志・墓表》，第 637 頁。

陸轉輸之中樞，自是一擊而破，地方經濟，遂失統系。濱海鹽斤不能溯河而上，濟寧北趨之勢亦竟同斷臂。……所幸，黃河改道既久，堤岸高築，章丘、鄒平諸水，向之注大清河以入海者，今皆絕流，停瀦為災，於是濬復小清故道之舉，遂不可緩。光緒中葉，小清大治，航運漸復，轉代大清而為鹽運要道，上起羊角溝，下至黃臺橋，然後路轉，至於雒口，以接大清舊途。自是內地轉輸系統，稍稍恢復」（圖31）〔註169〕。就黃河銅瓦廂北徙給山東水運整體格局與經濟帶來的影響而言，侯先生的前述總結無疑是精準的，但至於晚清黃河變遷給山東區域交通與商貿經濟帶來哪些具體的影響，仍需展開進一步考察。

圖28　晚清黃河銅瓦廂改道前後山東境內水路交通變遷示意圖

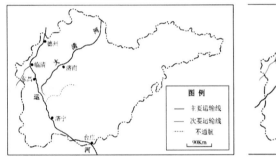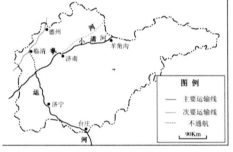

說明：底圖採自侯仁之著《我從燕京大學來》（生活‧讀書‧新知三聯書店，2009年，第232頁）一書中所附《清初以來山東境內內陸交通之轉移》一圖。

很顯然，對於傳統時代交通地理的考察，絕不能僅僅停留於單線條式的研究層面上，而應統籌自然與社會因素，以及與交通相關的內部與外部各種因素，從多維視角對其展開系統探索。就本節所涉及的晚清黃河北徙影響下的山東區域交通來看，對於水路與陸路兩種運輸路徑，就不能簡單地將其割裂開來，相反，魯西地區的水陸交通更表現為是一個緊密聯繫的統一整體。再進一步說，魯西地區對內與對外的商貿活動，離不開大致呈南北走向的運河與大、小清河的便捷水運，而無論是漕鹽，還是其他商貿物品，其向省內腹地的進一步滲透，又離不開與水運密切相連的陸路運輸網絡。

據研究，在黃河銅瓦廂北徙之前，「山東大清河是海河聯通的河流，河口利津縣碼頭為海河交匯點。上游來的農副產品在利津換船駛往沿海各口，入

〔註169〕侯仁之：《我從燕京大學來》，生活‧讀書‧新知三聯書店，2009年版，第227～228頁。

口貨物也在利津換載溯河而上，運往腹地。1880 年後，河口淤積，船舶入海已相當困難。1891 年，小清河疏濬後成為連接省城濟南至沿海口岸的通道，而羊角溝成為海河轉運的中轉港。『內海民船運載客貨，每由煙臺出海經蓬萊縣之天橋口、黃縣之龍口、掖縣之虎頭崖抵羊角溝，換載小船取道該河（即小清河）上駛，經過岔河石村，直抵濟南省城東關外之黃臺橋」〔註170〕。可以說，對晚清山東水運格局的如此概括，亦是對前引侯先生的總結的進一步補充，同時亦不難看出，大清河在黃河北徙後漸趨淤積，其航運功能亦隨之而大減，而隨著小清河的重新疏濬，其在山東水路交通中的重要性日趨顯著，所謂「船艇往來如織，晝夜不息，商甚賴焉，且濟屬鹽務與南運鹽務皆由此搬運，視昔尤便，則有裨於鹽政者更巨」〔註171〕。值得注意的是，黃河北徙奪大清河入海，其所帶來的不僅僅是北運河與大清河水運價值的喪失與魯西水運格局的改變，更影響到與水陸緊密相連的陸路交通線路的變更。再進一步說，咸豐黃河北徙的直接後果不僅僅是對魯西地區原水運系統的破壞，更是在很大程度上阻礙且改變了山東省城濟南與廣大的魯西地區之間的陸路驛遞交通。對此，或可以魯西南諸府縣與濟南之間，以及齊東縣附近的驛遞交通為例，來看看黃河北徙後給其帶來的具體影響。

　　在肥城，位於縣城西北七十里潘莊附近的義和橋，「下臨深澗，北接通衢」〔註172〕，但「自黃水東趨，北路不通，西南諸府縣驛遞皆由此橋焉」，黃河北徙對驛遞交通之影響可見一斑。與肥城西南諸府縣情況不同，在齊東，由於受黃水衝擊，齊東縣城被迫遷至位於縣境東南部的九扈鎮，與縣治轉移相伴隨而來的是驛遞交通的再調整。對此，山東巡撫李秉衡在光緒二十一年（1895）九月二十二日的奏摺中稱：「惟（齊東）縣城已遷徙，驛站必須改道。緣齊東、青城、蒲臺、利津等縣一切公文、餉鞘、人販、差使，向由濟陽縣往來遞送，濟陽距齊東舊城七十里，今距九扈鎮新城一百二十里，且中隔大、小清河兩道，若仍由濟陽轉遞，道路綿長，貽誤堪虞。不若改由章丘縣遞送較

〔註170〕《山東航運史》編委會：《山東航運史》，人民交通出版社，1993 年版，第133 頁。對於晚清時期小清河的水運狀況可進一步參考張玉法著《中國現代化的區域研究：山東省（1860～1916）》（臺灣「中研院」近代史研究所，1982年）一書第 33～34 頁。

〔註171〕（清）袁馥村等纂修：《齊東縣鄉土志》卷下之《山水》，成文版，清宣統二年刊本，《中國方志叢書・華北地方》第 7 冊，第 95 頁。

〔註172〕（清）李傳熙等纂修：《肥城縣鄉土志》卷 7《地理・橋樑》，成文版，清光緒三十四年刊本，《中國方志叢書・華北地方》第 11 號，第 105 頁。

為便捷」〔註173〕。毋庸置疑,交通線路的選擇一般是以輕便直達而省時省力為基本原則,無論是對於魯西南,還是對於魯西北,若至省城濟南,其距離最短的線路均需跨越大清河,而黃河北徙奪大清河入海後,黃河遂成為東達濟南的巨大屏障,魯西南廣大府縣繞道肥城義和橋而至濟南就是其所導致的後果。對於以省城為中心的驛遞交通體系,黃河北徙無疑亦給其帶來嚴重的侵擾,或許前述齊東縣因遷城而導致的驛遞交通線路的再調整只是一個特例,原大清河兩岸的驛遞交通體系在黃河北徙後的再調整則是不容置疑的。

至於黃河銅瓦廂北徙給水陸運輸帶來的影響,除泥沙淤積所導致的大清河與北運河河段難以通航以及巨大洪流吞沒沿岸渡口外,原先橫架於河道之上的橋樑無疑亦為黃水肆虐之目標。時至1881年,當韋廉臣夫人從煙臺至北京路過黃河時,就看到黃水沖毀橋樑的景象:「在不遠處,有一座橋樑就已被河水完全徹底地沖毀了,只能看到些許的殘存,也就是在河流的中心,還能看到幾根橋墩。從這些殘存的橋墩可以看出,曾經架設在這裡的這座橋樑,還是相當結實和堅固的。河水在橋面以下流過的時候,不會對大橋產生衝擊,但是隨著河床的不斷抬升,黃河水面越來越高,直至河水漫過了橋面,匯聚的水流形成了巨大的能量,大橋自然就被沖毀了。」〔註174〕其實,在黃河咸豐北徙之前,大清河的泛濫或淤積就給跨越其上的橋樑及沿岸津渡帶來較為嚴重的破壞。在蒲臺,「大清河舊有廣濟橋、通濟橋、朝宗橋、大義橋,今俱廢」〔註175〕,河道之淤積亦使得商船難以抵達蒲境,商貿業的發展亦隨之遭受嚴重影響,所謂「向年海舶自閩廣來,泊蒲臺關口,商賈輻輳,號稱殷富。數十年來,河漸沙淤,海舶不至,惟鹽艘經由,及關東糧石、木板、海魚諸

〔註173〕（清）李秉衡:《奏齊東縣城遷徙驛站改道協撥夫發工料核入奏銷造報招》,戚其章輯校:《李秉衡集》(中),中華書局,2013年版,第436頁。
〔註174〕〔英〕伊莎貝拉·韋廉臣（Isabelle Williamson）著,劉惠琴、陳海濤譯:《中國古道:1881年韋廉臣夫人從煙臺到北京行紀》,中華書局,2019年版,第219頁。
〔註175〕乾隆《蒲臺縣志》卷一《河渠》,第430頁。此處引文全文為:「大清河舊有廣濟橋明洪武建、通濟橋嘉靖特建、朝宗橋隆慶時建、大義橋萬曆時建,今俱廢。行人往來津渡之處則有蒲臺關口在北關外離城一里、五里莊城東五里、石家口城東二十里,石家在北岸,濱州境南岸係賈家莊、三岔口城東北三十里、曹家口城東北五十里、呂家馬頭城東北五十五里利津交界。」在此我們必須承認的是,除河水泛濫淤積所帶來的破壞作用外,這些橋樑與津渡的建築材質、地理位置（在河流沿岸的地理位置）、經營管理等因素亦是重要的影響因素。

物，裝載抵蒲，在北鎮交易，鎮屬濱境，於蒲無涉也，蒲人生計惟恃耕織」〔註176〕。至咸豐五年黃河北徙後，創建於道光年間的大清河浮橋亦遭到致命的衝擊。至於此橋，「道光四年（1824）濱樂分司楊宗楷捐京錢三百千，發鹽店每月二分行息，冬月搭橋以渡行人，至春清明前後拆之」〔註177〕，但自黃河北徙後，「水深岸闊，不能下樁」，此橋遂廢。不僅是蒲臺縣境內的大清河浮橋慘遭黃水覆滅，有著「九省通衢」之稱的大清橋亦有著同樣的命運。

大清橋位於齊河縣城南，為齊河、長清二縣分界，西半邊屬齊河，東半邊屬長清，「明嘉靖二十七年（1548），羽士張演昇募修石橋，陶仲文捐銀助之，覆奏發帑金一萬四千餘兩，勒巡撫沈應龍，委濟南府同知王應乾、通判蕭奇怪督修。至三十四年（1555）橋成，九空石皆鐵鉗，上置猰㺄檻柱，結構完密，額曰大清橋。天啟七年（1627），山水漲發，橋欄沖損，齊河監生劉一琳捐募修補。」〔註178〕至順治七年（1650），「黃河荊隆口決，衝入濟河，水勢駕橋而上，五年有餘，橋屹然未動，獨東西兩端並石檻被水沖毀，章邱監生穆遇青捐金募化，又為補葺，更於橋西增置小橋七空，行旅亦藉以得便。」經過此次補修，至乾隆年間，大清橋又經重修。至道光初年，「山水暴發，橋東塌陷，石坊亦壞」〔註179〕。

自黃河北徙以來，大清橋又接連慘遭破壞。「咸豐癸丑，銅瓦廂決口，橋東塌陷，行旅裹足，齊、長二縣官紳創修石橋一空。嗣因連年水漲，復被沖陷」。對於橋樑來說，其本為跨於河流之上而連接陸上交通之紐帶。然而，在一定條件下，橋樑則又會變為阻礙水上交通的障礙物，這一點在光緒十三年（1887）鄭州河決後的大清橋身上就體現出來了。「厥後鄭州決口，黃流改道，水勢愈大，中三大空遂相沖陷，繼僅存橋牆，來往船隻避之不及，恒遭不測。水盛漲時，則與驚濤駭浪中豎望桿以示警。橋西首石盡沖，活水淺則船不能行，水大船行其上，誤觸亂石，為害尤烈。運鹽船民食有關保險乏術，又為釐務一大障礙」。遭到破壞後的大清橋殘跡對水運交通的影響據此可見一斑。面對此情，時任山東巡撫丁寶楨曾「飭運司每於霜降後，派員覓匠，拆卸橋石」，

〔註176〕乾隆《蒲臺縣志》卷二《風俗》，第 451 頁。

〔註177〕光緒《重修蒲臺縣志》之《橋樑》，第 107 頁。

〔註178〕（清）舒化民等修，徐德城等纂：道光《長清縣志》卷一《輿地志上·津梁》，《中國地方志集成·山東府縣志輯》第 59 冊，第 317 頁。

〔註179〕（民國）吳福森：《大清橋沿革記並序》，民國《齊河縣志》卷三十二《藝文·記》，《中國地方志集成·山東府縣志輯》第 13 冊，第 457 頁。

可是，「八年餘，工未及半，水復架橋而上」，最後不得不被迫中止。「自壬午以來，河身東徙日甚一日，東、南、北三店沖刷殆盡，神仙壩已付之洪濤巨浪，而橋亦與之俱沒者近二十年矣」。在黃河洪水頻繁的沖檄之下，大清橋終究沒有逃脫被覆滅的命運。

（2）商貿與市鎮興衰

此外，還需注意的是，黃河北徙後不僅給大清河的水運交通及沿岸商貿帶來嚴重衝擊，由於北徙後的黃河時常北決或南浸，相距不遠的小清河、徒駭河等河流的水運與商貿盛衰亦受到嚴重影響。對此，可以看看當時徒駭河沿岸的狀況。黃河銅瓦廂改道北徙之前，徒駭河徑流總量很小且季節變化很大，不利於通航。所謂「河道窄淺，春冬之際，不過潺潺之水而已。至夏秋間，盈涸無常，深則厲，淺則揭，無用舟楫，無礙交通，間有橋樑以便行旅。」〔註180〕但自咸豐北徙之後，雖然巨大洪流給沿岸百姓帶來巨大災難〔註181〕，但徒駭河的水運交通狀況也的確因此而大為改善，沿岸商貿業的發展也隨之盛極一時。「自經此水患後，河道即沖刷深且寬矣，且日有潮汐之流，而河水洋洋，以致沿河市鎮逐見發達，如流鍾鎮、黃昇鎮、泊頭鎮（圖32），夏秋兩季，帆船如梭，商賈雲集，復在徒駭河下游闢一巨埠，名為澤河碼頭，設東海關釐金局，富商大賈，聯袂畢至，茶館酒肆，無一不備。帆船林立，夏秋間不下千餘艘，寧波船裝運竹貨糖紙等類，絡繹不絕。復由東三省吉林等處，運來松杉大木等，源源而來，頗極一時之盛」〔註182〕。黃河北徙之初，由於缺少堤壩束縛，其下游河段的河道亦處於一定的散漫亂流狀態。作為常受黃水巨流入侵的河道之一，窄淺的徒駭河難以容納如此洪大的溢流，遂形成澤國之患。經過一段時期的黃水沖刷之後，徒駭河即變得深寬，水運交通遂愈見發達，同時呈現「帆船如梭，商賈雲集」的繁盛景象。

〔註180〕（民國）李錫峰：《徒駭河沿革考》，民國《沾化縣志》卷八《藝文志》，第511頁。

〔註181〕據李錫峰《徒駭河沿革考》一文中對咸豐五年黃河銅瓦廂北徙對徒駭河流域水災影響的記載：「洎清咸豐五年，豫省銅瓦廂決口，奪大清河以入海，洪水泛濫，而徒駭河上游，大溜直趨，滾滾東下，（案：原文此處有「沿河居民」四字，似應為轉抄錯訛所致，應省去）傷人畜，毀田廬，因饑溺而死者，不可勝計，當斯時也，沾境殆成澤國，此誠為一大浩劫」。

〔註182〕民國《沾化縣志》卷八《藝文志》，第511頁。

圖 29　民國時期沾化縣境略圖

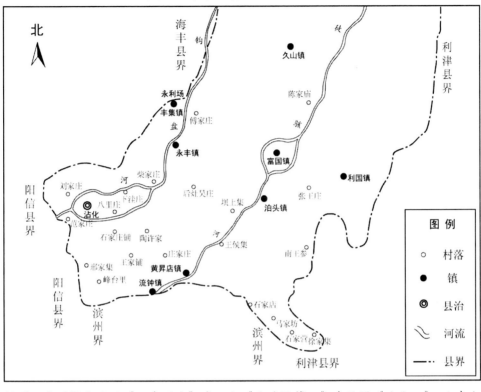

說明：底圖採自民國《山東通志》卷一上《輿地圖第一》中的圖《沾化一》，山東文
　　　獻集成編纂委員會編《山東文獻集成》第 1 輯第 21 冊，第 246 頁。

　　「水能載舟，亦能覆舟」，黃河北決奪徒駭河入海，其在促進沿岸商貿業
發展的同時，亦能淤沒河道，進而給沿岸商貿經濟的發展帶來逆轉性的變化。
光緒三十三年（1907），黃河在利津縣薄家莊決口，「洪水橫流，遂將徒駭河
下游自孔家莊至海口一段，被水淤澱」。經此之變，「澤河之繁榮頓入於蕭條
之狀態」，黃河決溢給徒駭河沿岸帶來的滄桑巨變可見一斑。後武定府太守桂
芬雖「復在徒駭河下口，邵家莊東向北，挑一新河，銜接巴溝子入海」，但「時
涸時流，旋即淤塞」，昔日徒駭河沿岸的繁盛麗景終難恢復。

　　類似於前文所述，晚清黃河北流所帶來的泥沙淤積及其決溢對徒駭等河
的沖刷，都給其水運及沿岸商貿經濟的發展帶來積極或消極的影響，而商貿
經濟的發展無疑又影響著沿岸市鎮之興衰。如位於濟南府西黃河沿岸的濼口
鎮，「當初黃河未並大清河的時候，凡城裏的七十二泉泉水，皆從此地入河，
本是個極繁盛的所在。自從黃河並了，雖仍有貨船來往，究竟不過十分之一

二，差得遠了」〔註183〕，雖然此則史料出自劉鶚之譴責小說《老殘遊記》，但鑒於其中的可信成分很大，且劉鶚本人「在河南和山東投效河工，治理黃河，顯示了卓越的治河才能，並被保舉以知府任用」〔註184〕，故而其對濼口的前引記述，能在較大程度上反映出黃河北徙奪大清河入海前後的真實情況，晚清黃河沿岸市鎮之盛衰據此可見一斑。除黃水給市鎮帶來的直接影響外，因治黃而修築堤墊亦給沿岸市鎮帶來不小的影響，這一點主要體現在市（集）鎮盛衰與布局上。在蒲臺，自光緒十年（1884）興築黃河大堤以後，「水患頻仍，堤內會集停止殆盡，三岔鎮集移於堤外」〔註185〕；在齊東，由於光緒十八年（1892）被黃水灌入，縣治不得不搬遷至縣境東南部地勢較高的九扈鎮，舊治遂廢，另境內有長福鎮，「因城遷移，附近商民於光緒二十四年（1898）接堤築臺以立，市廛商賈群萃，貿易隆盛，遂成邑之巨鎮」〔註186〕。

在黃河入海尾閭地帶，由於河道的頻繁遷徙，水運交通與商貿發展亦受到嚴重影響，所謂「溯自黃流穿運以來，南北帆檣久難暢行，因而大賈巨商遠莫能至」〔註187〕，關於此，在距離海口最近的利津縣表現較為明顯。在利津縣境，黃河銅瓦廂北徙之前，「濟水由利津入海，名曰大清河，河門通暢，南北商船由渤海駛入河口，在鐵門關卸儎，由河內帆船轉運而上，彼時物品雲集，商人輻湊，此為商業最盛時期」〔註188〕。然而自黃河北徙奪大清河入海，「當時尚不為大害」，至光緒十二年（1886）「鐵門關被黃水淹沒，將碼頭遷至縣城東關，大船即不能駛入，僅河內較小帆船往來撥運，商業即見衰落」。黃河在入海口處的頻繁改道給利津縣的水運交通與商貿帶來重創，鐵門關水路碼頭的淤沒與新碼頭的內遷，不僅使得「大船即不能駛入」，而「商業即見衰落」，此亦為晚清黃河北徙對交通與商貿產生影響的又一重要表現。當然，必須承認，晚清黃河變遷對於山東區域交通、市鎮與商貿發展的影響絕不止於前述表現，其更真實而全面的影響亦更為複雜。為了更加深入地理解與認知這一影響，我們或許能從當時山東省境內水陸商稅與釐卡分布的時空變遷

〔註183〕（清）劉鶚：《老殘遊記》第四回《宮保求賢愛才若渴，太尊治盜疾惡如仇》，中華書局，2016 年版，第 21 頁。
〔註184〕中華書籍編輯部：《醒世救民的哭泣之作——〈老殘遊記〉》，（清）劉鶚：《老殘遊記》，中華書局，2016 年版，見書首附文。
〔註185〕光緒《重修蒲臺縣志》之《會集日期》，第 113 頁。
〔註186〕宣統《齊東縣鄉土志》卷下之《地理》，第 93 頁。
〔註187〕（清）李秉衡：《奏分別籌款免借商本摺》，《李秉衡集》（上），第 200 頁。
〔註188〕民國《利津縣續志》第二卷《法制》，第 535 頁。

中再探究竟。

在山東省境內，運河作為漕糧要道的同時，亦無疑是南北商貿交通之要道，但自黃河北徙後，運道遭到破壞，依附於運河的商貿遂漸趨衰落，商稅收入亦隨之大減，於此，從臨清關商稅的變化上就能看出。在清代，臨清城無疑是大運河上的一顆明珠，寄靠於臨清城的臨清鈔關原定五萬六千多兩的稅銀亦主要向南北往來商船徵收，但「自咸豐五年黃河銅瓦廂決口穿運，自張秋鎮以北至臨清州運河無水，稅收大減，所收者僅天津衛河一路之稅，其餘東昌府、魏家灣、北尖冢、樊村廠皆屬有名無實」〔註189〕。不僅如此，受黃水影響，設於商貿水運要道的釐卡的數量及其布局亦發生較大改變。對於晚清山東省境水陸釐卡的設置與分布，山東巡撫周馥在其奏文中曾提及到：「至內地行船河道只有四路：一曰衛河，山東僅設館陶一卡；一曰南運河，僅設安山一卡；一曰黃河，設有姜家溝、濼口鎮兩卡；一曰小清河，設有石村、岔河兩卡」〔註190〕。據此，我們對晚清山東釐卡的布局有了大致瞭解，值得注意的是，周馥所說的山東釐卡分布已是晚清後期的狀況了，但值得進一步追問的是，山東釐卡之置設情況如何？自咸同黃河北徙以來其又發生了哪些變化？

據丁寶楨奏稱：「東省則地居北方，貨物多由陸運，商販之成本過重，則抽釐之舉辦維艱，故通省向未設有釐卡。自咸豐十一年（1861）及同治元年（1862），前撫臣譚廷襄任內因經費萬分支絀，先後在歷城之濼口鎮、聊城之東關、陽谷、壽張、東阿兼管之張秋鎮、平陰、東阿兼管之滑口鎮四處設卡抽釐，亦以濼口、滑口為大清河商船必由之路，設局較為扼要……至同治二年（1863），又因館陶衛河雜貨鹽觔頗覺通暢，添設一卡。嗣因黃河西來，船隻可以繞越張秋，遂將滑口釐金裁撤，改設於壽張之沈家口，上年因黃水南趨，商船並可繞越沈家口，本年復將該處釐局移設東阿之姜家溝，而於東平運河之安山另設分卡以資查驗」〔註191〕。很明顯，晚清山東因經費支絀而設置釐

〔註189〕（清）周馥：《臨清關該歸委員仿照海關章程試辦片》，《秋浦周尚書玉山全集》第一集《奏稿》，《近代中國史料叢刊》第82集，第151頁。

〔註190〕（清）周馥：《山東釐金請照舊辦理摺》，《秋浦周尚書玉山全集》第一集《奏稿》，第264頁。

〔註191〕（清）丁寶楨：《遵查東省釐卡情形分別存留裁撤摺》，羅文彬：《丁文誠公（寶楨）遺集》卷六，沈雲龍：《近代中國史料叢刊》第74集，第789～791頁。

卡，在黃河北徙對境內水道的影響下，不得不對依附於水路的釐卡分布進行調整，尤其是對受影響較大的黃運交匯處附近的釐卡。當然，黃河北徙不僅僅影響到釐卡分布，由於其影響到水路暢通，商船通行與稅釐數額亦隨之受到很大的影響。光緒二十四年（1898），黃河在楊史道口漫溢，漫水直灌小清河，「水過沙停，節節淤飽，舟楫不通，商民病之，稅釐來源頓塞」〔註192〕。相對來說，小清河受黃河漫溢而影響其水路交通及稅釐收入的事例應只是暫時性的，而黃河北徙對山東境內北運河段水運交通及稅釐收入的影響則無疑是長期性的：「聊城則（抽釐）最旺之年曾收支三千金，常年皆不過一、二千金，並有僅六、七百金者，因該處值運河淤塞，必待伏汛黃水灌入商船始通，終年計不過三、四個月，故收釐獨少」〔註193〕，黃河對運河交通與釐金收入的影響可見一斑。

二、結語

法國學者米什萊在其名著《法國概況》（即長達 17 卷的《法國史》首卷，初版於 1833 年）一書的開篇就曾有力地宣稱：「歷史學首先是地理環境的史學」，其在該書 1869 年的《序言》中更強調到：「如果沒有地理學的基礎，作為歷史創造者的人民就好像行走在半空中」〔註194〕。若要深入理解晚清魯西及其臨近區域的社會發展進程，不結合黃河變遷這一地理背景顯然是不夠的，而筆者對晚清黃河銅瓦廂改道北徙後給其下游沿岸區域人文環境所帶來影響的探索，正是對該區域歷史發展進程的一種地理詮釋。

著名歷史地理學家譚其驤先生在談及歷史地理學時曾指出：「歷史地理學本身就是一個相互密切關聯的系統，只有對歷史時期各類地理要素有了相當深度的理解，才有可能科學地揭示人類文化與地理環境的關係」〔註195〕。很顯然，譚先生不僅注重對地理環境整體性的思考，同時亦重視對區域環境各

〔註192〕中國第一歷史檔案館編：《光緒朝朱批奏摺》第 100 輯，中華書局，1996 年版，第 332 頁。
〔註193〕（清）丁寶楨：《遵查東省釐卡情形分別存留裁撤摺》，羅文彬：《丁文誠公（寶楨）遺集》卷 6，第 791 頁。
〔註194〕〔法〕呂西安·費弗爾著：《大地與人類演進：地理學視野下的史學引論》，高福進、任玉雪、侯洪穎譯，上海三聯書店，2012 年版，第 12 頁。
〔註195〕譚其驤：《序》，盧云：《漢晉文化地理》，陝西人民教育出版社，1991 年版，第 3 頁。

要素的深度考察。在本文中，筆者以晚清黃河銅瓦廂北徙為主線，並對其影響下的下游沿線區域的土壤與民生、水患與水利、交通與商貿、民風民俗等各人文地理要素進行重點考察，也是為了從黃河北徙這一自然地理背景與人文要素相互影響過程中，揭示晚清銅瓦廂以下黃河沿岸地帶人類活動與地理環境的關係。

　　對於晚清黃河銅瓦廂北徙後的下游河段沿岸區域，尤其是對於魯西地區而言，黃河北徙的確帶來不小的災難，這場災難甚至被西方考察者認為是「中國之患（China's Sorrow）」〔註196〕。但是，在承認其災患性一面的同時，亦不能對其進行過分誇大，畢竟其所影響的區域範圍相對有限，更何況對局部時段內的部分區域來說，黃河北徙還帶來還帶來不少有利的影響。另外，我們不得不承認的是，黃河銅瓦廂決口北徙亦為一重大環境事件，並且，在此一重大環境事件的影響下，又導致許多次生環境響應。具體來看，在魯西南及其附近的平原低地形成有著多股汊流的「水套」地帶；在魯中丘陵的西側，由於黃河河道不斷淤高，導致原先匯入大清河的墮河等支流的排水困難；而在黃河的入海尾閭地帶，由於黃河頻繁決溢改道，形成較大面積的新淤荒地。作為次生環境響應的重要部分，黃河沿線區域的人文環境亦發生很大轉變，通過本文不難看出，晚清黃河銅瓦廂以下河段沿岸區域人文環境的轉變實質上亦是對黃河北徙所帶來的自然環境改變的一種調適與重建，而這種調適與重建無疑又是緊緊圍繞著黃河影響下的「水」與「土」這兩個與民生休戚相關的重要方面來展開的。從「水」的方面來說，魯西南地區「水套」地帶成為災民避難的天然場所，墮河等入黃支流排水困難則誘發持續的水患糾紛，黃河水患對沿黃民居民俗、水路交通的影響結果則表現為民居民俗形式、交通線路與格局的相應轉變；從「土」的方面來看，黃水沖積過後，有些區域則變為飛沙不毛之地，而另有一些地帶的土壤經人工改良則變為適宜農作的膏腴之地，甚至在以黃河為邊界的區域由於黃河河道遷徙，導致民間對黃水淤地的搶佔與爭奪。即使在黃河尾閭地帶經黃水淤積而成的荒地上，隨著地方政府對災民的安置與墾務工作的展開，這些荒地也逐漸納入到地方行政版圖之中。

　　侯甬堅先生在論及區域歷史地理研究時曾指出：「從事區域歷史地理研究

〔註196〕王毅：《1868 年亞洲文會黃河科考：「中國之患」形象的確立》，《自然科學史研究》2018 年第 2 期，第 206 頁。

必須時空並重，最重要的是從空間上對區域進行分區、分類、分級的研究，從時間上進行區域空間發展過程的研究，集中探討區域內部的組織結構以揭示其區域特性，充分關注不同類型、不同等級以及同等級區域之間的疏密關係，以把握區域的歷史地位和未來走向，最終在高度綜合、多維空間的基礎上形成區域發展系統」〔註197〕。就本文的研究區域來看，雖然銅瓦廂以下的沿黃區域（主要是山東西部地區）並非一獨立而完整的自然地理單元區，但在黃河的貫穿之下，的確形成其獨特的區域特徵，同時，由於受各沿黃區域的區位及自然地理環境的影響，黃河影響下人文環境的區域內部差異性表現也較為明顯。質言之，此一區域的發展歷程是黃河影響下的整體性與差異性的統一。再者，如果將視野放大到整個山東乃至華北地區，黃河銅瓦廂北徙所帶來的顯著影響，不僅奠定了晚清以來魯西地區社會發展的基調，伴隨著東部沿海地帶的開埠通商，地處內陸的魯西與東部沿海區域的社會經濟差異亦進一步拉大，且一直持續到現在。

第三節　1855 年黃河北徙對山東運河漕運的影響與社會應對——以黃運交匯處和山東運河北段為中心的考察〔註198〕

　　無論是在黃河史，還是在運河史的研究上，黃運關係問題一直是學界關注的重要議題。〔註199〕隨著研究的進一步深入，對某一時段內的黃運關係或與影響黃運關係的某一事件展開具體研究成為當前此研究領域之要務。毫無疑問，作為黃河變遷史上的最後一次大改道，1855 年黃河銅瓦廂決口北徙給

〔註197〕　侯甬堅：《區域歷史地理申論——構建中國歷史地理學科體系的重要環節》，《陝西師範大學學報（社會科學版）》1994 年第 1 期。此處轉引自侯甬堅：《歷史地理學探索》，中國社會科學出版社，2004 年版，第 56～57 頁。

〔註198〕　說明：本文原刊於《運河學研究》第 5 輯。

〔註199〕　有關黃運關係的研究，前輩學者在進行黃河史或運河史的研究時多有涉及，比如史念海先生在《中國的運河》（陝西人民出版社，1988）一書中就在《元代運河與黃河的關係》、《元明之際運河的厄運》、《黃河和淮水對於運河的影響》、《黃河北流和運河的阻塞》等幾個小節中專門論述黃運關係；此外，相關研究論著有鄒逸麟：《歷史上的黃運關係》，《光明日報》2009 年 2 月 10 日；路洪海，陳詩越等：《歷史時期黃河改道對運河變遷的影響》，《山東師範大學學報（自然科學版）》2010 年第 2 期；李德楠：《明清黃運地區的河工建設與生態環境變遷研究》，中國社會科學出版社，2018 年版。

運河漕運帶來巨大影響。在此之前，黃河南流入海，黃運交匯處的清口（今淮安）一帶成為治黃保運的關鍵所在，而 1855 年黃河北徙後，黃水直沖山東境內的運河河道，維持山東運河漕運的暢通遂成為清廷與山東地方的重要事宜。與之前南流相比，由於黃河北徙後所處的自然地理與社會政治環境形勢均有較大差異，故其對運河漕運的影響亦呈現出新的局面。進一步看，黃河銅瓦廂北徙後對山東運河及漕運產生了怎樣的影響？為維持漕運的暢通，清廷與山東地方又採取了哪些應對措施？這都是本文需要解決的問題。

　　元代以降，伴隨著濟州河與會通河的開鑿，運河漕運在京城漕糧運輸中所發揮的作用漸趨增強。至明代，隨著會通河的重修與大運河的再次貫通，運河漕運更成為維持朝廷與國家運轉的命脈之所在。眾所周知，由於受地形、氣候等自然地理環境的影響，保證山東運河的水源供給成為維持大運河南北暢通的關鍵。為保證山東運的水源，雖然採取了修築戴村壩南旺分水、沿運河設置水櫃與壩閘、引泉濟運等一系列措施，但黃河泛決仍始終是山東運道暢通的重大威脅。〔註200〕時至 1855 年，黃河在銅瓦廂決口北徙，山東運河再次遭受黃水的衝擊。就山東運河整體言之，黃運交匯處無疑成為受影響最為直接而劇烈的地帶。其次，黃河北徙攜汶水北趨，位於張秋以北的山東運河北段遂失去水源補給，該段運道所受影響亦較為嚴重。鑒於此，本文嘗試以黃運交匯處和山東運河北段為重點，對此次黃河北徙對山東運河漕運產生的影響及應對進行探究，以期推進對清代晚期黃運關係的認知。

一、黃運交匯處的漕運狀況

　　需要明確的是，不同於其他河道之間的交匯，由於黃河河道時常擺動，其與運河的交匯處並非類似於線與線相交的點，而是更接近一個線與線相交織的區域。清咸豐五年（1855）黃河在銅瓦廂決口北徙，由於清廷正陷於內憂外患而無暇顧及，在銅瓦廂至張秋之間呈現出多股黃水漫流的局面，黃運的交匯也就成了多股黃流與運道相交。受多方面因素（包括黃流的大小、汛期長短、漕船數量等）的影響，黃運交匯處的河道及漕運形勢也變得異常複雜，同時，選取合適的漕運線路與維持運口的安全，也成維持此段運道漕運

〔註200〕關於元明清時期山東運河的研究，可參考鄒逸麟：《山東運河開發史研究》，載陳橋驛主編《中國運河開發史》（中華書局，2008 年版）；鄒逸麟：《山東運河歷史地理問題初探》，《歷史地理》（創刊號），上海人民出版社，1981 年版。

順利進行的必然舉措。

（一）黃運交匯處的河道及漕運形勢

對於黃運交匯處來說，黃河對此處的影響無疑是最為嚴重的。首先，巨大的黃流東趨大清河，直接將運河兩岸的大堤穿破；其次，由於黃河含沙量高，大量泥沙在黃運交匯處淤積，此段運道遂因之受阻。對於運道淤積受損的具體情況，時賢陳錦曾記載道：「黃河北徙之明年，平水三閘、五空橋悉淤為畦，大溜挾汶水決涵洞去，運流幾絕矣」〔註201〕，「張秋者，黃河穿運泛濫之北岸也，南至沈家口三十里運堤盡決」〔註202〕，「（黃河）大溜截斷運堤，南北五、六十里間穿運者十餘道，當溜則汪洋一片，堤岸被沖，避溜者孤立中泓，河身被淤」〔註203〕。同時，山東知府潘駿文對此有更為詳細的記述：「自黃河穿運，大溜入大清河東趨，南面沈口運河尚能順流入黃，北面張秋運河則借黃水分入。其初尚能通行無阻，日久運漸受淤，蓋運河自東南而趨西北，黃河自西南而趨東北，二水交流，清不敵黃，挾之東去，故沈口至張秋十二里之運河正身全行淤閉，現須由下游繞越二十餘里乃能渡黃。每年黃水盛漲之時，沈口則倒灌入運，直至十八里之戴廟，運水被托，由東岸五空橋旁洩而入鹽河，至黃水歸槽，運水乃能復出，而河口日墊日高，冬令幾於徒步可涉，張秋非盛漲時重船萬難浮送。迨黃水消落，運口即至斷流，此南北受淤輕重之情形也」〔註204〕。

必須要注意的是，在光緒元年（1875）山東黃河上游兩岸大堤未築之前，黃水在今魯西南地區呈現出多股漫流的狀態，其於穿運之處遂呈現出多股岔流穿運的局面。〔註205〕具體來看，黃河在此分多股岔流穿運對運道又產生怎

〔註201〕（清）陳錦：《勤餘文牘》卷六《張秋八里廟開河碑記》，《續修四庫全書》第1548冊，集部，上海古籍出版社，2001年版，第632頁。

〔註202〕（清）陳錦：《勤餘文牘》卷四《南師平撚紀略》，《續修四庫全書》 第1548冊，集部，第595頁。

〔註203〕（清）陳錦：《勤餘文牘》卷一《上淮軍統帥請疏通運河書》，《續修四庫全書》 第1548冊，集部，第526～527頁。

〔註204〕（清）潘駿文：《潘方伯公遺稿》卷一《查勘沈口挑河情形說》，同治五年九月二十五日，《清代詩文集彙編》第 732 冊，上海古籍出版社，2010年版，第473頁。

〔註205〕丁寶楨在《查看堤工河防回駐東平摺》（同治五年十二月初八日）中對於黃運交匯口處的黃河岔流記述說：「其張秋黃運交穿之處現值水落，河分三汊」，參見《丁文誠公（寶楨）遺集》第 1 卷，沈雲龍主編《中國近代史料叢刊》第 74 號，（臺北）文海出版社，1967年版，第 154 頁。

樣的影響呢？這需要結合黃河本身的特點加以分析。其一，黃河本身含沙量高，處在黃河多股岔流之間的運道及南、北運口附近很容易受淤；其二，隨著本地降水與中上游來水量的季節變化，黃水在黃運交匯處的漲落也易於使得南、北運口及其附近運道淤積加速；〔註 206〕其三，雖然是多股岔流與運河相交，但各黃水岔流的徑流大小不一且變化無常〔註 207〕，這樣，與運河相交匯的岔流的南北最大寬幅遂隨之而改變，南北運口的位置亦常發生改變。對於黃運交匯處黃河汊道間的地理變遷，蘇廷魁在其奏摺中曾指出：「同治四、五年間，沈家口一帶浩瀚奔騰，上年（同治八年）該處悉成平陸，河勢改由安山等處入大清河」〔註 208〕。此外，從同治初期漕運初起時黃運交匯處的情況亦能看出。「同治四年（1865），漕臣吳棠採買試運米石，及五年起運江北漕糧數僅三四萬石，於運抵達張秋迤南之沈家口守候多日，直至汛水大漲，始能渡黃入運。兩年以來，黃水溜勢更變，南壩頭現已淤高丈餘，入運之處改至下游之八里廟」〔註 209〕。很顯然，黃運交匯處黃流溜勢的變化已導致入運口不得不由南壩頭向八里廟轉移。據上引文亦能看出，當漕船經臨黃運交匯處時，由於運道淤積較重，必須靠黃河汛漲方能渡過。值得注意的是，由於黃河汛期長短、汛情大小的年際變化亦較大，故而其對漕船渡黃產生很大影響，正如時任山東巡撫的丁寶楨所說，「北路運河自黃水穿運之後，水過沙停，通塞不常，且黃流

〔註 206〕在黃河銅瓦廂以下河段未發生決溢的正常年份，其在張秋附近穿運處的各汊流徑流大小就不同且時常發生變化，而一旦張秋以上的黃河河道發生決溢，更會減小黃運交匯處的水量，漕船渡黃將變得更為艱難，對此，《咸豐同治兩朝上諭檔》（廣西師範大學出版社，1998 年版）第 20 冊第 347 頁中就提到鄆城紅船口堤墊潰決導致安山、張秋一帶挽運艱難的情況。

〔註 207〕黃運交匯處黃河各汊流徑流變化雖與降水、地形等因素有關，其決口漫溢亦為重要影響因素之一。據丁寶楨所說：「因上游大溜在鄆、壽境內穿過趙王河東岸者數處，並將安山北至沈家口之運河兩岸亦多沖缺，水勢愈形散漫，故八里廟之溜益覺微弱」。參見丁寶楨：《丁文誠公（寶楨）遺集》卷七《估挑運河擇要辦理摺》，同治八年十二月二十日，第 864 頁。

〔註 208〕《再續行水金鑒·黃河卷》，第 1341 頁。

〔註 209〕（清）丁寶楨：《丁文誠公（寶楨）遺稿》卷六《籌議東省運河並折漕室礙各情摺》，同治七年九月二十八日，第 735 頁。李鴻章在《河運艱阻請督催驗收片》中對黃運交匯處的溜勢變化亦記述到：「同治四、五年間，前漕臣吳棠與臣在兩江總督任內曾經試辦兩次（漕運），其時黃河大溜尚在張秋八里廟上下，築壩灌引較易為力，故能及早抵通交兌。厥後北淤南下，黃流日徙而南，現在已至安山、戴廟一帶」，同治九年閏十月十二日，參見國家清史編纂委員會編：《李鴻章全集》第 4 冊《奏議》，安徽教育出版社，2008 年版，第 144 頁。

變遷靡定，本年修理之道，來歲即不能行，必須預為勘明道路，相機審定，待至漕船到時，正值黃流汛漲，人事天時兩相湊合方免貽誤」。

「人事天時兩相湊合」才不致貽誤漕運的情形，實質上也反映出黃河影響下在黃運交匯處渡黃條件之苛刻。但對黃河這樣變遷靡常的河流而言，其又怎能總是順應人事而利於漕運呢？至於當時漕運之艱狀，雖然運送的並不是漕糧，但從李鴻章防剿炮船在此渡黃時的情形之中也能略窺一二。同治七年，李鴻章調集長江水師炮船赴直、東運河防剿，在經過黃運交匯處時，「先期派營將八里廟口門趕緊挑挖，四月間已能進水，時值桃汛初漲，浮送碾船數十隻，旋因水勢一落，新挑之工又復淤淺，所有續調師船均停泊黃河以內，不得入運，雖以混江龍〔註210〕疏刷，亦未能得力。直至六月初，伏汛大至，乃能運檣直抵滄、德一帶，及六月杪賊平之後，師船趕即南旋，而水勢已落，勉強拖淺，甫能出運，不過旬日又已斷流」〔註211〕。毋庸置疑，上述這樣的情形應與漕船渡黃時的情況基本一致，只不過不同之處在於，漕船隊伍更為龐大，少時有數百隻，多時則能達上千隻，若要全幫漕船順利渡黃，必須要黃汛持續一段時間，一旦出現汛期短促或水量小的情況，漕船就會被阻滯在黃運交匯處，不僅延遲北上，也延遲了回空漕船的南下，最終影響到下一年的漕糧運輸。

既然黃運交匯處的如此形勢給運河漕運帶來與上述軍船渡黃時同樣嚴重的影響，那麼面對這樣的困局，運河漕運在此又是如何進行的呢？據朝臣張之萬、奎玉上奏，同治九年（1870）八月初三日，江南漕船全部抵達八里廟，但因其時黃河伏汛漸消，從荊門至七級閘水只有數寸，漕船難以通行，守候二十餘日水仍未長，最後經會商只能「督同管河府廳縣設法挖淺過剝，引水

〔註210〕清人麟慶在《河工器具圖說》一書中對鐵篦子、混江龍等疏濬河道的河工器具有介紹說：「鐵篦子，疏河之具物，……即今之篦子取其疏利鑄鐵以象形故名。其制不一，大者如鸚鵡，架高六尺六寸，上嵌鐵環一，下排鐵齒十四，每齒長七寸；小者形如箕，高二尺八寸，上嵌鐵環一，下排鐵齒二十一，每齒長四寸五分，其用法以大船一隻，係鐵篦子於船尾，往來急行，不使流沙停滯，但下水順風張帆較快，若上水則兩岸須用蝦鬚纜多人牽挽方可，倘船行稍緩即無效矣，曾歷試不爽。南河又有混江龍、虎牙梳等，具木質鐵齒，稍為便捷，其用略同」。參見（清）麟慶：《河工器具圖說》卷二《修濬》，四庫未收書輯刊編委員會編：《四庫未收書輯刊》第 10 輯第 4 冊，北京出版社，2000 年版，第 213 頁。同頁有鐵篦子、混江龍等的圖像，亦可作參考。
〔註211〕（清）丁寶楨：《丁文誠公（寶楨）遺稿》卷六《籌議東省運河並折漕窒礙各情摺》，同治七年九月二十八日，第 735～736 頁。

灌塘」〔註212〕。同年，面對黃運交匯口處水勢消涸、漕運阻滯的情形，丁寶楨採用了雇用民車將漕糧改由陸運至臨清的辦法。〔註213〕與丁寶楨的辦法相似，曾任李鴻章和左宗棠幕僚的袁保恒在其奏摺中也提及張秋運口旋挑旋淤並阻滯回空漕船的情形，在該奏文中，袁保恒提出採用南北兌運之法，即「於東平、臨清各建數倉，使東南漕糧以五月前盡抵東平運倉，放船南返，另用剝船運至臨清交倉，再用北船常年輪運，由臨清達通州」〔註214〕，這樣就能使得「南船不過東平，北船不過臨清，而以山東河船接濟，其間以免濡滯勞費」。不管是丁寶楨，還是袁保恒，其解決黃運交匯處漕運問題的措施有著共同之處，即用陸運周轉的辦法繞過張秋附近這段淤積嚴重的河段。當然，如果只是一時權宜之計，採取這樣的措施是沒什麼問題的，但是，面對日漸增加的漕糧，如果長期使用陸運轉輸的辦法，對於山東地方與運河沿線的民眾來說不啻為巨大負擔，更何況從張秋陸運至臨清是一段不短的距離。故而，如何變通辦法渡過黃運交匯處的這段運道，才應是更為持久而有效的辦法。

（二）黃運交匯處漕運線路的變化及運口處的淤積狀況

同治十三年（1874），丁寶楨在其奏摺中對漕船渡黃的情況稟報說：「查春間漕艘經行之路，係於王家垓至東平十里鋪修築御黃長堤一道，又將戴廟閘一帶舊河挑挖深通，漕船由下十里鋪黃河支河東面繞史家橋，逆挽至八里廟口門停泊待汛，始得向北暢行」〔註215〕，不難看出，當時運道的實質是「借黃繞運」，即借用黃河的汊流行運而繞過十里鋪與八里廟之間嚴重淤塞的十餘里運道。雖然此段借黃繞行路程較長，但畢竟是較陸運為省力的水運。然而在同治十三年之後，此一運段形勢又發生了改變，事情起因於當年秋季河決東明石莊戶，其時「汛水漲發，黃河大溜由石莊戶全趨東南，以致沙、趙二河之水不絕如線」〔註216〕。沙河、趙王河二河即為黃河穿運處的兩支主要岔流，東明石莊戶決口致使黃流南趨，沙、趙二河也就成了無源之水，前述「借黃繞運」也就無法繼續進行下去，這就是丁寶楨所說「現在辦理運道較之春間情形迥別」的原因。

〔註212〕《咸豐同治兩朝上諭檔》第 20 冊，第 255 頁。

〔註213〕《咸豐同治兩朝上諭檔》第 20 冊，第 269 頁。

〔註214〕《咸豐同治兩朝上諭檔》第 20 冊，第 331 頁。

〔註215〕（清）丁寶楨：《丁文誠公（寶楨）遺稿》卷十一《勘估運河籌款修理摺》，同治十三年十二月十九日，第 1305 頁。

〔註216〕（清）丁寶楨：《丁文誠公（寶楨）遺稿》卷十一《勘估運河籌款修理摺》，同治十三年十二月十九日，第 1306 頁。

圖 30　清同治十三年（1874）前後黃運交匯處地理形勢示意圖〔註217〕

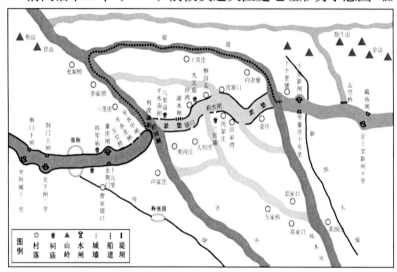

說明：底圖採自美國國會圖書館藏：山東通省運河情形全圖〔CM〕．索書號：G7822.G7N

　　22.S5，圖幅表現年代為 1856～1880，圖幅見網址：https://www.loc.gov/resource/

　　g7882gm.gct00247/?sp=2, 2015-05-15。

　　面對同治時期黃河河身不斷南徙、河決南趨頻繁的局勢，修築堤防顯得尤為必要。自同治試行漕運之後，為抵禦黃水對運道的衝擊，江蘇候補道章儀林受委會勘運道後，於同治八年（1869）首先提出築堤束水這一辦法。對於此一提議，蘇廷魁認為只有將自蘭陽決口處至張口黃河穿運處兩岸一齊築堤才能起到束水的效果，因為黃河河道變遷靡定，「新堤築成，河勢又變，別走他處，則新堤仍屬虛設」〔註218〕。另外，如若在張秋附近的黃河主溜兩岸築成大堤，在漕船渡黃之時需要用套塘之法灌送，且不論山東運河未曾試驗過此法，施用套塘之法「必須有水可借」，這是黃運交匯處所不具備的，亦為蘇廷魁不贊同此議的原因之一。至同治九年（1870），鑒於黃河在穿運處遷徙無定而無所鈐束的情形，漕臣張之萬遂又建議在此處築南北兩堤以束水攻沙，「並酌留運口，築做草壩」。對此，山東巡撫丁寶楨則認為，「若自張秋以西

〔註217〕關於此圖的說明，詳見李孝聰編著：《美國國會圖書館藏中文古地圖敘錄》（文物出版社，2004 年版，第 132 頁），在該書中李先生根據「安山湖與張秋鎮之間的黃河穿運河道尚未經過陶城埠」推斷此圖繪製於光緒七年（1881）之前，這一時間斷限無疑是正確的，在此基礎上，再結合圖中漕運的具體線路情況，筆者進一步推定此圖應繪製於清同治十三年（1874）前後。

〔註218〕《再續行水金鑒》黃河卷第 3 冊，第 1341 頁。

南北兩岸分築大堤，竟置上、下游於不問，誠慮上游泛濫之水無所攔束，當盛漲之時，或由空缺之處越過新堤，則新堤恐成虛設。即或上游地形較高，水勢不能遽行漫溢，而中段既束，下游毫無堤防，黃流挾建瓴之勢，直趨張秋，奔騰傾瀉，則東阿以下至利津十數州縣城池居民益被淹沒，為害甚烈」〔註219〕。很顯然，對於築堤束水之議，丁寶楨的看法與蘇廷魁有相似之處，但丁寶楨對此似乎看得更遠，因為看似築堤之後利於漕行，而一旦上游黃水北去流路受阻，將難免有黃流奪運北趨危機京畿之患，所謂「黃流性激勢猛迴異他水，……今以二百丈之河身緊束洪流，又以不可恃之草閘堵遏水口，誠恐築做之後，河性喜彎，萬一下游漁山一帶狹窄處所過水稍形壅滯，而上游一氣奔注，則新築之堤閘恐難當其衝激，奪運北趨亦屬事之可慮。設不幸而有此失，則東省之東昌、臨清，直隸之天津、河間，地較窪下，淹沒何可言狀，而北路衛河亦將日形壞裂，兼以此處切近畿疆，害尤不可思議」〔註220〕。

除前述王家埝至東平十里鋪的御黃堤外，在堵築菏澤賈莊決口之後，又接築了黃河南岸大堤，運河亦因之而多了一重保障。「黃水穿運僅在十里鋪至八里廟之十餘里，較前只有十分之二三，惟此十餘里之姜莊、尖河莊兩段運河淤塞過甚」〔註221〕，在這樣的情勢下，丁寶楨認為：「此時黃水北流，雖深挑亦必旋淤，徒糜工費，將來漕船經行此地，水大則由西坡林家壩、田家灣、道人橋順流而至八里廟渡黃；水小則由東坡石家橋、李家壩、晉城溯流而至張秋入運，比從前均較便捷」。從此後漕船經行的情形看，雖然繞道史家橋行漕亦多艱阻，但這一路徑還是較丁寶楨的上述行漕方案為優。

對於黃運交匯處行漕路線的選擇，不僅要考慮河道淤積的具體狀況，還要考慮漕船進、出運口的便捷程度。對南運口來說，光緒元年（1875）前後南岸大堤的築成在一定程度上保證了其安全，但對於北運口，由於自黃河銅瓦廂北徙後山東運河北段借黃濟運，故其所受黃河影響相對較大。「由黃入運口門，前此為南壩頭，曾經逐年挑濬，……然上年甫挑之工，次年經水，其淤更甚，仍須再挑。議者謂將口門加挑寬深則進水必暢，不知該處為黃水經臨之道，若一

〔註219〕（清）丁寶楨：《丁文誠公（寶楨）遺稿》卷八《會勘張秋築堤束水未敢遽行並現濟運濬河情形摺》，同治十年正月二十二日，第926頁。

〔註220〕（清）丁寶楨：《丁文誠公（寶楨）遺稿》卷八《會勘張秋築堤束水未敢遽行並現濟運濬河情形摺》，同治十年正月二十二日，第926～927頁。

〔註221〕（清）丁寶楨：《丁文誠公（寶楨）遺稿》卷十一《疏濬運道摺》，光緒元年九月初一日，第1372頁。

律挑深，則誠恐奪溜北移，則東昌、德州、河間至京必受其患，即或幸不奪溜，而黃水挾沙而行，沙隨水入，水去沙留，多受一分之水，仍多受一分之淤。且汛水初至，皆係倏長倏消，每消一次即有新淤，必須大汛經臨，始能暢注。如同治四年，漕臣吳棠採買試運米石及五年起運江北漕糧數僅三四萬石於運，抵張秋以南之沈家口守候多日，直至汛水大漲，始能渡黃入運。兩年以來，黃水溜勢更變，南壩頭現已淤高丈餘，入運之處改至下游之八里廟」〔註222〕。很顯然，黃河給北運口及行漕所帶來的是多方面的影響：其一，由於山東境內北運河段採用借黃濟運的辦法行漕，故必須等至黃水汛期大漲之時始能渡黃入運；其二，由於黃河含沙量很高，山東運河北段所受黃水愈多，其漲落之際在北運口門附近的泥沙淤積也就愈重，以致幾乎每年行漕都要將其重新挑濬並重築埽壩，同時，為避免借黃濟運時黃水掣溜北上危及京畿，這又對北運口挑濬的寬深程度有所限制；其三，黃水在此溜勢變遷無定，影響到北運口位置的穩定性，前述將北運口由南壩頭轉至八里廟就是明證。

時至光緒四年（1878），受黃水溜勢變化的影響，北運口又發生較大轉移，黃運交匯處的行漕局勢亦隨之大變。其時，張秋八里廟附近的黃水北股（即沙河分支）斷流，臨近的北運口遂致淤廢，面對此情，不得不將北運口轉移至陶城鋪，並新挑一段河流引黃濟運直抵阿城鎮。關於此次北運口的轉移與黃運交匯處的運道變遷情況，漕運總督文彬在光緒五年（1879）督漕北上時的奏文中亦有記述說：「現時北運口在張秋南八里廟，與南運口斜對，相距二十餘里。黃流至此雖收束，而溜勢散漫，歧汊甚多。大抵溜勢近南則北口淤墊，近北則南口淺阻，故漕船出南運口入黃後必東北行二十里，至黃溜匯一之史家橋，再南行二十里，至八里廟北運口，汛水大漲，方能入運。今擬移北運口於史家橋北六里黃河西岸，由阿城牐東隄開河一道至陶長堡，為出黃入運口門，築壩灌塘，則黃水不至奪溜，可免牽挽之難」〔註223〕。這樣雖然解決了北運口的問題，但漕船北上自南運口入黃後，順流二十五里才能入運，且漕船須停泊在黃河內侯汛，在南漕漸趨加增的情況下，再加之黃汛漲落無常，這對漕運來說亦甚不便。〔註224〕其實，很可能在八里廟附近的黃河汊道

〔註222〕（清）丁寶楨：《丁文誠（寶楨）遺集》卷六《籌議東省運河並折漕窒礙各情摺》，同治七年九月二十八日，第734～735頁。

〔註223〕（清）趙爾巽等：《清史稿》卷四百五十列傳第二百三十七《文彬》，中華書局，1977年版，第12547～12548頁。

〔註224〕（清）潘駿文：《黃河穿北運河議》，《潘方伯公遺稿》，第495頁。

尚未斷流之際，當時漕船渡黃仍繞道史家橋，在擔心黃河北溜勢弱且又恐黃水主流全部南趨以致北運河段無法借黃行運的情況下，山東巡撫文格曾試圖於冬季枯水之時挑通淤積的姜莊舊運河段，這不僅會使漕船無需繞行，還能接濟黃河北溜水量以利渡黃。可時至光緒五年，黃河在此處的溜勢又發生逆轉性變化而全注八里廟，在此情形下，若再行挑通姜莊舊河，則又恐北運口門難以承受得住，故而最終未能挑通此段運河舊道。〔註225〕

圖31　清光緒四年（1878）以後黃運交匯處地理形勢示意圖〔註226〕

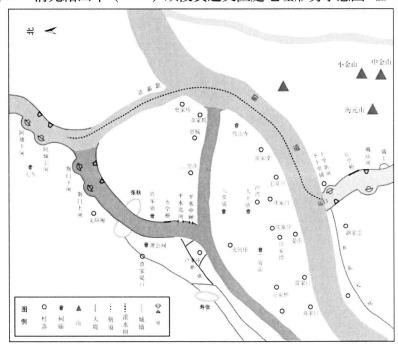

說明：底圖採自美國國會圖書館藏：山東運河全圖〔CM〕.索書號：G7822.G7.S5，圖幅見網址：https://www.loc.gov/resource/g7882g.ct001053/,2015-05-15。

〔註225〕朱壽朋：《光緒朝東華錄》第 2 冊，《近代中國史料叢刊三編》 第 98 輯，第 371～380 號，（臺北）文海出版社，2006，第 687 頁。原文中說：「茲查黃流全注八里廟，情形變遷，若再挑通姜莊舊河，則北運口門愈形喫重，惟有暫節此費，再行察看情形辦理」。

〔註226〕之所以判斷此圖的時間為清光緒四年以後，是因為「光緒四年（1878），張秋八里廟黃水北股斷流，又將北運口移至陶城鋪，以就黃水挑新河，至阿城鎮以歸舊河」（參見潘駿文：《黃河穿運北運河議》，《潘方伯公遺稿》，第 495 頁）。另據王耀在《美國藏〈山東運河全圖〉與光緒朝山東運河狀況》（《貴州師範學院學報》2016 年第 1 期）一文中考證《山東運河全圖》中的黃運交匯處通道為光緒七年後新的過黃通道。

　　毫無疑問，對於黃運交匯處而言，每年都會產生新的淤積，只不過由於每年黃河與運河汛期長短以及是否同步〔註227〕、漕船數量多少等情形各異，故而其對漕運的影響程度也輕重不一。在北運口由八里廟遷至陶城埠後，漕船經行南北運口之時，其艱阻情形依然較為嚴重，所謂「水勢長落不時，往往前船甫進，後船淺擱，設法挑淤，進駛撈剝兼施辦理，尤為棘手」〔註228〕。不僅僅是漕糧北上，回空漕船經行黃運交匯處時亦同樣艱阻。同治九年（1870）江北冬漕試行河運之時，當時因黃水遷徙不定，回空船隻多經由海路返回，而至北運口門改至陶城埠後，清廷嚴禁漕船乘海路南返，但每當回空漕船由運道回返至東昌後，河水多早已消落，南北運口也已淤塞，因第二年的新漕北運亟需船隻，「或自集船夫挑挖，或向東昌府借款興挑，始獲勉強南旋」〔註229〕。對於自北向南而行的回空漕船來說，且不論回空之時黃河汛期早已過去而北運口也幾乎已被淤塞，地勢南高北下的逆挽形勢也極不利於渡黃，針對此情，時人甚至有使水南流以助漕船渡黃的想法：「今河自張秋穿運而東，在南為上游之水，順流入黃，無虞倒灌；在北乃下游之水，黃水亦必順流入運，清濁合流最易淤墊，又有各閘重重鉗束，其淤倍速，勢不得不於黃水入運處築一橫堤，為河流之北岸，設法使運河之水亦南流入黃，則漕艘之渡黃始可無阻，即水勢較低於黃，尚可用倒塘灌運法」〔註230〕。暫不論這上述想法是否具有可行性，但毋庸置疑的是，據上引文我們已能明顯感受到回空漕船渡南下穿越運口時的艱難情狀。如果說前述回空情形還只是一般年份的正常表現，可在黃流盛漲之時，情況就遠沒有挑挖疏濬河道那麼簡單了，光緒十二年（1886），「黃水沖決運口，填塞至十餘里之甚者」〔註231〕，

〔註227〕據中國第一歷史檔案館編《光緒朝朱批奏摺》（中華書局，1995年版）第100輯第75頁中對光緒二十四年漕船渡黃時情形的記載：「漕船行抵陶城埠，往往進口維艱，而黃運兩河又不能同時並漲，既進運口，仍須侯汛入衛」。

〔註228〕《光緒朝朱批奏摺》第99輯，第103頁。據曾國荃對光緒二年黃運交匯處行漕情況的記載（曾國荃：《酌保運河出力各員疏》，光緒二年十月初五日，《曾國荃集》第1冊，湖湘文庫，第174～175頁）：「追抵張秋八里廟，正在趁汛入運，而水勢甫漲即消，後幫侯水繼進，仍然水退膠舟，以致首尾十二起斷續遲留，幾致無從措手。復又易船為車，星夜轉運，始得悉數進口，依次挽出臨清」。

〔註229〕（清）曾國荃：《漕務預籌回空辦法疏》，光緒十三年六月二十四日，《曾國荃集》第2冊，湖湘文庫，嶽麓書社，2008年，第364頁。

〔註230〕（清）潘駿文：《黃河改道又議》，《潘方伯公遺稿》，第472頁。

〔註231〕（清）曾國荃：《漕務預籌回空辦法疏》，光緒十三年六月二十四日，《曾國

其給漕運帶來的嚴重後果不難想見。

　　至光緒二十年（1894），由於歷年借黃濟運，陶城埠新運口門及其附近運道的淤積也變得愈加嚴重，「自口門以至草橋為黃水入運咽喉，積淤尤厚，而口門以外又淤起沙灘一片」〔註232〕，對於漕運，「每當乘汛開壩，往往船入未半，水落掛淤，非俟盛漲不能繼進」。面對此情，時任山東巡撫李秉衡奏請變通此處行漕辦法：「查勘口門以東里許，尚有臨黃舊口門廢棄多年，現擬一併修復，以備西口停淤則開東挑西，東口停淤則開西挑東。口門東西並立，均須建壩廂埽，庶可更番進船，不為淤阻，設遇水大溜急，即於兩口中酌量啟壩，免致掣溜為患」〔註233〕。經過此番變通，仍抵擋不住泥沙的不斷淤積，至光緒二十二年（1896），「陶城堡口門一帶已成平陸，迤東之支河並木涵洞亦均淤平，攔黃壩兩面壩頭朽折殆盡，皆須折修換料，至左右臨黃魚鱗埽、兩岸護沿埽多有坍塌」〔註234〕；光緒二十三年（1897），當漕船回空之時，由於兩次借黃濟運，「陶城埠口門以內幾成平陸，必須挑至丈餘，重運經臨方敷浮送」〔註235〕。可見，受黃水影響，不管如何變通行運辦法，陶城埠口門及其附近運道的泥沙淤積問題始終未能得以解決。〔註236〕除北運口外，由於黃河漫溢，南運口亦受到一定的影響。光緒二十四年（1898）六月，黃河在楊莊漫決，「黃溜穿運潰堤，東西兩岸堤身沖刷殆盡，十里鋪南運口淤墊倍於往年，須大加濬方能無誤漕行」〔註237〕，較之於北運口，雖然南運口地勢較高，但在黃水漫決的衝擊下亦難免淤塞之患。

二、山東運河北段的淤積及其水源問題

　　以黃河為界，黃河以北為山東運河北段，以南為山東運河南段（以下分

　　　　　　荃集》第 2 冊，湖湘文庫，第 364～365 頁。
〔註232〕《光緒朝朱批奏摺》第 99 輯，第 537 頁。
〔註233〕《光緒朝朱批奏摺》第 99 輯，第 537～538 頁。
〔註234〕《光緒朝朱批奏摺》第 99 輯，第 849 頁。
〔註235〕《光緒朝朱批奏摺》第 100 輯，第 81 頁。
〔註236〕據臺北故宮博物院印《宮中檔光緒朝奏摺》（第 13 輯，1973，第 694 頁）記
　　　　載：「今年（光緒二十六年）黃流極弱，又兼時已秋分，河水日消，以致陶
　　　　城埠口外連日淤出新灘，水離壩根計共六十餘丈，勢難飛躍，只得就灘抽溝，
　　　　計挑寬八丈、深一丈三尺，引溜入溝」。
〔註237〕《光緒朝朱批奏摺》第 100 輯，第 191 頁。對於南運口，張汝梅在其奏摺中
　　　　提到：「南運河口地勢高仰，非挑挖口門不能挽進」（參見《光緒朝朱批奏摺》
　　　　第 100 輯，第 213 頁）。

別稱運河北段與運河南段）。自黃河北徙攜汶東趨後，運河北段遂失去水源補給，在借黃濟運的影響下，此段運道的泥沙淤積不斷加重。據記載：「自咸豐五年河決豫省蘭儀，漫水下注，由直境之長、開，東境之濮、范一帶，至張秋穿運，入大清河，挾汶東趨，汶水不能穿黃北達，故張秋至臨清二百四十里之運河惟恃黃河分流灌注，河水渾濁，日漸淤墊，二、三年後，秋冬水涸之際，此段河身竟致斷流」〔註238〕，運河北段泥沙淤積的狀況可見一斑。對於運河北段來說，黃河北徙之前受汶水補給，不僅水源較足，且河水較清淤積亦為輕，但自黃河北徙後，由於其地勢南高北低且兩側又無充裕水源可資補給，遂不得不採用借黃濟運的辦法以助漕運。〔註239〕毫無疑問，在借黃濟運的形勢下，漕運雖暫時得以維持，但河道淤積的速度亦大為加快，為保證漕船通行，幾乎每年都要對此段運道進行疏濬。「蓋黃水原不可以濟運，即不得已，而借黃以濟必須有清水會合同行，稍資蕩滌，受淤較輕，再加以隨時疏濬，尚可補救。今（同治七年）張秋至臨清二百餘里，清水涓滴不至，亦別無來源可引，僅恃黃流漲洩，以淺窄之河行渾濁之水，又有閘座重重鈐束，停淤倍速。……若將河身亦議挑挖，……若一律普挑，非二三十萬不辦，然亦不過初挑之年稍覺順利，次年經水復淤墊如故」〔註241〕。

很顯然，在借黃濟運後，由於運河北段受淤較重，為維持漕船的正常通行，不得不對此段運道進行疏濬。反之，從幾乎每年都要對運道進行挑濬的情況，亦能看出運河北段淤積之嚴重程度。誠然，對於北運河道的淤積，黃河的高含沙量、汛期與枯水期黃水的反覆漲落、閘壩對泥沙的攔截均為重要

〔註238〕（清）丁寶楨：《丁文誠公（寶楨）遺集》卷六《籌議東省運河並折漕窒礙各情摺》，第734頁。山東運河北段的淤積，主要是因為借黃濟運後的泥沙淤積，此外，還有一些特殊情況也易於加速泥沙淤積，山東巡撫福潤在其奏摺中就曾提到：「自陶城埠起至臨清衛河止，綿長二百餘里，水乏來源，每年借黃濟運，河身日淤日高。去夏黃、衛兩河同時盛漲，衛水倒灌入運，落淤更厚」。（光緒十九年二月，《光緒朝朱批奏摺》第99輯，第298～299頁）

〔註239〕據丁寶楨《疏濬運道摺》（光緒元年九月初一日，《丁文誠公（寶楨）遺集》卷十二，第1370頁）記錄：「至同治四年試辦河運，始議疏濬運河，因張秋北至臨清之運河所有濟運清水為穿運之黃水所奪，別無清水可灌，不得不待黃濟運」；又文格在光緒五年奏請挑挖山東運河時曾說到：「近因黃水改道……而北路則為黃水所穿，運河久已斷流，若不借黃濟運，此外別無良圖」。（參見《光緒朝東華錄》第2冊，第687頁）

〔註240〕（清）丁寶楨：《丁文誠公（寶楨）遺集》卷六《籌議東省運河並折漕窒礙各情摺》，第736～737頁。

影響因素，而運河北段本身彎曲的河道，則更易加快淤積的速度〔註241〕，進而加重漕運的困難。除泥沙淤積外，黃河濟運後其河道的不穩定性亦給漕運帶來不小的影響，「北路運河自黃水穿運以後，水過沙停，通塞不常，且黃流變遷靡定，本年修理之道，來歲即不能行，必須預為勘明道路」〔註242〕。

鄒逸麟先生曾指出：「山東運河的根本問題是水源問題，運河沿線地區的氣候條件決定了運河水源上種種不利因素。」〔註243〕而在黃河北徙的影響下，運河北段的水源補給被截斷，而為緩解此段運道的漕運困局，另闢新水源更成為晚清漕運的重要議題。至於晚清山東運河的水源補給狀況，潘駿文有較好的分析：「山東運河濟運之水以汶濟為最大，泰、兗各屬泉脈並屬濟水，各就近會和入運；汶水則自南旺分水口入運，南北分流，除附近之東岸蜀山、馬踏兩湖，西岸之南旺湖均可兼濟南北外，南流沿途會洸、泗、沂、洳諸水以趨江南，又有獨山、昭陽、駱馬諸湖蓄水接濟，北岸則至臨清始會漳、衛諸水以趨直隸，沿途雖有趙王、沙河等河，皆僅恃坡水，來源不旺，至蓄水惟恃運西之安山一湖，久經淤廢，故水勢南恒有餘，北恒不足」〔註244〕。從上述對山東運河水源狀況的總結中亦能看出，較之於運河南段，當時運河北段的補給水源甚是匱乏，同時，圍繞其水源的開闢問題，時人亦產生許多方案。值得注意是，在這些方案之中，導衛濟運這一方案多次受朝臣的奏請，圍繞此一方案，亦形成較為激烈的討論。

清同治十年（1871），鑒於安山以北運道毫無水源的困局，漕運總督蘇鳳文奏請導衛濟運。在此奏文中，其擬「於臨清衛河入運及張秋清黃將接之處各建一閘，俟漕船將界渡黃，蓄高衛水，使之南行」。蘇鳳文上奏後不久，清廷就將其奏文轉寄給喬松年、丁寶楨、文彬等相關朝臣〔註245〕，並命令進行實地勘察。經實地探察，喬松年認為由於黃水緩急無定，水勢過猛易沖

〔註241〕光緒二十年（1894）二月，山東巡撫福潤在其奏摺中說到：「北路運河計長二百餘里，從前為蓄汶流，河多彎環曲折，自黃水穿運以來，淤墊日高，灣處積淤尤厚。上年重運經臨，黃水忽漲忽落，未能連檣進口，將攔黃壩趕緊堵合，以致節節停淤」。（《光緒朝朱批奏摺》第99輯，第420～421頁）

〔註242〕（清）丁寶楨：《丁文誠公（寶楨）遺集》卷十一《勘估運河籌款修理摺》，同治十三年十二月十九日，第1305頁。

〔註243〕鄒逸麟：《山東運河歷史地理問題初探》，中國地理學會歷史地理專業委員會編《歷史地理》（創刊號），上海人民出版社，1981年版，第97頁。

〔註244〕（清）潘駿文：《臨清以南引衛入運議》，《潘方伯公遺稿》，第493頁。

〔註245〕《咸豐同治兩朝上諭檔》第21冊，第369頁。

毀閘座，水勢較弱閘座又會因距離黃水較遠而被置於無用之地，故蘇文中擬於張秋清黃相接處設閘的建議不切合實情。至於在衛河入運處設閘導引衛水南下濟運，經運河道王化堂委員實地考察，「查得運、衛合流在磚板閘外，閘東為運，閘西為衛，如欲建閘，須在衛水北流之處相近磚板閘間使之折而南下。今量該閘河身實高於衛河五尺，迤南則節節更高，愈趨愈仰，詢之土人，上年衛河漲發，幾與兩岸相平，為數十年所僅有，而分流入運亦僅達十餘里」〔註246〕。很顯然，由於張秋至衛河入運口處的運河南北地勢懸殊，再加之汛期時衛河水量不足，即使在南北兩端設置閘壩，亦難以導引衛河水至張秋濟運。

值得注意的是，在此之前，熟知黃運交匯地區河道水系的蔣作錦〔註247〕就奏請導衛濟運，所謂「張秋現有衛水可借，倘能設法導引而就便於張秋者，未嘗不勝於清江」〔註248〕。如果說蘇鳳文的前述導衛濟運方案給人以憑空想像的嫌疑的話，蔣作錦的導衛濟運方案則體現其對運河北段至衛河、漳河之間區域地理環境的熟知，這首先表現在濟運入口的選取上。蔣作錦選擇位於張秋南門外的蕭公涵洞作為濟運入口，由於該處位於大堤以北且地勢較高，不僅堤岸難遭黃水沖決，水勢更易於敵黃，更為高明的是，導衛水於此入運不僅可使水南流，亦能使之北流。同時，從元城集引水口處的衛河與張秋入運口處運河兩者間的高差來看，衛河底部高於運河底部六丈九尺多，這也意味著挑挖引河之後衛河水不會出現逆地勢而行的狀況。不僅如此，在導衛濟運閘壩設置的技術上蔣作錦也做了精心考慮〔註249〕，若衛河水量出現不足

〔註246〕（清）丁寶楨：《丁文誠公（寶楨）遺集》卷九《導衛濟運諸多格礙摺》，同治十一年三月二十九日，第1048頁。

〔註247〕蔣作錦（1817～1864），字裁安，號雲裳，山東東平州人。1861年由兵部武選司主簿放欽差，查勘河務，任河南黃沁廳同知，加三品銜陞用，治理黃河。同治二年（1863）改任懷慶府知府，次年病故任上。著有《東原考古錄》、《磚壩說》等。

〔註248〕（清）蔣作錦：《導河引衛通運圖說》，光緒《東平州志》卷十八《藝文》，第478頁。

〔註249〕據蔣作錦《導河引衛通運圖說》中所說：「擬由元城集南開一引河，導衛東入張秋濟運，就衛岸立一導衛閘，運岸立一濟運閘，將引河挑深衛河數尺，擬仿丹口舊制，酌立竹絡壩。先閉導衛閘，而啟竹絡壩，令衛水由舊河北送豫糧，再啟導衛閘，而塞竹絡壩，令衛水由濟運閘東灌張秋接送南糧。立蓄衛閘於張秋南之掛劍臺，立御黃閘於南壩頭之北運口，糧艘到時，先啟引河閘，灌滿塘河，緊閉蓄衛等閘，俟運水高過黃水，方啟御黃閘放船進塘，再

時，該方案還考慮到引淡水、漳河入衛河以資補給。〔註250〕總體看來，蔣作錦這一濟運方案的可操作性較強，遠優於蘇鳳文的前述主張。但是不是這樣的方案真的就能施行呢？

對於蔣作錦上述導衛濟運之策，曾國藩閱認為：「至導衛濟運之法，前此運河北流，張秋本屬上游，臨清本屬下游，則南高於北，一定之理。惟衛在元城、冠縣一帶，尚在臨清之上游，或者稍高於運，或與運相平，自須詳細測量再行酌定。如於元城稍上開河導衛以達張秋，在平日縱不能高於運，在黃河消落時必可高於黃矣。衛水分為兩支，一支循舊由元城至臨清，一支新開由元城至張秋。運漕分為兩法，伏秋盛漲則舟順黃河之溢流由東昌以抵臨清，黃水消落泝上水以達元城，又沿下水以抵臨清。雖衛水微弱未必兩支皆可行舟，然尚可以人力圖之」〔註251〕。在未經實地勘察檢測之前，從利於漕運的角度看，曾國藩認為「倘履勘情形果皆符合，似可酌度興辦」，然而，熟悉河工水性的周馥對此則斷然表示反對。周腹〔註252〕認為，在元城集以南地帶有積沙較多的黃河故道，不利於引河的挑挖，並且所引衛河水量較小，不僅會有黃水倒灌停淤之患，更難以起到御黃濟運的效果。換言之，雖然蔣作錦在導衛濟運上進行了初步勘測，其所擬定的引水方案也算是較為用心的，但其並未對衛河的徑流特徵進行充分的考慮，所謂「衛水來源甚弱，北流最順，今必屈曲注之南行，一水何能兩分其勢，實多不便。況平時淺可膠舟，漲時極其渾濁，若攔河作閘遏水，一遇伏秋盛漲，閘必沖決，新渠必淤」〔註253〕。再退一步講，即使新挑引河在衛河漲發之時不會出現決溢淤積的情況，而「上使之蘆鹽，下運之豫糧，及來往商船，皆停阻於河，而聽命於閘，勢不能行。

閉御黃閘，後啟蓄衛閘，次第北放。若衛水弱不敷用，講明竹絡壩舊制引丹助衛，並令積三日方一放閘，再不敷用，相勢開引漳水，由楚王鎮北至元城集導衛閘助衛濟運」。(參見光緒《東平州志》卷十八《藝文》，第480頁)

〔註250〕　(清)蔣作錦：《導河引衛通運圖說》，王鴻瑞纂：光緒《東平州志》卷十八《藝文》，《中國地方志集成・山東府縣志輯》第70冊，鳳凰出版社，2008，第480頁。

〔註251〕　(清)曾國藩：《曾文正公書札》卷三十三《復張友山漕師》，《續修四庫全書》第1538冊，集部，第706頁。

〔註252〕　周馥(1837~1921)，字玉山，號蘭溪，安徽至德人，時為李鴻章幕僚，深受李鴻章的賞識和倚重。

〔註253〕　(清)周馥：《秋浦周尚書玉山全集》第一集《奏稿》，《代李文忠公擬籌議黃運兩河摺》，同治十二年潤六月初三日，參見沈雲龍主編《中國近代史料叢刊》第82號，(臺北)文海出版社，1967，第559頁。

若令蘆鹽改由臨清運河入豫，則三省鹽綱紊亂，窒礙尤多」〔註254〕，引衛濟運給衛河航運所帶來的不良後果似乎亦為蔣作錦所未曾考慮到的。此外，雖然蔣作錦考慮到了在衛河水小的情況下採用分沁入衛的方式加以補給，可是，「若欲分沁入衛以助其源，而沁水猛濁，一發難收，昔人已有明戒，豫民必多驚惶」。

至光緒五年（1879），針對借黃濟運旋挑旋淤的漕運困局，文彬又提出自己的濟運主張：「黃運之間，自賈工合龍後，每伏秋大雨，水無所泄，民間低地有積水數年不得耕種者，若將陂水引歸一塘，不惟蓄水濟運，又可涸復民田，運口既定，即可導引衛河，自直隸元城集東三里衛河曲處鑿新河一道，經直隸之南樂、山東之朝城至張秋南之蕭口涵洞入運，計衛高於運九丈餘，長百五十餘里，導以濟運，勢如建瓴，更有大、小二丹水亦可由衛濟運，凡建四牐二壩及挑河築隄，估銀七十六萬，較之借黃濟運旋挑旋淤者相去遠矣」〔註255〕。從上節內容就能看出，自同治四年（1865）漕運試運至光緒初期的這段時間，且不論借黃濟運給山東境內北運河帶來的嚴重淤積，黃河各汊道溜勢的強弱變化及其對北運口帶來的破壞，均給漕運帶來巨大困難，此應是導衛濟運的主張先後多次被提上朝廷議程的背景，文彬此次奏議亦應是在此背景下提出的。就文彬引水濟運方案的內容來看，除引陂水歸塘蓄水濟運外，其他內容與前述蔣作錦的基本一致。〔註256〕

針對文彬導衛濟運的奏議，時任山東巡撫周恒祺則認為：「一則衛源淺涸，恐一瀉無餘，無甚把握……一則俄約議廢，王大臣正會議籌防，防餉且無指款，焉有餘力經營河運」〔註257〕。很顯然，周恒祺反對的主要依據是衛河水量較小的狀況以及工程經費難籌的現實困境，但這樣的反對理由仍給人以不夠充分之嫌。幾乎與文彬同時，另有御史葉蔭昉奏請導衛濟運，在批駁葉文的奏摺中，周恒祺才給出較為充分的反對理由。實際上，至此對導衛濟運問

〔註254〕（清）周馥：《秋浦周尚書玉山全集》第一集《奏稿》，《代李文忠公擬籌議黃運兩河摺》，同治十二年閏六月初三日，第559頁。

〔註255〕（清）趙爾巽等：《清史稿》列傳第237《文彬》。又據《光緒宣統兩朝上諭檔》（第6冊，第62頁）記載：「上諭文彬籌議導衛濟運、遷移運口並將圖說呈覽等語。據稱，導衛濟運直達張秋，既可濟運，又可減臨清水患」。

〔註256〕兩者還是存在一些差異的，在衛河水量較小時，蔣作錦擬引沁水入衛河，而文彬此處則建議引大、小丹水入衛河。

〔註257〕（清）李鴻章：《朋僚函稿》第二十一《復周福陔中丞》，光緒六年正月十九日，《續修四庫全書》第1554冊，集部，第44頁。

題的認識已經越來越清晰了，即衛河到底是一條怎樣的河流？開挖引河後，其水量能否達到濟運的效果？若挑挖引河，其線路應如何選擇？經費應從何處籌集？引河開挖後，其又將給衛河帶來怎樣的影響？上述諸多方面無疑均應考慮在內。而在周恒祺反駁葉蔭昉的奏文中，就進行了較為全面的分析。在如何濟運上，葉蔭昉認為與其用渾濁的黃水，不如用衛河之清水，可是經過實地探查，周恒祺發現，「僉謂衛河平時水淺則清，至盛漲時亦屬渾濁，以之濟運，恐與黃水無異」〔註258〕。在引河的選線上，周恒祺認為，即使要導衛濟運也不能導引衛水由臨清倒灌入運，而應採用文彬由石堽北起挑挖引河至張秋蕭公涵洞入運這一線路，至於能否導衛濟運，文中分析道：「惟查石堽在館陶以上，衛水未曾合漳，分其一線之流，何能曲折瀠洄於百數十里之遙，即謂時逢夏令，衛水正常漲發，不知盛漲之水消耗亦速，更難必其與黃流同時並漲，且御史葉蔭昉原奏謂黃流漲落只在須臾，夫以黃河之浩瀚奔騰，漲落尚不可必，而謂清淺之衛河可保一兩月間有漲無落」〔註259〕。借黃濟運固然易造成運道的淤積，但黃河汛期水量較大亦屬不爭的事實，相比之下，從並未合漳之處導引與黃河漲落幾乎有著同樣週期的衛河之水，其所引之水能否得以濟運的確令人懷疑。就引河而言，雖然擬開挖引河沿線地勢大多較為平坦，但「地勢高至一丈以上，即須挑深至二丈數尺矣」〔註260〕，如若再為節省工程經費而減少土方工程，在風雨淋刷與車馬碾壓等的破壞下，河岸易遭坍塌而被廢棄，並且，「新開引河，既不寬深，水緩沙停，淤墊必易，將來年年挑挖，勞費無已，此工程之未必能一勞永逸也」〔註261〕，在引河的問題上，周恒祺的上述分析無疑亦是細緻而具體的。至於挑挖引河工程的經費，經先後兩次實地勘察估計，均高達七十五萬餘兩，而山東在添撥海防餉錢十七萬兩、訂購蚊船三十萬兩之後，又不知從何處籌出如此款項。總之，周恒祺不贊同導衛濟運，而主張設法將現有運道挑挖疏通並收蓄坡水，至於前述文彬所奏擇水深之處各設一塘並將民田積水引入塘內建議，周恒祺還是表示贊同的，因為這畢竟有利於預防黃汛較小時的漕運困局。

　　自同治十年（1871）至光緒六年（1880），經過多次討論，導衛濟運的爭

〔註258〕朱壽朋：《東華續錄（光緒三十五）》，載王先謙、朱壽朋編《東華錄　東華續錄》第15冊，上海古籍出版社，2008年版，第350～351頁。
〔註259〕朱壽朋：《東華續錄（光緒三十五）》，第350頁。
〔註260〕朱壽朋：《東華續錄（光緒三十五）》，第350頁。
〔註261〕朱壽朋：《東華續錄（光緒三十五）》，第351頁。

議也暫告一段落。在此時段內，由於黃運交匯處的黃河汊道變遷較為劇烈，且已嚴重地影響到北運口的安全。且不論借黃濟運對運河北段河道淤積的嚴重影響，就連北運口的穩定與安全都會受到威脅，因此借黃濟運的施行勢必亦隨之受挫。而對於山東境內的北運河段來說，其兩側又沒有多少泉流可資引借，惟有注入臨清的衛河可作考慮。毫無疑問，前述關於導衛濟運能否實施的討論過程，實質上也是對衛河徑流特徵及衛、運之間地理形勢的認知逐步走向深化的過程，但是，至於能不能導衛濟運，這不僅僅是具備挑挖引河的地理條件就能施行的，因為還牽涉到挑挖引河的資金以及挑挖引河後的環境影響等諸多問題。

雖經前述討論已否定了導衛濟運的主張，但時至光緒十年（1884），吏部遞主事齊肇敏又舊事重提，奏請引漳、衛河水入張秋。其具體方案為：「將黃河入運之口封固，挑深閘河，自臨清州引漳、衛水倒灌閘河，直達張秋鎮」〔註262〕。針對齊肇敏的這一提議，河督成孚與時任山東巡撫陳士傑又對張秋至臨清間的運河進行了實地勘察，經測量，「張秋地勢高於臨口約二丈有奇」〔註263〕，在衛水來水微弱的情況下恐難以逆行導引。而「若將南路河身大加挑濬，低於衛河，則臨口須挑深四五尺，張秋一帶須挑深二丈四五尺，核計里數丈尺土方約需夫工例價銀四十餘萬兩」〔註264〕，在當時庫款匱絀之際，這樣的工程顯然是難以實施的。或許是齊肇敏考慮到衛水水量較小不足以濟運的情況，而主張在引衛入運的同時引漳入衛，但「衛弱漳強，衛不足以容漳，漳適足以奪衛」〔註265〕，且「濁漳之水亦渾濁帶泥，引以入衛濟運，一經消落則河底益形淤墊」〔註266〕，「縱時逢夏汛，衛源旺發，而盛漲之水往往隨長隨消，未能持久，且漳衛之渾亦不亞於黃，恐不免仍有淺阻停淤之患」〔註267〕。齊肇敏的這一建議顯然還是行不通的，朝廷也下令不再議論此事。〔註268〕

〔註262〕《光緒宣統兩朝上諭檔》第10冊，第399頁。
〔註263〕《光緒朝東華錄》第98輯，第292頁。
〔註264〕《光緒朝東華錄》第98輯，第292頁。
〔註265〕（民國）範本禮：《汶衛濟運略論》，民國《臨清縣志》之《藝文　傳記》，《中國地方志集成·山東府縣志輯》第95冊，第397頁。
〔註266〕《光緒朝東華錄》第98輯，第292頁。
〔註267〕《光緒朝東華錄》第98輯，第292～293頁。
〔註268〕朝廷對齊肇敏導衛濟運的批文是：「導黃濟運原屬不得已之舉，足資浮送，豈非良法，惟地勢南高北下，不能使之逆行，且漳流本濁，其淤墊不亞黃河，

此外，除導衛濟運外，圍繞著晚清山東運河北段的水源問題，時人還提到其他不少辦法（如灌塘、倒塘之法，建設水櫃等〔註269〕），但終因運道沿線及附近地區可資引借的水量太少而未能施行。

三、結語

黃河是世界上含沙量最大的河流，且具有善淤、善決、善徙的特點，而大運河是世界上最長的人工河，這也就決定著黃運交匯的歷史在世界河流變遷史上極具特殊意義。就元明以來的大運河而言，由於受氣候與地形的影響，水源不足的山東運河始終是大運河上的關鍵運段，因此，1855年黃河北徙與山東運河的交匯遂隨之顯現出重要研究價值。

1855年黃河銅瓦廂北徙後，黃水直沖山東運道，給山東運河漕運帶來重大影響。就山東運河整體言之，黃運交匯處與山東運河北段均受到的不小影響，圍繞著漕運問題，清廷與山東地方也採取了不少措施加以應對。在黃運交匯處，黃河分多股汊流與運道相交，由於泥沙嚴重淤積，再加之黃河各汊道的徑流與汛情變化較大，致使此間漕運極為艱阻。南北運口及兩運口間漕

又何必更改成法乎，齊肇敏所奏著毋庸議」（參見《光緒朝東華錄》第98輯，第293頁）此外，對於導衛濟運一事，時人潘駿文亦有記述說：「惟運河自張秋北至臨清，計程約二百里，始受漳衛之水，而各水來源皆在西南，使之析為分渠，其流必弱，折而南趨，其勢不順，且遠隔二百里，又恐地勢高下懸殊，惟有細察地形，能於衛河迤上冠縣等處另開新河，使之由東昌以南一帶入運，約不過百餘里，稍覺順利。或別有來源較旺之水可引，更為便捷。所謂熟思御黃之策者，此也。」（參見潘駿文：《黃河改道又議》，《潘方伯公遺稿》，第472頁）。又「從前汶塘本屬清水，至臨清汶、衛會流，水色始濁。因衛河自冠縣之西會清、濁二漳而水勢始盛，今以張秋至臨清二百五十餘里之運河，汶水不至，又別無清水來源，擬令衛水由臨清以南入運，以為敵黃之計。顧既欲敵黃，則必不用漳水，衛未會漳，當在河南內黃一帶另開新河以達聊城、陽谷之間使之入運，入運之後亦必南北分注，南以入黃，北以濟運，始為有用。若仍只北行，即雖將至張秋入運，迨黃水奪口而入，雖有清水，仍無補受淤，而此道新河計程約在二百數十里，地勢能否合宜，中途有無阻礙，未敢懸擬。惟衛河雖上受洪、洹、大、小丹諸水，然濟運之外，民間並資以溉田，來源本不甚旺，復於未會漳水之先另開新河，恐入運之力既微，而會漳之流益弱，辦理情形實無把握，此則臨清以南引衛入運之大略也。」（參見潘駿文：《臨清以南引衛入運議》，《潘方伯公遺稿》，第494～495頁）。此論的初衷雖然是意在引衛敵黃以防運道淤積，但對於我們理解導衛濟運以解決山東北運河水源問題同樣具有重要意義。

〔註269〕（清）潘駿文：《黃河穿運北運河議》，《潘方伯公遺稿》，第496頁。

運線路的多次改變，既是黃流不斷變化和淤積的結果，又是維持運道通行的無奈選擇。黃河北徙攜汶東去，截斷了山東運河北段的補給水源，在借黃濟運給漕運帶來諸多弊病的同時，朝野之間圍繞著該段運道的水源問題展開較為激烈的討論。在諸多方案中，導衛濟運多次被奏請，但均由於對運、衛間地理形勢、衛河徑流特徵、經費狀況等因素考慮不足，導衛濟運的方案最終未能實施。

作為黃河變遷史上的最後一次大遷徙，1855 年黃河決口北徙無疑給銅瓦廂以下沿黃區域（尤其是山東西部地區）的地理環境產生重大影響，其對山東運河漕運的影響即為眾多影響之一面。〔註270〕當然，黃河北徙對山東運河漕運帶來的影響亦是多方面的，本文從黃運交匯處與山東運河北段這兩處入手，對黃河北徙後的影響及清廷和山東地方的應對情況進行復原與分析，以期有更多學者關注並參與到此一學術問題的研究中來。與黃運交匯處和山東運河北段一樣，黃河銅瓦廂決口北徙後，山東運河南段亦受到不小的衝擊，不同之處在於，山東運河南段所受影響主要表現在運道沿線湖泊的淤淺與閘壩體系的破壞。至於黃河沖決之水具體影響了哪些湖泊與閘壩，在沿線湖泊與壩閘遭到破壞的情況下，為維持運道暢通，該段運道的水源問題又是如何解決的？這都是需要進一步研究的問題。此外，還需注意的是，黃河北徙對山東運河漕運的影響既包括自然方面的，也包括社會方面的，分析其對運河漕運的影響亦不能僅限於運道或漕運本身，而應結合聯繫的觀點，從區域的、多學科的視角，展開全面而細緻地研究。

〔註270〕學界對 1855 年黃河銅瓦廂決口北徙的相關研究成果有很多，具體可參考筆者博士學位論文中《緒論》部分的整理，參見古帥：《晚清黃河變遷與山東區域環境（1855～1911）》，復旦大學博士學位論文，2019 年。

後　記

　　記得上小學的時候，除了課本之外可讀的閒書並不多，當時姐姐已經讀了初中，她的歷史課本還是那種三十二開本的黑白頁的，我就拿來讀張衡發明地動儀、「醫聖」張仲景著有《傷寒雜病論》、「藥王」是孫思邈等等。上初中的時候，一接觸到地理這門課我就喜歡上了它，從此我的地理成績幾乎「不用學習」就能考到將近滿分。我也因為很羨慕各位地理老師知識的廣博而立下成為一名地理教師的志願。讀大學的時候偶然在圖書館借閱到一本唐曉峰老師編寫的《歷史地理學讀本》一書，裏面收錄了顧頡剛、譚其驤、侯仁之、史念海等名家的論文，於是「順藤摸瓜」發現還有歷史地理學這門學問，當時就有了成為一名歷史地理學者的願望和衝動。到現在來看，這兩個願望都實現了，所以我感到很幸福。

　　自 2012 年 9 月從山西大學碩士畢業後，我去了山東諸城第一中學工作，教學之餘我展開了對諸城歷史地理的研究，書稿中有關密州和諸城的幾篇文章就是在此期間寫成並發表的。2016 年 9 月，我順利考入復旦大學歷史地理研究中心，師從著名歷史地理學家安介生先生。由於我對城市歷史地理很感興趣，所以希望做這方面的博士論文，而安老師憑藉其多年深厚的治學經驗和具有前瞻性的開闊的學術視野，給我提出了黃河與山東方面的論題。一開始我還擔心學界有關這方面的研究已經很多了，自己恐難以勝任這樣的選題，經過一番思索，經過安老師的鼓勵，我最終鼓足勇氣做下去了，本書中有關晚清黃河與區域環境的幾篇文章就是在博士論文的基礎上修改而成的。緣於對城市歷史地理研究的持續興趣，我在讀博期間趁著回老家探親之便，展開了對山東魚臺、東平等縣城的歷史地理調查，本書中關於魚臺和東平城市水

患與城址遷移的兩篇文章就是在此期間完成的。

總體來看，在本書收錄的這十篇文稿中，除對全文進行文字校正外，還重繪了一些地圖、增補了一些注釋和地圖，文章主體內容與框架基本上保持了最初發表時的樣子，這是需要說明的地方。

碩導王尚義先生是我初入歷史地理學引路人，作為國內著名的歷史地理學家，王老師創造性地提出了歷史流域學的學科構想，並在歷史流域學研究的理論與實踐上取得極為豐碩的成果，我之所以把區域歷史地理與環境變遷作為自己的主要研究方向之一，也是受到王老師的影響。在此衷心地感謝王老師多年來對我的關心、指點和幫助。

十多年來，還有很多師友都給我以真誠的關心和無私的幫助，雖然無法在此一一列出他們的名字，但這份情誼我時刻銘記在心，有您們真好！

自來山東財經大學工作後，張書學校長對我的歷史地理研究給以很大的關心、支持和幫助，張校長又在公務十分繁忙的情況下，給本書的書名和內容章節安排提出很好的修改意見，這又給我極大的鼓勵。在此，特向張書學校長致以深切的敬意和謝意！

在文稿校對排版的過程中，發小古保力、朋友王桂傑和學生李建成都給我以很大的支持與幫助，真誠地向你們說一聲：謝謝！在實地考察的過程中，學生徐龍飛一直給予有力的支持，在此深表感謝！

多年以來，母親為我操碎了心，她雖然沒有讀過幾年書，但她全力支持她的兒女們讀書，雖然那時家裏很窮，可母親卻有砸鍋賣鐵也堅持讓兒女們讀書的決心。我想，這部小小的書稿應該是我送給母親的一份禮物，這也是我期待已久的，只是希望能看到母親燦爛的笑容，這世間最美的笑容。

出版文集似乎是老先生們的「專例」，但對我這初學者而言，將這十篇文稿修整成冊，也算是對自己求學過程的一次很有意義的總結與反思。從一開始模仿老師們寫文章，到逐漸對這門學科有點兒所謂的「感覺」，不斷學習與充實自己的學科理論認知，並將其付之於學術實踐。當然，限於筆者水平，書中肯定還有不少錯誤，懇請不吝指正。

作　　者

2022 年 3 月 5 日於泉城濟南